JÖRG ZINK

Die goldene Schnur

JÖRG ZINK

Die goldene Schnur

Anleitung
zu einem inneren Weg

Kreuz

»Ich gebe dir das Ende
einer goldenen Schnur in die Hand.
Rolle sie zu einem Knäuel auf
und geh ihr nach.
Sie wird dich an das Tor
zur Heiligen Stadt führen«,

sagte der Maler und Mystiker WILLIAM BLAKE (1757–1827).

Inhalt

I

Sich auf einen Weg machen

1

Aufbrechen

Einen Weg sehe ich vor mir, weit über die Landschaft hin. Nicht eine breite Straße, sondern einen Weg. Einer allein kann ihn gehen, vielleicht auch zwei miteinander. Einen Wanderweg meine ich, wie er über die Berge meiner Heimat, der Schwäbischen Alb, an ihren Steilhängen und über Heideflächen entlangführt, in Windungen, über Steine und Wurzeln, über steile Stufen und gemächliche, ebene Strecken, wie er eben dem lebendigen Bergland angepasst ist, durch das er führt. Durch Wälder, und immer wieder hinaus auf einen Felsen, unter dem ein weites Land sich ausbreitet.

Ein Gedicht von Eduard Mörike liebe ich besonders. Es heißt »Fußreise« und ist dem Dichter offenbar auf einem solchen Weg eingefallen. Es verläuft in einem Rhythmus, auf den man nicht marschieren kann. Er wechselt vielmehr von Zeile zu Zeile, und immer muss, wer es im Gehen spricht, seinen Schritt schneller und wieder langsamer und wieder schneller setzen. Es beginnt so:

> Am frisch geschnittnen Wanderstab,
> wenn ich in der Frühe
> so durch Wälder ziehe,
> Hügel auf und ab …

Man kann solchen Liedern nachwandern. Nicht nur über die Berge unserer Heimat, wie ich selbst es nun seit siebzig Jahren tue, sondern auch auf dem inneren Weg, den man durch sein Leben geht. Der verläuft selten eben oder gradlinig, und manchmal gibt es Abzweigungen nach rechts oder links, bis man den Hauptweg wieder findet. Aber es gibt etwas zu sehen und zu hören, zu erfahren und nachzudenken, und ich kann während des Gehens vielleicht nicht ein Gedicht schreiben, wie Mörike es tat, wohl aber mir meinen eigenen Reim machen auf mich selbst, auf Gott und die Welt und auf den Sinn meines Wanderns. Und dann und wann finde ich ein Zeichen an einem Baum, das mir sagt, ich sei noch immer auf der richtigen Spur.

Aber ich sehe auch eine breitere Straße, eine von vielen Menschen begangene. Ich denke etwa an die alten Pilgerwege, die man unter Christen früher ging. Zu Fuß. Über lange Strecken, durch Gebirge und Wüsteneien bis hin zu einem Ziel, das zu erreichen viel Mühe wert gewesen sein muss. So sehe ich den alten Jakobusweg des frühen Mittelalters vor mir, der ein wunderbares Symbol für Einübung oder Einweihung war und noch ist.

Da gingen die Pilger von Sammelorten in Deutschland oder Süditalien in Gruppen oder auch allein oder zu zweit nach Frankreich, verbanden sich dort mit französischen Pilgern, etwa auf dem wunderbaren Hügel von Vézelay, wanderten weiter durch Südfrankreich, über die Pyrenäen und schließlich die achthundert Kilometer durch die heißen und trockenen Gebirge Nordspaniens, immer zu Fuß, bis nach Santiago de Compostela und an die Landspitze, die in den Atlantik hinauszeigt und »Finisterre« heißt, »Ende der Erde«.

Man übte auf diesem monatelangen Fußmarsch nicht weniger ein als das Leben überhaupt, wie es nun einmal ist, wie es uns Menschen zugemutet wird und wie es bestanden werden will mit aller Entbehrung und Anstrengung, mit Zweifel und Müdigkeit, auch der Gefahr, unterwegs ausgeraubt zu werden oder krank am Weg liegen zu bleiben. So stellt ein altes Pilgerlied dem Wandernden sein mögliches Schicksal vor Augen:

> … stirbt er in dem welschen Land,
> man gräbt ihn bei der Straßen.
> Da leit vil manches Edelmanns Kind
> aus deutschem Land begraben.

Sie sahen sich als arme Durchreisende auf dem Weg zu Gott. Man »baute das Elend«, wie man damals sagte. Man stellte sich sein ganzes Leben als einen Weg durch ein fremdes Land vor und sehnte sich danach, ihm das Gepräge eines Heimwegs zu geben.

Aber selbst, wenn alles gut ging, war dies noch immer keine Urlaubsfahrt. Man wanderte zum Bild eines Heiligen, dem man nachzueifern trachtete, oder man suchte auf solchem Weg das ewige Heil zu gewinnen. Oder man wanderte, weil ein weltliches Gericht das Urteil »Wallfahrt« ausgesprochen hatte, und büßte unterwegs für ein Vergehen oder Verbrechen. Mindestens aber löste man sich für eine lange Zeit aus Besitz und Sicherheit. Man übte Nachdenken und Meditieren. Man prüfte sich selbst bei dem Versuch, einem großen Vorsatz treu zu sein. Man übte sich darin, ein fernes, sehr fremdes Ziel im Auge zu behalten, nicht nur den nächsten Tagesabschnitt, und ich nehme an, dass sehr viele von diesen Pilgern als veränderte Menschen nach Hause kamen.

Aber sie waren nicht nur einen langen Weg gegangen, sie hatten auch am Ziel ihrer Reise mitgearbeitet. Irgendwo im Gebirge Nordspaniens nahm jeder einen Stein auf und trug ihn über eine weite Strecke bis nach Castaneda, wo, kurz vor dem Ziel, aus den mitgebrachten Steinen in Brennöfen der Kalk gefertigt wurde, mit dem die große Apostelbasilika in Santiago gebaut wurde.

Und was fand man am Ziel? Das Heiligtum des Sant'Jago, des heiligen Jakobus. Das stand auf einem Feld, das Compostela hieß, Feld, über dem ein Stern ist. Man fand eine Kirche, deren Türme auf etwas verwiesen, das über ihnen war: auf einen Stern, der wieder ein Hinweis war auf das Licht einer anderen Welt.

Wenn sie von zu Hause aufbrachen, gab man ihnen den Segen mit auf den Weg:

> O Gott, wir bitten dich,
> behüte diese deine Diener,
> die aus Liebe zu dir zur Pilgerreise
> nach Santiago de Compostela aufbrechen.

Sei ihnen Begleiter auf ihrem Weg,
Führer auf ihrem schweren Gang,
Kraft in der Müdigkeit,
Schützer in allen Gefahren,
Ruheort an ihrer Straße,
Schatten in der Hitze, Licht im Dunkel,
Trost in Mutlosigkeit
und Kraft, ihrem Vorsatz treu zu sein,
damit sie unbeschädigt ans Ziel ihrer Reise gelangen
und reich an Gnaden heil zurückkehren
in ihre Heimat, die unter ihrer Abwesenheit leidet,
und dort gesund und voll steter Freude leben.
Der Segen des Allmächtigen,
des Vaters und des Sohnes und des heiligen Geistes,
komme über euch alle
und bleibe bei euch. Amen.

Das große Leitbild war ihnen dabei die Reise der drei Weisen, die aus dem Orient unter der Führung eines Sterns zum Kind in der Krippe nach Betlehem wanderten, das große Bild von der Sehnsucht nach dem Licht. Es war ihnen aber auch Leitbild für das lange Unterwegs. Die drei Weisen haben gesucht und gefragt, verirrten sich und fanden doch am Ende ihr Ziel, auch wenn dieses Ziel anders aussah als sie es sich vorgestellt hatten, tröstlicher in seiner Stille und seiner freundlichen Nähe. Dahinter aber erscheint ihnen der Weg des Christus selbst, den sie nachgehen, der Weg durch das Leiden und den Tod auf den »hellen Morgenstern« zu.

Es gab eine Zeit in meinem Leben, in der ich mir dringend wünschte, diesen Weg wirklich einmal selbst zu Fuß zu gehen. Es hat sich nicht fügen lassen, und nun ist es wohl zu spät. Meine Wanderwege führten mich mehr durch die Wüsten des Nahen Ostens. Aber der Jakobusweg steht mir nach wie vor vor Augen als das große Bild der Einübung in den inneren Weg, den ich durch die Jahrzehnte meines Lebens hindurch versucht habe zu gehen.

Der Jakobusweg war aber nicht eine durchgehende Straße. Er war vielmehr ein Wegenetz, auf dem die einen diese, die anderen jene Straße wählten. So ist auch der Weg, den ich in diesem Buch zeigen will, keine Vorschrift für Sie, die Leserin, den Leser. Vielleicht finden Sie einen anderen. Es gibt viele. Im Grunde so viele, wie Menschen sind, die sich auf ihren Weg begeben. Wichtig allein ist, von einer Herberge zur nächsten jeden Tag weiterzugehen und nicht nachzulassen oder umzukehren.

Dom Helder Camara, der große brasilianische Bischof, sagt dazu:

Nein, bleibe nicht stehen.
Es ist eine göttliche Gnade, gut zu beginnen.
Es ist eine größere Gnade, auf dem Weg zu bleiben
und den Rhythmus nicht zu verlieren.
Aber die Gnade der Gnaden ist es,
sich selbst nicht nachzugeben
und – ob auch zerbrochen und erschöpft –
weiterzugehen bis zum Ziel.

2

Enttäuschungen hinter sich lassen

Nach meinem Weg habe ich lange gesucht. Seit ich anfing, bewusst nachzudenken, sind mittlerweile mehr als sechzig Jahre vergangen. Was hatte ich für Wünsche, Hoffnungen, Ziele? Nach so langer Zeit ist es vielleicht doch erlaubt zu sagen, wonach Kopf und Herz ausgeschaut haben und was sie nicht fanden.

Ich habe als junger Mensch nach einer inneren Heimat gesucht. Aber ein solches Zuhause, ein selbstverständliches, in meiner Kirche blieb immer ein wenig ungewisss. Ich habe nach irgendjemandem ausgeschaut, der mir von Schritt zu Schritt zeigen konnte, wie ich meinen inneren Weg gehen könne, aber eine solche Anleitung zum Leben habe ich nicht gefunden.

Man hat mich damals mit klugen Theorien aller Art gefüttert. Wenn ich aber nach einer Bewährung dieser Theorien in der inneren Erfahrung fragte, sagte man mir, Erfahrung sei kein Weg zum Glauben, gültig sei allein das Wort, das ich zu hören hätte.

Ich habe angesichts der abgehobenen Verstandeskultur unseres christlichen Denkens nach einer kosmischen Verwurzelung meines Daseins und meiner Gedanken gesucht, aber es blieb im Ganzen bei den freischwebenden Gedanken.

Seit ich als junger Student gelernt hatte, ein Denken in den Bildern des Mythus könne einem heutigen Menschen nicht mehr zugemutet werden, habe ich immer überzeugter nach einer Wiederentdeckung der Bildsprache der menschlichen Seele gesucht, weil mir schien, nach dem Ausräumen der mythischen Bilder seien zutreffende religiöse Aussagen, auch christliche, kaum mehr möglich.

Nach dem Ganzen des Daseins und seinem Zusammenhang habe ich gesucht. Aber die meisten meiner Lehrer sagten mir, nur der Mensch sei für einen Christen wichtig. Um Stein und Baum und Stern kümmerten sich andere. Am Menschen aber seien nur seine Sündhaftigkeit und seine Erlösung wichtig. Und wenn von Gott gesprochen werde, dann sei an ihm nur wichtig, dass er sich dem Menschen zuwende, das Reich Gottes aber sei ein Reich, in dem außer Gott und den Menschen nichts vorkomme.

So blieb uns Theologen alle Natur fremd. Die Naturwissenschaft überließ man den Fachleuten. Die Zerstörung der Schöpfung wurde erst gesehen, als andere Leute sie längst entdeckt hatten. Vom Frieden redete man nicht anders, als die Militärs von ihm zu reden pflegen.

Wonach habe ich noch gesucht? Nach Frieden im religiösen Gespräch und einem Ende der konfessionellen Rechthaberei.

Nach einer Kirche habe ich gesucht und suche ich noch heute, die sich von ihrer gesellschaftlichen und politischen Macht freiwillig verabschiedet und die zeigen kann, was Gewaltlosigkeit vermag und was Friedensfähigkeit.

Ich bin auf einem Hof geboren, auf dem Christen nach dem Ersten Weltkrieg versuchten, dem sozialen Unrecht und Elend politische und religiöse Kräfte entgegenzusetzen. Und ich habe immer gefunden, im Grunde sei die christliche Botschaft zuvörderst den Zuunterstlebenden zugedacht.

Ich müsste lange erzählen, was alles ich nicht gefunden habe, obwohl es eigentlich hätte zu finden sein müssen, und es mag wohl sein, dass auch Sie selbst Ihre Enttäuschungen erlebt haben mit den Menschen, mit den Christen, mit der Kirche. Was mich selbst betrifft, so hatten die Wege, die mich wirklich weiterführen konnten, immer viel Ähnlichkeit mit den Wegen, von denen die mystische Überlieferung spricht. Von Jahrzehnt zu Jahrzehnt immer deutlicher erwies sich mir dieses mystische Denken als die Richtung, die von dem, was man »richtig« nannte, zum Ganzen weiterführte, und als die Kraft, solche und andere Enttäuschungen hinter sich zu lassen und mit Freude und Hingabe für die Menschen und für die Kirche zu leben und für die Wahrheit des Evangeliums einzustehen.

3

Unterwegs sein

Es gilt also, unterwegs zu sein. Wenn die Christen der ersten Zeit, vor zweitausend Jahren, von ihrem Glauben sprechen sollten, dann sprachen sie vom »Weg«. »Der Weg« – das war ihr Glaube und die besondere Weise, in der sie ihm die Gestalt eines praktischen Lebens gaben. Damit sagten sie: »Du kannst, was wir erfahren haben, nur verstehen, wenn du dich einem Weg anvertraust und auf ihm deine eigenen Erfahrungen machst. Du bist auf diesem Weg nicht allein, viele gehen ihn mit dir. Es geht dir einer voraus: Jesus Christus. Du hast ein Ziel: die Heimkehr zu Gott. Denn das Kennzeichnende am Christenglauben ist nicht, dass er ein Glaube, sondern dass er ein Weg ist. Du kannst ihn nicht lernen und auswendig hersagen, du musst ihn gehen. Du selbst.«

Wenn ich jene ersten Christen so reden höre, dann stört es mich ein wenig, dass ich Sie anders, nämlich mit »Sie« anrede. Ich meine ja nicht irgendwen, sondern den besonderen, den inneren Menschen in Ihnen. So scheint es mir angemessener, schlicht »du« zu sagen. Das ist kein Zeichen primitiver Vertrautheit oder auch eines Mangels an Respekt, sondern der Nähe, und ich hoffe, Sie nehmen es als Versicherung dieser freundlichen Nähe auf.

Wenn Sie also, nein, wenn du diesen Weg gehst, dann geh ihn sehenden Auges und mit hörendem Ohr. Du wirst einmal das eine, einmal das andere wahrnehmen, das dir begegnet, und wirst einmal die eine, einmal eine ganz andere Wahrheit begreifen und wirst erfahren, dass Wahrheit nie anders als auf einem Weg zu erfassen ist. Jesus sandte seine Jünger auf einen Weg aus, den sie ohne Vorräte an Brot, Geld, Schuhwerk und zweiter Bekleidung gehen sollten, das heißt ohne alle Sicherheit. Auch nicht gesichert von einer Wahrheit, die sie schwarz auf weiß mit sich tragen konnten. Einen solchen Weg gilt es, aufmerksam zu gehen, vielleicht langsam, aber wach und genau wie Jesus selbst, der mit seiner Langsamkeit den Schnellen unter uns noch lange voraus ist.

Einer der verbreiteten Irrtümer in unseren Tagen ist der, wir lebten in einem Zeitalter, das religiösem Suchen ungünstig oder gar feindlich sei. Ich sehe rundum eine kaum zu überschauende Fülle von religiösen Angeboten und eine ebenso breite Verzweigtheit des religiösen Bemühens. Merkwürdigerweise freilich bleiben die überlieferten Institutionen, die Kirchen und religiösen Gruppierungen, dabei häufig abseits liegen und unbeachtet. Wohin gehen die Menschen heute nicht, um etwas zu finden, das ihnen zum Leben hilft! An welche Tische, um ihren Hunger zu stillen! Im Grunde ist, was wir erleben, eine einzige spirituelle Hungerkatastrophe, und bei vielen ist nach vielen Enttäuschungen die Hoffnung, etwas zu finden, bereits erloschen.

Ich habe längst nicht an allem entlang gedacht, an dem man als Theologe entlangdenken kann. Dafür waren fünfzig Jahre der Arbeit eines Pfarrers nicht lang genug. Aber ich habe lange genug die Seelenlandschaften heutiger Menschen durchwandert und bin lange genug ihren Verlassenheiten und Irrungen und dem großen Hunger ihrer Seelen begegnet. Ich habe versucht, ihnen, wie ein Gastwirt es tut, auf den Tisch zu stellen, was das Evangelium ihnen zu essen gibt. Und in der Tat: Ich halte die Kirche – neben vielem anderen, das sie auch ist – für ein Wirtshaus, das am Weg steht für den, der an ihm vorbeikommt, und in dem, wer immer durch die Tür tritt, einen Tisch und einen Stuhl findet und zu essen bekommt.

Was fehlt, ist nicht ein Dogma. Das haben wir. Noch. Was fehlt, ist nicht ein Kult. Der wird noch lange gefeiert werden. Was fehlt, ist nicht die religiöse Belehrung. Noch wird gepredigt. Was fehlt, ist auch nicht ein religiöses Grunddokument, an dem man sich orientieren könnte. Noch werden Bibeln gedruckt. Was uns fehlt, ist die innere Erfahrung, es sei so, wie man immer behauptet, dass nämlich unser Leben Sinn, dass wir selbst einen Wert und eine Würde und dass unser Weg über diese Erde am Ende ein Ziel habe und eine Erfüllung finde. »Spirituell« nennen wir solche Erfahrung. »Spiritualität« bleibt übrig, wenn man einer Religion ihr äußeres Kleid abstreift, ihre Zeitgebundenheit, ihren Ort auf diesem Erdball, die Kultur, aus der sie hervorgegangen ist und in der sie ihre Form und ihre besondere Botschaft gefunden hat. Kleider sind zeitgebundene Hüllen, die man achtsam pflegen wird, die man aber zu Zeiten tragen oder zu Zeiten ablegen wird. Es ist an der Zeit, besonders in unserer evangelischen Kirche, eine Spiritualität wieder zu finden, die Antwort gibt auf die überall gestellten Fragen:

Wie können wir aufatmen? Wie lernen wir das Horchen und das Schauen, das uns etwas wie religiöse Erfahrung bringt? Wie finden wir eine innere Ordnung für unseren Tag? Wie kann unser innerer Mensch gedeihen? Wie gehen wir miteinander um? Wie lernen wir uns selber loszulassen? Wie finden wir Frieden? Wie können wir uns selbst verstehen? Wie können wir Freiheit gewinnen? Wie leben wir mit Misserfolgen? Wie leben wir, wenn unsere Würde angetastet ist und unser Recht? Woher nehmen wir Mut für die nächste Entscheidung? Was tun wir, wenn uns das Dunkel verschlingen will? Wie finden wir Vertrauen zu dem, der uns unser Schicksal zumutet? Wie finden wir in ein wirkliches Gebet, in eine wirkliche Anbetung, die nicht wieder nur aus Worten besteht? Und was solcher Fragen mehr sind.

Wenn wir die Erfahrung einbringen, die auf dem spirituellen Weg zu gewinnen ist, so wird unser Dasein geräumiger, der Blick in die Welt und in uns selbst freier und tiefer. Wenn du freilich einen Blick in die Weite tun willst, dann darfst du dich nicht vor der Mühe fürchten, einen Berg zu besteigen. Aber vielleicht erschließt sich dir dabei, was eigentlich mit dem christlichen Glauben, der so schwer zu verstehen ist, am Ende gemeint sei. Glauben heißt ja nicht, zu irgendwelchen merkwürdigen Dingen, die eigentlich nicht zu glauben sind, Ja zu sagen. Das lateinische Wort »Credo«, ich glaube, hängt sprachlich mit »cor« zusammen, das »Herz« bedeutet. Glauben also heißt, ein Herz haben. Nach seinem Herzen leben. Sein Herz hingeben. Das »Herz« aber ist für die Bibel immer und überall der ganze Mensch.

Aber wie steht es denn mit unserem Herzen? Wenn ich mir überlege, wie zerfasert wir Menschen morgen leben werden, wie auseinander gerissen in eine bedrohlich unübersichtliche Welt einerseits, in alle virtuellen Dimensionen der kommenden Informationstechnik andererseits, so möchte ich dringend wünschen, wir fänden Kräfte, um einigermaßen mit uns selbst identisch zu bleiben. Wenn ich überlege, wie orientierungslos wir in einer Welt beliebiger und tausendfach sich widersprechender Meinungen herumexperimentieren oder wie tausendfältig abhängig wir leben werden, so wünsche ich, wir lernten, uns selbst einzuüben und unseren eigenen, uns vorgezeichneten Weg zu finden.

Wenn ich sehe, wie heimatlos, wie ohne Ort hierhin und dorthin gezogen, wir morgen leben werden, so möchte ich dringend wünschen, es möge etwas wie ein bergender Raum gefunden werden, in dem wir zu Hause sein können.

Wenn ich mir vergegenwärtige, wie ununterscheidbar sich heute und erst recht morgen im öffentlichen und privaten Leben Wahrheit und Lüge, Wahrheit und Täuschung mischen werden, wie wenig kenntlich die Wahrheit noch sein wird, so wünsche ich mir, wir möchten ein Unterscheidungsvermögen gewinnen, das uns sagt, was Wahrheit sei und wo wir sie finden.

Wenn ich denke, wie von allen Seiten Propaganda und Werbung uns unsere Meinung und unsere Bedürfnisse vorschreiben werden, unsere Vorstellungen, wie wir unser Leben zu führen und womit wir es auszustatten hätten, wünsche ich uns eine Art von Witterung dafür, was denn, nicht für andere, sondern für uns selbst, stimmig sei und was nicht, und die Widerstandskraft, es gegen eine Welt von andringender Suggestion durchzusetzen.

Suchen wir aber all dies und noch einiges mehr, das ich nicht zu nennen brauche, so wird uns alsbald deutlich sein, dass es nur erreichbar sein wird auf einem spirituellen Weg. Vielleicht geht es uns dabei zunächst darum, zu verstehen, was der Menschheit wie auch der eigenen Seele wirklich fehlt und von welchem zentral Wichtigen wir wie durch einen Abgrund getrennt leben. Über Abgründe, Schluchten und Bergbäche führen da und dort Brücken. Eine solche, zugegeben, einfache und schmale Brücke will dieses Buch sein. Eine Brücke für Fußgänger.

Ich habe Brücken immer gerne betreten. Sie führen einen Weg weiter. Sie tragen von einem Ufer zum anderen. Sie erfordern, wenn sie nur aus ein paar Brettern bestehen, den Mut, einen Schritt vor den anderen zu setzen. Sie erfordern den Mut, nicht zu fürchten, was man nicht zu fürchten braucht. Nicht zu fürchten braucht man Anfänge, erste Schritte, Wagnisse, wie ein Weg sie fordert. Warum sollte man etwas fürchten, das Sinn hat und Gelingen verspricht? Fürchten könnte man sich davor, dass man den Sinn der Stunde versäumt, indem man an dem Platz verharrt, den man verlassen sollte. Brücken wollen begangen sein, zu neuen Anfängen. Und den Schritt, der heute gefordert ist, sollten wir heute tun.

4

Die eigene Spur suchen

In den letzten Jahren habe ich immer wieder davon gesprochen, der Christ der Zukunft werde seinen Weg sehen, wie die großen Mystiker ihn gegangen sind, Meister Eckhart oder Angelus Silesius, und werde bei ihnen in die Schule gehen. Wenn ich sage, der Christ der Zukunft werde ein Mystiker sein, dann meine ich damit nicht, er müsse ein Visionär sein oder ein Ekstatiker, obwohl er gewiss mehr wahrnehmen wird, als einem gehorsamen Glied seiner Kirche jemals zugestanden war, und obwohl die Ekstase, das heißt das Heraustreten aus dem »normalen« Verhalten, immer schon, vor allem auch in der Bibel, zu wirklicher religiöser Erfahrung gehört hat. Ich meine auch nicht, er müsse ein Asket sein, obwohl er sich gewiss härter in Zucht nehmen wird als es heute üblich ist, oder ein Eremit, obwohl er den Massenmeinungen seiner Zeit gewiss nicht so gehorsam nachlaufen wird, wie es heute empfehlenswert scheint. Wenn Karl Rahner vor Jahren gesagt hat, der Christ der Zukunft werde ein Mystiker sein oder es werde ihn nicht mehr geben, meinte er all dies mit.

Andererseits meine ich auch nicht, wir müssten uns künftig an die genauen geistlichen Stufenwege halten, die von den

Müttern und Vätern der mystischen Tradition oft beschrieben worden sind. Die beginnen damit, dass sie erst einmal das alltägliche Leben verändern, ihm Ordnung, Klarheit und Rhythmus geben, und gehen weiter damit, dass sie diese Klarheit und Genauigkeit auch in das innere Leben eines Menschen bringen.

Unser Körper, unsere Seele, unser Geist sind miteinander ein Instrument. Wir müssen es stimmen. Wir müssen üben, darauf zu spielen, und bis wir die vollkommene Musik hören, wird wohl einige Zeit vergehen. Unsere Vorstellungskraft muss frei sein. Unser Verstand muss brauchbar sein. Unsere Gedanken müssen eine gewisse Ordnung einhalten. Und unser Körper muss fähig sein, mit Seele und Geist zusammenzuwirken. Und dazu kann man lange Reihen von Übungen erfinden.

Es geht danach darum, sich selbst loszulassen, sich selbst leer zu machen für Gott und sich zu öffnen für das, was von Gott her in einen bereiten Menschen eingehen will. Es geht in einer dritten Stufe um Meditation, die Meditation eines Worts, das wir von Jesus Christus hören, um die Meditation seiner Gestalt und die seines Weges. Danach geht es um Einwilligung, um die Einformung unseres Willens in den Willen Gottes. Danach geht es um das Gebet und um den Weg in die Kontemplation, das heißt die wortlose Anbetung, und am Ende um die innere Erfahrung Gottes, um die Schau Gottes oder die Einung mit ihm.

Solche Wege sind oft beschrieben worden, und wer sie gehen möchte, möge sie gehen. Aber ich fürchte, es könne alles falsch werden, wenn wir meinten, wir müssten nun einen Punkt nach dem anderen abhaken und erledigen und würden so gewiss an unser Ziel kommen. Ich glaube nicht daran, dass es einen bestimmten Weg gibt, den jeder und jede mit gleichem Schritt zu gehen hätte. Wo wir anfangen, liegt an uns allein. Unseren Weg gehen wir nach eigener Wahl, aber das Ziel erreichen wir, so Gott will, gemeinsam. Vieles von diesen alten Wegen wirst du in diesem Buch wieder erkennen, aber dazwischen vieles, das ich selbst dir zeigen und empfehlen will. Und wenn du die einzelnen Kapitel in einer anderen Reihenfolge als der, die hier vorgeschlagen ist, gehen willst, dann steht dir das völlig frei. Es ist ein Lernweg, ein Übungsweg, ein Weg auch der Entlastung, der Befreiung, der Heilung, der Wandlung und der Erlösung. Und was dir dazu hilft, das nimm dir aus allem, was ich sage, und lass das übrige unbeachtet.

Vielleicht wird es dir dabei ergehen wie manchem, der dabei die Orientierung verliert und sich auf Wegen wieder findet, die ihm unvertraut sind. Als der italienische Mönch Savonarola, der seine Kirche im 15. Jahrhundert zu reformieren suchte, sich im Gefängnis fand und wusste, dass er es nur zu seiner Hinrichtung verlassen würde, schrieb er:

> Mit dir, o Gott,
> will ich heute Morgen ein Wort reden.
> Du stießest mich hinaus auf ein weites Meer.
> Nun sehe ich kein Ufer mehr
> und kann nicht mehr zurück.
> Ich will aber auch nicht mehr zurück,
> selbst wenn ich könnte.

Ein andermal sagt er es so:

> Ich bin auf einer Fahrt,
> von der mich nichts mehr wenden kann.

Und wir sollten wohl die Fahrt, die Fußreise meine ich, die heute notwendig ist für unsere eigene Seele, für die Menschen um uns her, für die Kirche und für die ganze Erde, mit Entschiedenheit und Zuversicht antreten.

Vielleicht gelingt ein Anfang, vielleicht im Lauf der Zeit ein zweiter Schritt, und wenn wir gegen das Ende unseres Lebens hin ein wenig Klarheit gefunden haben werden, dann hat sich viel Bemühung gelohnt.

5

Das eigene Maß finden

Ich möchte in diesem Buch vieles offen lassen, was von anderen ausführlich besprochen wird. Zum Beispiel, was für einen Raum du aufsuchen solltest oder könntest, um einzuüben, was ich vorschlage. Immer wieder haben sich klösterliche Bauten oder Gartenanlagen als hilfreich erwiesen. Immer noch ist die einsame Dachkammer geeignet. Auch der Arbeitsplatz, wenn er denn so ist, dass er einige Minuten des Innehaltens erlaubt. Immer wieder auch wird gesagt, der Raum, in dem wir meditieren, müsse festlich ausgestattet sein. Spiegelbild einer wohnlichen Seele. Aber davon will ich hier nicht reden.

Ich rede auch nicht von den Tageszeiten. Ob es der Morgen ist oder der Abend, ist zu sehr von dem Rhythmus abhängig, in dem du lebst. Es ist aber gut, die Zeiten herauszufinden, in denen etwas wie spirituelle Gesammeltheit sich am leichtesten einstellt, und sie streng einzuhalten.

Ich lasse auch offen, in welcher Stellung oder Haltung die eine oder die andere Besinnung zu geschehen habe. Im Altertum stand der Meditierende oder Betende aufrecht mit geöffneten Armen und Händen. Ob wir nun die Arme heben und ausbreiten, die Hände schließen oder falten, ob wir uns bekreuzigen, ob wir knien, sitzen, hocken oder eine der aus dem Osten überlieferten Sitzhaltungen einnehmen, das kann keiner dem anderen vorschreiben. Ich selbst habe oft in die stärkste Sammlung gefunden, wenn ich auf dem Rücken unter einem Baum lag und den Stamm entlang nach oben blickte. Auch das Alter eines Menschen, seine Beweglichkeit oder Schwäche wollen berücksichtigt sein. Und was soll man »nebenher« tun? Ich selbst habe oft am intensivsten meditiert, wenn ich auf der Hobelbank ein Möbelstück aus Kiefernholz fertigte. Als einer einmal bei seinem Bischof anfragte, ob man beim Beten rauchen dürfe, erhielt er die Antwort: »Nein!«

Als er später fragte, ob man beim Rauchen beten dürfe, die Antwort: »Selbstverständlich Ja.«

Ob einer konzentrierter denkt, wenn er Musik hört oder in eine Kerze schaut, ein Weihrauchstäbchen abbrennt oder eine Blume vor sich hinstellt, ob er mehr Sammlung aufbringt, wenn er mit Kreide einen Kreis auf den Fußboden malt und sich hineinsetzt, wenn er auf ein Bild an der Wand schaut oder auf ein hölzernes Kreuz, das vor ihm steht, das sei alles dem Einzelnen überlassen. Wichtig ist allein, dass er oder sie in Sammlung, Ruhe und Aufmerksamkeit hineinfindet, in ein klares Nachdenken, ein offenes Schauen oder Hören, in ein Erfahren und Empfinden dessen, was wichtiger ist als er selbst.

Ich rede auch nicht davon, wie viel mit einem geübten Atem zu gewinnen ist. Unter den Anleitungen aus dem Osten gibt es auch die, man solle seine Gedanken weglegen, indem man auf seinen Atem achtet. Nun wohl. Dazu gibt es gute Anleitungen erfahrener Meditationsleiter. Auch in der christlichen Tradition gibt es detaillierte Anweisungen, wie man seinen Atem zu führen und mit seiner Meditation zu verbinden habe. Aber davon lasse ich gerne andere das ihre sagen. Denn was hilfreich ist, muss noch nicht notwendig sein. Und man soll solche Dinge der Methode oder des Verfahrens jeweils so verabreden und ordnen, wie es denen, die einige Tage oder Stunden der Einkehr oder der Meditation miteinander feiern wollen, entspricht. Es muss alles nach dem Herzen derer geschehen, die sich miteinander an ein solches Vorhaben begeben.

Ich rede auch nicht vom Fasten, obwohl es zu allen Zeiten als außerordentlich hilfreich erfahren und beschrieben worden ist. Auch nicht davon, ob man vorgeschriebene Worte meditieren soll, ein Mantra oder ein Herzensgebet, wie es in der Ostkirche überliefert ist, oder mehr auf das achten, was sich an Worten in einem selbst bilden will. Auch nicht davon, wie man Stunden der Feier oder der Anbetung gestalten solle. Hier ist völlig freier Raum für Einfallsreichtum und Gestaltungskraft. Es gibt neuerdings überall in den Kirchen Gruppen, die bei gottesdienstlichen Feiern tanzen. Und in der Tat muss in unseren Kirchen vieles seine Einförmigkeit verlieren und vieles mehr Lebendigkeit gewinnen.

Nur eins muss uns klar sein: Was wir können wollen, müssen wir lernen. Einüben. Nichts geht »einfach so«. Und vieles gelingt besser, wenn wir es unter Anleitung eines erfahrenen Helfers zu tun versuchen. Ein solcher Helfer, der am Wegrand steht, wenn du ihn brauchst, kann dieses Buch sein. Nimm daraus das auf, was mit dir selbst im Einklang steht, und geh mit anderen zusammen oder auch allein auf die Suche nach deiner eigenen Spur.

II

Den Alltag ändern

6

Sich sammeln

Wer in einer Herberge irgendeiner Art übernachtet hat und am Morgen seine Wanderung fortsetzen will, sieht sich in dem Raum, in dem er übernachtet hat, um, sammelt ein, was ihm gehört, und sieht zu, dass er nichts liegen lässt. Jacke und Mütze sind da, das Regenzeug ist greifbar, der Rucksack gepackt, die Brieftasche ist fühlbar, die Wanderkarte steckt in der Außentasche. Und so, wenn alles klar ist, alles bereit und der aufbrechende Mensch vollständig, beginnt der Weg durch den Tag.

So beginnen die meisten spirituellen Anweisungen, ob christlich oder nicht, damit, dass sie Übungen vorschlagen, die dir helfen, dich einzusammeln, dich zu konzentrieren, auf einen Punkt zu kommen und von dort auszugehen. Es beginnt alles sehr einfach, und du kannst gerne feststellen, dass es dabei zunächst nicht sehr interessant zugeht. Wer aber, das sagen die Meister aller geistigen Wege, nicht fähig ist, bei sich selbst zu sein, oder nicht fähig, sich ungeteilt einem einfachen Ding oder einem einfachen Wort zuzuwenden, wird kaum vorwärts kommen mit sich selbst und wird kaum zu lohnenden Erfahrungen gelangen.

Ein erster Versuch: Nimm einen einfachen Gegenstand in die Hand, eine Walnuss, eine Zange oder ein Holzscheit, und versuche, zunächst eine Minute, dann länger und länger bei ihm zu verweilen, ihn kennen zu lernen, ihn zu betrachten und deine Gedanken ungeteilt bei ihm festzuhalten. Wenn du das zum ersten Mal versuchst, wirst du schnell merken, dass du es nicht kannst. Nach zwanzig Sekunden spätestens sind die Gedanken anderswo. Sehen wir einen Film, so werden wir ihn langweilig finden, wenn nicht spätestens alle zehn Sekunden ein Schnitt erfolgt und unsere Aufmerksamkeit von etwas Neuem aufgescheucht wird. Wie willst du aber einen wichtigen Gedanken fassen, bedenken und festhalten, solange in dir selbst alles wirbelt oder flattert? Und wie willst du eine große Erfahrung machen, solange du von Augenblick zu Augenblick von etwas Unwichtigem hin und her getrieben wirst?

Ein zweiter: Nimm einen Gegenstand zur Hand und betrachte an ihm, lange und gesammelt das, was an ihm nicht zu sehen ist. Nimm zum Beispiel einen Schlüssel in die Hand oder stelle ihn dir vor, einen Schrankschlüssel etwa aus Eisen, alt und grau von Rostflecken, mit einem runden, flach geschlagenen Ring am Ende. Sein Rohr trägt ein paar Rillen, kurz unter dem Ring. Der Bart ist s-förmig, Ring und Bart sind abgerieben, matt glänzend. Auf dem Rohr ist die Zahl Sechs eingraviert.

Und dann stelle dir vor, was du nicht siehst. Seine andere Hälfte sozusagen: das Schloss. In ihm muss eine Öffnung sein, in die der Schlüssel passt. Im Schloss stelle dir den Riegel vor, der in die Falle im Türrahmen einspringt, wenn dein Schlüssel ihn bewegt. Und den Schrank stelle dir vor, den er verschließen soll. Einen alten weißgestrichenen Wäscheschrank vielleicht. Und noch weiter weg: die Frauen, die in den letzten zwei oder drei Generationen diesen Schlüssel in der Hand gehabt haben mögen und die Tür zu ihrem Schrank auf- und zuschlossen, wenn sie Wäsche herausnahmen oder hineinlegten.

Wenn er nun in deiner Hand liegt, ist es derselbe Schlüssel wie am Anfang. Aber du bist mit ihm vertraut geworden. Er hat dir eine Geschichte erzählt. Einfach so, aus der Phantasie der Dinge. Der Fuchs von St.-Exupéry würde zum kleinen Prinzen sagen: »Du hast ihn gezähmt.« Du ahnst, dass er eine Lebensgeschichte hat, bei der zu verweilen sich lohnt. Was du dabei gewinnst, ist nicht nur der Respekt vor dem einfachen Ding, der uns heutigen Abendländern so sehr abgeht, sondern auch die Fähigkeit, von sichtbaren Dingen aus unsichtbare zu erschließen und bei ihnen zu verweilen. Wenn du das nicht kannst – wie willst du an dir selbst etwas wahrnehmen, das du nicht siehst? Und wie willst du vor Gott, den du nicht siehst, »mit ganzem Herzen, mit ganzer Seele und mit allen Kräften« anwesend sein können, wenn du es vor einem sichtbaren oder einem unsichtbaren Ding nicht kannst?

Ein dritter Versuch: Du gehst abends übers Feld. Über dir klarer Sternhimmel. Das Land liegt in der Dunkelheit. Und du stehst und versuchst, nur eine Minute, später länger, nichts zu tun und nichts zu denken als dies: Ich stehe. Ich bin da. Über mir der Himmel. Ich gehöre der Erde zu, die ich unter meinen Füßen spüre, und dem Himmel, der mich überwölbt. Und nichts weiter als dieses Stehen.

Ein vierter Versuch: Du stehst vor einem Baum. Du stehst ihm gegenüber. Du musst nicht so groß sein wie er. Nicht so stark. Aber stehen musst du können. Stehen und wachsen. Du hast eine Kraft in dir, die auch im Baum ist: die Kraft zu wachsen. Du bist noch zu etwas berufen. Du darfst der Kraft, die in dir am Werk ist, vertrauen. Nur auf dieses eine kommt es dabei an: Gesammelt zu stehen. Zu sein. Nichts weiter. Aber dies mit allen deinen Kräften.

Im Grunde kommt es darauf an, dass du dich einziehst auf einen kleinen Punkt, den kleinen Punkt, der du bist, oder den kleinen Punkt, der in dir ist, und dich von dort aus mit den nahen Dingen beschäftigst und nichts suchst als die kleinen Dinge. Dass du aber danach die Erde suchst, auf der du stehst, und den Himmel, der über dir ist. Dass du dann einbeziehst, was du nicht wahrnimmst im Kleinen und im Großen und dich liebevoll und sorgfältig ihm zuwendest, lange, ehe irgendein Interesse dich leiten will. Du wirst in dir selbst das Universum entdecken und im Universum dich selbst. Du wirst nichts tun und nichts wollen als nur dies: da zu sein. Und da zu sein mit allem, was ist. In allem. Und für alles.

Das hat mit dem christlichen Glauben noch nicht viel zu tun. Es ist im Grunde einfach: Wer ein Bild malen will oder eine Gedicht schreiben, eine Rosenhecke schneiden oder am Herd stehen, muss bei der Sache sein, die er tut. »Adesse«, sagen die Meister, ist nötig. Anwesend sein. Nicht zerstreut, nicht mit den Gedanken irgendwo anders. Ganz dem zugewandt, was getan werden muss. Und vielleicht verstehst du dann auch, was wir meinen, wenn wir von »glauben« sprechen. Wir meinen nicht, du sollst etwas Merkwürdiges für wahr halten. Sondern: Du sollst in dir selbst ruhen und dabei ausgreifen nach einer Wirklichkeit, die nicht sichtbar ist, wohl aber so wirklich wie du selbst. Du könntest, meinen wir, in diesem Ruhen dein Vertrauen einbringen in das, was dir begegnen will. Wenn du glaubst, bist du deiner Sache gewiss. Du stehst und kannst nicht umgeworfen werden. Du gehst, aber nicht ins Ungefähre, sondern deinen eigenen, dir vorgezeichneten Weg.

Unser Fehler, gerade unter Christen, ist immer wieder, dass wir uns einer Lehre, einem Dogma zuwenden und meinen, wenn wir nur einen Punkt nach dem anderen bejahen könnten, sei alles in Ordnung. Oder wir vertrauen dem Streitgespräch. Wir diskutieren, um zu klären, was zu glauben sei, und alles findet im Kopf statt. Am Ende wundern wir uns darüber, dass unser Glaube so labil bleibt, so ständig der Bestätigung und der Argumente bedürftig. Wir wundern uns, dass er aus der Zone des Zweifels und der immer neuen Versuche und Entwürfe nicht herauskommt.

Viele, auch unter Christen, gehen heute die Wege des Zen. Sie sitzen und meditieren stundenlang, einfach, um sich ganz loszulassen. Sie füllen damit die breite Lücke aus, die in unserem heutigen Christentum notorisch leer bleibt: die der Einübungen. Wir lernen in dieser Sache nichts, und wir wissen meist nicht einmal, was uns fehlt. Wir kennen kaum Zeiten, die wir von Arbeit oder Unterhaltung freihalten. Und wir laufen dabei Gefahr, dass wir unsere Gestalt nicht finden, unser Wesen nicht klären, unsere Aufgaben nur mühsam erfüllen, von Klarheit in den Gedanken oder Kraft der Empfindungen nicht zu reden. Nein, was uns fehlt, ist die, zugegeben, zunächst mühsame Arbeit an unserem eigenen Zustand. Er reicht von der Ungenauigkeit unserer Überzeugungen und einer gewissen Atemlosigkeit bis zu einer oft erschreckenden geistigen Verwahrlosung.

Manchmal, wenn ich von Stunden, von Terminen, von Menschen, von Briefen und Telefonaten gejagt bin, trete ich ans Fenster, atme durch, führe die Hände zusammen so, dass die Fingerspitzen der einen Hand die Fingerspitzen der anderen Hand berühren, und stehe so, eine Minute oder zwei. Und gehe wieder an meine Arbeit. Ich merke es an meinem Zustand, wenn ich die Gelegenheit, so zu tun, über einige Stunden außer Acht gelassen habe.

Dabei muss uns deutlich sein, dass solche Sammlung nicht das Ergebnis einer Willensanstrengung ist, sondern die Frucht eines Lassens. Ich lasse los, was mich festhält. Ich lasse, was ich als Nächstes tun sollte. Ich lasse, was mich nach allen Seiten hin interessiert. Ich lasse, was in mir im Kreis jagt oder nach allen Richtungen läuft, und bleibe sozusagen allein übrig. Ruhig. Stehend. Gesammelt.

Ich will hier nicht von Selbsterfahrung sprechen. Darüber reden heute viele und viele auch sehr kundig. Aber das musst du wissen: Jede wirklich gesammelte Begegnung mit einem beliebigen Ding ist auch eine Begegnung mit dir selbst, und eine der schönen Erfahrungen, die sich dir dabei eröffnen, kann die sein: dass du die Welt entdeckst, die in dir ist, die nur dir zugehört und keinen anderen angeht. Dass deine Seele eine Landschaft ist von einer unerhörten Vielfalt und Weite, im Grunde ein Universum. Ich selbst habe bei solchen Versuchen als junger Soldat mit achtzehn und mit zwanzig Jahren meine ersten Erfahrungen gemacht. Ich war, was man »außengeleitet« nennt. Ich hatte Befehlen zu gehorchen. Ich hatte Tag und Nacht bereit zu sein. Ich durfte kaum eigene Gedanken denken. Ich war einer Ideologie und einem Staat verpflichtet bis hin zu der Bereitschaft, für ihn zu sterben. Wenn meine Gedanken eigene Wege gingen, war ich sofort in Gefahr. Was ich in solchen Versuchen der Sammlung entdeckte, war die innere Welt in mir, in der etwas wie Freiheit, Selbstbestimmung, Unabhängigkeit bewahrt war. Ich entdeckte, dass ich niemandem gegenüber die Pflicht hatte, davon zu reden. Dass ich es nicht in Sprache fassen musste. Dass es meine eigenste Freiheit war, wenn ich einem anderen gegenüber davon reden wollte. Ich bewohnte eine innere Welt und konnte dort meine Seele vor dem Zugriff äußerer Mächte retten. Und niemand sage, dies sei heute unnötig geworden.

7

Mit der Zeit umgehen

Zu den Vorübungen gehört eine sorgfältige Kontrolle deines eigenen Verhaltens. Ich meine nicht, ob, was du sagst oder tust, moralisch sei oder unmoralisch, sondern ganz einfach, ob es richtig oder falsch, ob es zweckmäßig oder unzweckmäßig, ob es sinnvoll oder sinnlos sei. Zum Beispiel: Dir ist Zeit gegeben. Stunden, Tage, Jahre. Wie gehst du mit deiner Zeit um?

Wir leben selten mit unserer Zeit und in unserer Zeit. Es ist eher so, dass wir durch sie hindurchgetrieben werden. Wir warten auf sie, wir füllen sie mit Leistung, wir vertrödeln sie, und alles ohne ein wirkliches Maß. Wir werden, wenn wir über unsere Zeit nachdenken, bald bemerken, dass unser Glück, unsere Gelassenheit und unsere innere Ordnung zusammenhängen mit dem, was man in altmodischen Zeiten Zucht nannte oder Disziplin. Du hörst recht: Disziplin.

Ich will mit ein paar Notizen beginnen.

Nur der Augenblick gehört dir. Die Vergangenheit ist vorbei. Was die Zukunft bringt, weißt du nicht. Also wende dich dem Augenblick freundlich zu. Was du hastig tust, weil deine Gedanken in der Zeit vorauslaufen, kannst du nicht sorgfältig und das heißt nicht recht tun. Du verdirbst den Augenblick, in dem doch alles seinen Sinn findet. Tu nie etwas schnell oder flüchtig, tu aber alles in so wenig Zeit als dir möglich ist. Denn es gibt noch viel zu tun. Das hört sich an, als wäre es ein Widerspruch. In der Praxis geht es gut zusammen.

Wenn die Hausglocke läutet oder das Telefon, dann brich mit dem Handgriff ab, den du eben tust, und wenn du schreibst, unterbrich mitten im Satz. Ich hatte eine alte Familientante. Gelegentlich kamen ein paar Bekannte bei ihr vorbei: »Wir fahren in die Berge! Willst du mit?« Da sagte sie: »Ich muss nur die Schürze weghängen!« Sie war eine Künstlerin im Umgang mit der Zeit.

Meine nicht, du gewönnest Zeit, wenn du dir keinen Schlaf gönntest. Das wäre auf die Dauer ein schwerer Irrtum. Und meine auch nicht, du gewinnst Zeit, wenn du dich mit allerlei Mitteln aufputscht. Auch das dürfte näher an einer Selbsttäuschung als an der Wirklichkeit sein.

Immer wieder, an der Straßenbahnhaltestelle, vor jeder roten Ampel, vor einem Postschalter gibt es kleine Zeitabfälle, mit denen nichts Rechtes anzufangen ist. Wenn du sie mit sinnvollen Gedanken oder mit Atemübungen ausfüllst, statt dich zu ärgern, gewinnst du eine Menge Zeit.

Wenn du deine Stunden mit Unwichtigem verbringst, kommst du leicht zu der Meinung, du habest keine Zeit. Wenn du sie mit dem verbringst, was jetzt wichtig ist, wirst du feststellen, dass der Augenblick, in dem du dich einem Menschen zuwendest, immer übrig bleibt und dass er gut angewandt ist.

Du bist in einem Gespräch. Leute, die mit der Zeit nicht umgehen können, erkennst du daran, dass sie die anderen ständig unterbrechen. Lass dir Zeit zu warten, bis der andere ausgeredet hat.

Denn auch die Zeit der anderen ist dir anvertraut. Halte also Verabredungen genau ein. Und vertrödle nicht die Zeit der anderen, die sie mit dir verbringen sollen. Wenn du ihnen etwas sagst, dann sage es so knapp als möglich. Aber sage es so, dass keine Missverständnisse entstehen, die dazu noch geklärt werden müssen. Leute, bei deren Anruf man schon weiß, dass sie nun eine halbe Stunde um tausend Dinge herumreden werden, sind schrecklich. Aber das andere gilt auch: Es liegt an dir, was dabei aus deiner Zeit wird. Wenn andere deine Zeit vertrödeln, dann versuche, nicht ungeduldig zu werden. Ich kenne das. Ich bin von Hause aus ein Mensch, dem alles zu langsam geht und dem alles Trödeln zuwider ist. Aber auch diese Zeit bleibt deine Zeit, und wenn dabei deine Geduld wächst, so ist sie sinnvoll gelebt.

Glaube nie an das Märchen, du müssest mit dem, was du lesen, genießen oder tun willst, warten, bis du alt wirst und dein Beruf dich freigibt. Was wichtig ist, muss heute geschehen, und viele bemerken zu spät, dass, was sie sich für ihr Alter vorbehalten haben, nicht mehr kommt.

Es liegt eine tiefe Weisheit – und nicht, wie wir meinen, eine naive Einfalt – darin, wenn Jesus sagt: »Mach dir keine Sorgen um den morgigen Tag. Der morgige Tag wird für sich selbst sorgen. Es ist genug, dass jeder Tag seine eigene Plage hat« (Matthäus 6,34).

Wenn du etwas Schönes siehst, dann lass dir Zeit. Wo etwas Heilendes geschieht, da bleib lange stehen. Ein Zeitverschwender aber wirst du sein müssen, wenn jemand deine Liebe braucht, deine Hilfe oder deinen Trost. Wo dir Trauer begegnet oder Leid, da ist es Zeit für viel Zeit. Denn die Zeit weitet sich, wo Wichtiges geschieht. Am Ende wird kaum etwas Schöneres über dich gesagt werden können als: »Er – oder sie – hat Zeit für mich gehabt.« Und das will heißen: Er hat ein Stück von sich für mich hingegeben.

Vom Zeitgewinn auf Kosten der anderen – das ist einer der merkwürdigen Tricks dieser Zeit – spricht eine kleine Geschichte: Zwei Manager begegnen einem Löwen in der Wüste. Eine gute Fee sagt: Ihr habt jeder einen Wunsch frei! Da sagt der eine: Ich wünsche mir ein Paar Laufschuhe. Die Fee antwortet: Damit bist du aber nicht schneller als der Löwe. Der Manager antwortet: Nein, aber schneller als mein Kollege!

Ein Wort des Philosophen Seneca ist schön. Es ist zweitausend Jahre alt:

»Mache es so, mein Lucilius: Rette dich dir selbst; sammle und erhalte dir die Zeit, die dir bisher entweder geraubt oder entwendet wurde oder entschlüpfte. Überzeuge dich selber, es ist so, wie ich dir schreibe: Hier wird uns eine Stunde entrissen, dort eine heimlich entzogen, eine andere entschlüpft unvermerkt. Der schimpflichste Verlust jedoch ist der durch Nachlässigkeit; und wenn du die Sache genauer betrachtest, so verfließt der größte Teil des Lebens der Menschen, indem sie Böses tun, ein großer, indem sie nichts tun, das ganze Leben aber, indem sie immer etwas anderes tun, als was sie eigentlich sollten. Wen kannst du mir nennen, der einigen Wert auf die Zeit legt, der den Tag schätzt, der einsieht, dass er täglich stirbt? Denn darin irren wir, dass wir den Tod nur als etwas Zukünftiges erwarten: Er ist zum großen Teil schon vorüber; alles, was von unserem Lebensalter hinter uns liegt, hat der Tod in Händen. Mache es demnach so, mein Lucilius, wie du schreibst, dass du es tust: Halte deine Stunden zusammen; du wirst dann weniger von dem Morgen abhängen, wenn du das Heute erfassest. Indem man das Leben verschiebt, eilt es vorüber. Alles, mein Lucilius, ist fremdes Eigentum; nur die Zeit ist unser. Nur diese eine flüchtige und leicht entschlüpfende Sache hat uns die Natur zu eigen gegeben, und doch vertreibt uns daraus, wer da will. Und so groß ist die Torheit der Sterblichen, dass sie für das Geringfügigste und Wertloseste, leicht Ersetzbare danken, wenn sie es erlangt haben, niemand aber etwas schuldig zu sein glaubt, wenn er Zeit empfangen hat, während doch diese das einzige ist, was nicht einmal der Dankbare wieder erstatten kann.«

Zu den Übungen mit der Zeit gehört auch die Erinnerung. So zum Beispiel: Eben war ein Besucher bei dir und hat irgendetwas mit dir besprochen. Jetzt, da er gegangen ist, denkst du einen Augenblick nach über das, was war. Es ist nicht nur eine Übung des Gedächtnisses, sondern vor allem des Herzens, sich klarzumachen: Was hat er erzählt? Was haben wir beredet? Mit welcherlei Gedanken geht er nun seinen Weg?

Oder etwa: Du prüfst am Abend, was der Tag gebracht hat. Er bestand aus ungezählten kleinen Fetzen Zeit. Du warst eine Stunde hier, dann zwei Stunden in einer Besprechung. Du hast fünf oder sechs Telefongespräche geführt. Mit wem eigentlich? Du hast deine Briefe geschrieben. Eine halbe Stunde Zeitung gelesen. War das alles? Nein, da war noch ein Einkauf, noch eine Reparaturarbeit im Haus. Du sagst dir das nicht, weil du dir deine Leistung vor Augen führen willst, sondern weil du das Zurückschauen übst. Ein Dankgebet am Abend ist ein Gebet im Rückblick, und du wirst es nicht mit Sinn und Verstand sprechen können, wenn du dich nicht zu erinnern vermagst.

Nichts ist dir so ausschließlich und nur dir anvertraut wie deine Zeit. Nichts wird dich so persönlich prägen wie deine Zeit des Tuns und des Lassens. Ich selbst hatte nun eine über fünfundsiebzig Jahre lange Zeit, von der das weitaus meiste meinem Gedächtnis entfallen ist. Was mir aber entfiel, ist noch in mir. Ich glaube nicht, dass unsere Seele irgendetwas vergisst. Am Ende werde ich aus all dem bestehen, an das meine Seele sich erinnern wird. Die Zeit ist das eigentlich kostbare Geschenk des Schöpfers an das Geschöpf.

Und so danke ich für jeden Schlag der Uhr, den ich höre, und für jeden Morgen, den ich erlebe. Ich bitte Gott nicht, er möge mir mehr Zeit geben; ich bitte ihn vielmehr um die Kraft und die Gelassenheit, jede Stunde mit dem zu füllen, was notwendig ist. Ich bitte ihn darum, dass ich ein wenig von dieser Zeit freihalten kann und darf von Befehl und Pflicht, ein wenig für Stille, für das Spiel, für die Menschen am Rande meines Lebens. Jede Stunde ist ein Streifen Land, den ich öffnen kann mit dem Pflug meiner Arbeit. Ich möchte Liebe hineinwerfen, Gedanken, Gespräche, Trost und Segen für viele, damit am Ende etwas wie Frucht gewachsen ist.

8

Rhythmen einhalten

Wer musiziert, weiß, dass für die Kraft und Schönheit einer Musik ein Rhythmus unentbehrlich ist. Er muss nicht starr gelten, er kann verändert, er kann beschleunigt oder verlangsamt werden, aber er ist notwendig. So verläuft auch unsere Zeit in Rhythmen. In Morgen und Abend, in Tag und Nacht, in den Jahreszeiten, in den Jahren. Du wirst merken, dass dir nicht nur dein Körper, sondern auch dein Geist leichter ihre Kräfte leihen, wenn du ihnen erlaubst, die ihnen eigenen Rhythmen zu finden und einzuhalten.

Dein Körper lebt im Februar anders als im Juni, und deine Seele auch. Beide leben um fünf Uhr in der Frühe anders als am Nachmittag. Morgen- und Abendstunden sind keineswegs gleichwertig. Und es ist nicht dasselbe, ob du mit leerem oder vollem Magen nachdenkst, ob du ausgeschlafen oder abgehetzt an deine Arbeit gehst. Anregungs- und Beruhigungsmittel nützen auf die Dauer nichts, wenn sie nicht die Rhythmen unterstützen, in denen Leib und Seele leben. Die Zeit ist kein Kalender zum Abreißen, sondern ein Fluss, eine Wellenbewegung. Wer im Meer schwimmt, hält sich mühelos lange Zeit, wenn es ihm gelingt, sich dem Rhythmus der Wellen einzufügen, und er wird nach kurzer Zeit am Ende seiner Kraft sein, wenn ihm dies nicht gelingt. Suche also nach dem Rhythmus deiner Zeit, der dir am meisten Freiheit gibt für Zeiten der Stille, und halte ihn möglichst konsequent ein.

Wenn die Bibel sagt: Es hat alles seine Zeit, und alles Tun unter dem Himmel hat seine Stunde, dann meint sie, es gebe eine Zeit, die sich für eine Tätigkeit fügt, in der ein Tun seinen Sinn findet. Füge dich in sie ein.

Unter den Lehrern des spirituellen Lebens hat einer gesagt: »Achte auf die Morgenstunde. Nimm den Anfang des Tages wahr. Er ist die Stelle, an der du die Ewigkeit berührst.« Deinen Tag wirst du in der Regel nicht so gestalten können, wie es dir lieb wäre. Aber der Anfang sollte dir gehören. Der Morgen ist für viele die Stunde der seelischen Beweglichkeit, der Phantasie, der originalen Gedanken und Einfälle. Ich sage: für viele, denn für viele andere liegt die Stunde ihrer Wachheit und geistigen Lebendigkeit mitten in der Nacht, und auch sie tun gut daran, ihren Rhythmus sorgfältig einzuhalten. Was mich selbst betrifft: Ich stehe, wenn nicht eine nächtliche Reise oder eine abendliche Veranstaltung es unmöglich machen, seit nun fünfzig Jahren um vier Uhr morgens auf. Bis das Leben in meinem Büro einsetzt, habe ich vier Stunden der absoluten Ungestörtheit, in denen ich das tun kann, was mir wichtig ist, ehe die Zeitung kommt, die Familie, das Frühstück, das Telefon, die Besucher und mit dem allen die tägliche Eile. Du musst das nicht nachtun, aber du musst wissen, woher du die Zeit nimmst, in der du dem Zwang der Überfremdung, der dich während deines Tages beherrscht, dein Eigenes entgegensetzen willst.

Grenze also aus der Zeit, in der du arbeiten willst, bewusst immer wieder ein Stück aus, vor allem am Morgen und am Abend, in dem du allein bist und nachdenken und ruhen kannst oder vor Gott sein. Wenn du da keinen sinnvollen Rhythmus findest, wird auch ein langer Urlaub nach langen Monaten pausenlosen Gedränges dir keine Erholung bringen. Dasselbe gilt für den Sonntag. Dein Sonntag, soweit er nicht selbst durch Hetze und Überforderung bestimmt ist, ist überfordert, wenn er lebendig machen soll, was eine Woche des gestaltlosen Treibens in dir verödet hat.

Die Zeit hat ein Geheimnis. Das ist der Augenblick. Im jetzt gegenwärtigen Augenblick wirst du bemerken, ob der Rhythmus, in dem du lebst, sich durchgehalten hat. Denn die wirkliche Erfahrung, auch die religiöse, geschieht immer im jetzt gegenwärtigen Augenblick, und in ihm musst du gegenwärtig sein. Der Augenblick ist so schmal wie die Schneide eines Messers, und nie kannst du auf ihm oder in ihm zur Ruhe kommen. Es gibt ihn eigentlich gar nicht, und doch ist er das Einzige, das uns von unserer Zeit zur Verfügung steht. Ich verstehe wohl, was Jean P. Caussade meint, wenn er ihn ein Sakrament nennt.

Andreas Gryphius dichtet:

> Mein sind die Tage nicht, die mir die Zeit genommen.
> Mein sind die Tage nicht,
> die erst noch werden kommen.
> Der Augenblick ist mein, und nehm' ich den in Acht,
> so ist der mein, der Zeit und Ewigkeit gemacht.

Und Angelus Silesius:

> Du meinst, du wirst Gott sehen und sein Licht?
> O Narr, du siehst ihn nie, siehst du ihn heute nicht.

»Heute« meint den Augenblick der Erfahrung. Erfahrung Gottes ist ja kein Ziel, das mit Üben und Mühen verdient werden kann. Denn solche Erfahrung fällt ein wie ein Vogelschwarm in eine Waldlichtung einfällt. Da bleibt die Zeit plötzlich stehen. Da kommt der Augenblick zur Ruhe, und du weißt: Jetzt ist mir Gott nah. Jetzt ist die Zeit erfüllt, wie das Evangelium sagt. Jetzt ist alles gut. Das kannst du nicht machen. Du kannst dich aber bereithalten, bis es dich – irgendwann, wenn Gott will – überwältigt.

9

Das Wort prüfen

Wir leben in einer Zeit der bunten, schreienden, lärmenden Wörter. Getön umgibt uns, Gerede, Geschwätz. Dazwischen Information. Aufforderungen. Lügen. Halblügen. Viertelslügen, gemischt mit Viertelswahrheiten und Halbwahrheiten. Je tiefer diese Zeit der Massenmedien uns in ihre lärmenden Neuheiten zwingt, desto weniger wird die Wahrheit noch kenntlich sein, unterscheidbar.

Die Wörter nützen sich ab. Sie müssen über den Straßen heute größer gemalt werden als gestern. Kaum jemand nimmt sie noch wahr, trotz aller Farben und Beleuchtungseffekte. Niemand hört ihnen mehr zu, obwohl sie aus allen Lautsprechern dringen.

Das Wort aber ist unentbehrlich. Ein Mensch lebt davon, dass jemand ihn hört, dass jemand mit ihm spricht. Es muss jemand da sein, der sagt: Ich verstehe dich. Ich vertraue dir. Du bist nicht allein. Ich will dir helfen. Wo das Wort abstirbt, stirbt der Mensch ab.

Das Wort aber lebt von seiner Freiheit. Wo es unfrei wird, verliert es seine Würde, wo es dem Geld dienstbar wird oder der Macht, dem Zeitgeist oder den Überlieferungen, der Konfrontation oder dem Geschäftssinn. Die Dienstbarkeit des Worts ist der Anfang der Lüge. Dabei hungern Millionen nach einem verlässlichen Wort. Das unsere sollte eines davon sein.

Also: Tu den Mund auf, wenn du etwas zu sagen hast. Schließe ihn, wenn du nichts zu sagen hast, und was du sagst, sage so, dass man es versteht. Und lass auch einmal etwas Wichtiges ungesagt. Nicht jede Stunde eignet sich für jede Wahrheit.

Ibn Ata Allah, ein islamischer Weiser, sagt:

> Wenn du jemand siehst,
> der auf alles antwortet, was man ihn fragt,
> der alles ausspricht, was er bemerkt,
> oder der alles erzählt, was er gelernt hat,
> so schließe daraus: Er ist ein Tor.

Was du sagst, ist nur wert, gesagt zu werden, wenn es wahr ist. Sage nur, was du wirklich weißt, und sage immer ein paar Worte weniger, als man von dir erwartet.

Wenn über jemand etwas Ungutes gesagt wird, dann sage etwas Gutes dazu. Das gibt es immer. Ich habe einmal gehört, dass einer sagte: »Meide die Übertreibung. Jede Sonne hat Flecken. Auf jeder Pfütze glitzert ein Licht.« Kraftwörter aber helfen deinem Wort nicht auf; sie entwerten es.

Es mag sein, dass du das Recht hast, Befehle zu geben. Aber gib Befehle möglichst selten, wenn du auch bitten kannst. Bitten ist eine der vornehmen Haltungen für den, der »oben« ist.

Es ist selbstverständlich, dass du verantwortest, was du sagst. Aber nicht nur das. Du bist auch verantwortlich für den Zustand, in dem dein Wort im Ohr des Hörers ankommt. Kommt es als Wahrheit an, als Trost, oder kommt es als Missverständnis an oder als Irrtum, obwohl es eigentlich wahr ist? Je öffentlicher du redest, um so wichtiger wird diese Klarheit. Sie ist einer der strengen Maßstäbe, die man etwa auch an die Predigt in den Kirchen anlegen soll. Vieles würde danach nicht mehr gesagt. Und vieles würde anders gesagt.

Wenn Sprechen dein Beruf ist, etwa der der Lehrerin oder des Politikers oder des Versicherungsagenten, dann achte darauf, dass du deinem Beruf gerecht wirst, dass du ihn also ausübst mit einer Sprache, die genau ist und in der entbehrliche Worte nicht vorkommen.

Achte darauf, ob du »äh« oder »hm« sagst zwischen deinen Worten, wenn du nicht weiter weißt. Du kannst ja langsam reden oder mit Pausen; aber fülle deine Pausen nicht mit sinnlosem Gestöhn. Achte auch darauf, dass du nicht »Ach Gott!« sagst oder »Gott sei Dank«, wenn du ihm nicht danken willst. Achte auf deine Lieblingswörter. Sie kommen am leichtesten, wenn du nichts zu sagen hast.

Was alle sagen, brauchst du nicht auch noch auszusprechen. Was alle verschweigen, könnte ein Wort lohnen. Was einfach ist, sage nicht umständlich. Was sich klar sagen lässt, das hülle nicht in einen Nebel.

Dein Wort wird klarer, wenn du deutlich unterscheidest zwischen dem, was groß ist und was klein. Was wichtig ist und was unwichtig. Was gut ist und was schlecht. Wenn du also sagst, was wahr ist dadurch, dass du unterscheidest und die Gewichte deutlich setzt.

Wenn du Unrecht siehst, wenn zum Beispiel viele gegen einen Einzelnen reden, ist Zeit für ein Wort. Wenn du einen Menschen liebst, dann sage ihm das. Immer wieder. Oft. Täglich. Die Liebe lebt vom immer wiederholten Wort. Nach einem Wort der Freundlichkeit verlangen auch alte, kluge oder bedeutende Menschen. Auch Mächtige. Vergiss das nicht.

Die Menschen aber lassen sich nicht trennen in die, die lügen, und die, die die Wahrheit sagen. Keiner, den ich kenne, sagt immer die Wahrheit, und niemand lebt außerhalb der Zone der Täuschungen. Wer sagt, er lüge nicht, der lügt. Es ist schon viel, wenn einer prüft, was er redet, was er den Menschen vorspielt und was er wirklich meint.

Höre allen zu, auch den Unwissenden und den Törichten. Auch sie haben ihre Geschichte. Auch sie suchen ein Wort. Und tue es ohne die Überheblichkeit, die so nah liegt.

Wenn du dir über dich selbst einigermaßen klar bist, wird dir weniger wichtig werden, was andere über dich sagen. Du wirst weniger oft versucht sein, dich zu verteidigen. Ob sie dich rühmen, ob sie dich mit Recht oder Unrecht verunglimpfen, du bist doch kein anderer Mensch. Das sagt dir einer, über den viel geredet worden ist.

Manchmal kannst du nichts tun als schweigen zu dem, was in deinem Umkreis geschieht. Aber schweig nicht aus Angst oder Feigheit. Und schweige so, dass dein Schweigen nicht doch verrät, was du nicht sagen willst.

Überhaupt: Versuche immer wieder, einen halben oder ganzen Tag nur das Notwendigste zu sagen oder, wenn es möglich ist, nichts. Aus Frankreich stammt die alte Mönchsregel: »Garde la silence, la silence te gardera.« Schütze das Schweigen, und das Schweigen wird dich schützen.

Max Picard hat gesagt:

> Im Schweigen hält die Sprache den Atem an
> und füllt sich wieder mit Ursprünglichkeit auf.

Und er sagte an anderer Stelle:

Das Schweigen nimmt nicht ab durch das Wort,
das aus ihm kommt.
Das Schweigen wird dichter durch das Wort,
und das Wort nimmt zu durch das dichtere Schweigen.

Ich stelle hier noch ein paar Regeln ans Ende, die du in der Bibel lesen kannst. Sie stehen im Buch des Jesus Sirach:

Wer alles glaubt, ist leichtsinnig
und bringt sich selbst in Gefahr.
Wer unbekümmert daherredet,
zieht sich die Verachtung der anderen zu,
und wer das Reden vermeidet, verhütet Unheil.

Was du hörst, das rede nicht weiter,
denn Schweigen schadet dir nicht.
Du sollst es weder Freund noch Feind sagen.
Offenbare es nicht,
wenn du es guten Gewissens verschweigen kannst.

Hast du etwas gehört,
dann lass es mit dir sterben.
Sei ohne Sorge,
du wirst nicht davon bersten.
Aus dem Narren aber bricht das Wort heraus
wie das Kind aus dem Leib seiner Mutter.

Sprich deinen Freund darum an.
Vielleicht hat er's gar nicht getan,
was man über ihn sagt.
Oder vielleicht, wenn er es wirklich getan hat,
wird er es nicht wieder tun.

Sprich deinen Freund an,
denn es wird viel Verwirrung gestiftet,
und glaube nicht allem, was du hörst.

Man sagt so leicht etwas hin
und meint es nicht so ernst.
Wem entgleitet nicht dann und wann ein Wort?
Sprich mit dem Menschen, den es angeht,
und denke an Gottes Gebot.

Antworte dem Toren nicht nach seiner Torheit,
dass du dich ihm nicht gleichstellst.
Antworte dem Toren nach seiner Torheit,
dass er sich nicht weise vorkommt.

Wer umhergeht und ständig redet,
der plaudert Geheimnisse aus.
Darum lass dich nicht ein mit dem,
der viel redet.

Du machst um deine Güter einen Zaun aus Hecken.
Warum machst du nicht für deinen Mund
Tür und Riegel?
Du wägst dein Gold und Silber sorgsam ein.
Warum wägst du nicht auch deine Worte
auf der Goldwaage?

Denn die Narren haben ihr Herz im Maul,
aber die Weisen haben ihren Mund im Herzen.

Des Narren Herz ist wie ein Rad am Wagen.
Seine Gedanken laufen immer im Kreis wie die Nabe.

Der Mensch kann wohl sorgsam überlegen,
aber das rechte Wort gibt ihm der Herr ein.

Wie goldene Äpfel auf silbernen Schalen,
so ist ein Wort, gesprochen zur rechten Zeit.

10

Sich der Wörter erwehren

Viele unter uns leiden unter dem Zuviel an Worten, an plakatiertem, an gelärmtem Gerede. Sie fühlen sich überfremdet; sie fühlen sich von dem unaufhörlichen Geschwätz, das auf sie eindringt, wie besetzt und suchen sich seiner auf irgendeine Art zu erwehren. Das kann so geschehen, dass sie sich abschotten. Abdichten. Abriegeln. Damit verbrauchen sie dann viel Kraft, die für Besseres nötig wäre. Und ob der Lärm der vielen Wörter dadurch geringer oder leiser wird, ist nicht gewiss.

Joachim-Ernst Berendt, von dem ich, was in den Umkreis von Hören, Horchen und Vernehmen gehört, viel gelernt habe, erwähnt einmal, das Wort »Lärm« gehe auf die Landsknechte des späten Mittelalters zurück. In Italien hatten sie bei plötzlichen Überfällen diesen Ruf »al arme!«, gehört, »zu den Waffen«. Sie hörten das Durcheinanderschreien dieser Worte und schrien mit: »Lärm!« Und dieser Zusammenhang hat durchaus Sinn, denn das tut der Lärm wirklich: Er ruft zu den Waffen. Er ruft zur Abwehr, zur Selbstverteidigung, zur Frontbildung. Er erstickt das Gehör für die leisen Stimmen. Und er zehrt Kraft auf.

Noch einmal anders: Dieser Lärm kann zum persönlichen Angriff werden. Manchmal überschwemmen mich die Worte, die belanglosen, die unwahren, die halbwahren, die feindseligen, in Briefen, Telefonanrufen, in Begegnungen. Nun muss natürlich ein Mensch, der viel öffentlich redet, mit solchen Angriffen rechnen. Aber wie geht er damit um? Auf alles zu antworten, alles zu prüfen, alles richtig zu stellen würde unendlich viel Kraft verbrauchen. In einer Zeit, in der ich besonders viel Feindseligkeit erfuhr – es ist bald vierzig Jahre her –, machte ich mir klar, dass bei einem feindseligen Angriff nicht das Argument die treibende Kraft war, sondern die Emotion, und dass es keinen Sinn machte, nun dagegen zu argumentieren, sondern schlicht das zu sagen, was wichtig war, was zu sagen lohnte und was die Menschen brauchten. Ich beschloss damals, einerseits für jeden, der mit mir reden wollte, zum Gespräch bereit zu sein, andererseits auf Angriffe nicht zu reagieren. Aber was stattdessen? Wer im öffentlichen Streit steht und viele persönlich kennen lernt, weiß, wie viele an ihrer Seele dabei unheilbar krank werden.

Ich habe als Kind in Ulm gelebt, und die Donau war nah und vertraut. Ich bin damals immer wieder auf eine bestimmte Brücke gegangen, habe mich über die Brüstung gelehnt und hinuntergeschaut ins Wasser, und das Fließen und Fließen und Fließen faszinierte mich. Wenn ich irgendetwas, das schwimmen konnte, zur Hand hatte, ein kleines Stück Holz oder ein Papier, dann warf ich es hinab und sah zu, wie alles ganz ruhig, ganz selbstverständlich wegschwamm, bis es in der Biegung des Flusses verschwand. Aus dieser kindheitlichen Erinnerung machte ich mir später eine Meditationsübung. So sitze ich gelegentlich am Schreibtisch mit einem Brief in der Hand, gehe in Gedanken auf die Donaubrücke und schaue hinunter in das fließende Wasser. Dann nehme ich den Brief, lasse ihn fliegen und fallen und sehe zu, wie er ruhig und friedlich davonschwimmt. Und mit ihm schwimmt ein Angriff weg, es schwimmt aus mir selbst das Bedürfnis weg, Recht zu haben. Es schwimmt ein Streit, der nun nicht mehr stattfinden muss, friedlich bis zur Biegung des Flusses und wird entbehrlich. Und diese kleine Meditationsübung hat sich in den vierzig Jahren sehr bewährt.

Aber dann folgt der andere, der zweite Teil. Wenn ich danach wieder an meinem Schreibtisch sitze mit dem Brief in der Hand, kann ich in Frieden zuhören, was der andere gemeint hat. Ich kann unterscheiden zwischen dem, was er mir vorwirft, und dem, was ihn in ihm selbst quält. Ich sehe, worin er vielleicht Recht hat, worin ich vielleicht mit ihm übereinstimme, und kann ihm im Frieden, freundlich und vielleicht auch hilfreich antworten. Und mancher ist mir auf diese Weise zum Freund geworden.

Der bloße Streit ist selten ein Weg zur Wahrheit. Viel, was ich sage, viel, was ich argumentiere, wird laut, weil ich die Wichtigkeit meiner Gedanken oder die Wichtigkeit des Streits überschätze. Aber urteile selbst: Du willst, dass dein Wort barmherzig ist, deine Entscheidung vorsichtig, deine Antwort abgewogen. Du möchtest, dass dein Wort nicht verletzt oder entmutigt, und du möchtest vermeiden, dass du dich heimlich nur selbst damit bestätigst. Du möchtest, dass mit deinem Wort eine heilende Kraft hinübergeht zu dem, der sie braucht, und dass der Frieden wächst durch das, was du sagst.

Max Picard sagt einmal: »Das Schweigen ist für das Wort wie das Netz, das unter dem Seiltänzer ausgespannt ist.« Wenn du also nicht willst, dass du in das streitende Gelärme hinabfällst, wenn du Klarheit darüber behalten willst, was wichtig ist und was jetzt gesagt werden muss, dann finde irgendeine Weise, aus dem Schweigen und der Gelassenheit heraus das Deine zu sagen. Lass, was dir unmittelbar einfällt, ungesagt. Es wird später nicht fehlen.

11

Unabhängig bleiben

Es gibt eine ganze Anzahl verschiedener Felder, auf denen du dich so prüfen, dich auf solche Weise weiterbringen kannst. Wie gesagt – es geht nicht um Moral; es geht um die Wahrheit deiner selbst, um die Klarheit, die in dir herrscht, um die Freiheit, in der du lebst und agierst.

Du kannst zum Beispiel fragen: Wie verhalte ich mich in Gesprächen? Wie unabhängig bin ich von den Meinungen meiner Zeit? Was gebe ich aus mir heraus und was bleibt in mir verschlossen? Was für Gedanken bewegen sich in meinem Kopf, wenn ich nicht auf sie achte? Was vollzieht sich in meinen Träumen? Was will zwischen meiner Überzeugung und meinem praktischen Verhalten nicht übereinstimmen? Was sind die Bilder, die ich von mir selbst habe und die mich hindern, mich selbst zu sehen? Eins noch will ich anfügen: Von wem lässt du dich beherrschen? Welche Mächte halten dich besetzt? Zeitmeinungen, Autoritäten, Wünsche auch, die dich verfolgen? Oder noch konkreter: Wie steht es um deinen Besitz? Wie steht es bei dir mit dem Haben?

Kaum etwas hat in unserer heutigen Gesellschaft so viel Macht über die Menschen wie das Geld. Sei es so, dass einer kaum mehr an etwas anderes denkt als an das Geld. Sei es so, dass er mit Hilfe seines Geldes über andere Macht ausübt. Was aber immer in unserem Leben als Macht auftritt, ist von höchster Bedeutung für unser inneres Leben. Denn inneres Leben gedeiht nur in Freiheit; es leidet unter fremder Macht ebenso wie unter unserer eigenen.

An jedem Geldschein, den du in die Hand nimmst, hängen Mühe und Schweiß ungezählter Menschen. An manchem klebt unschuldiges Blut. Er ging von Hand zu Hand, und mit ihm gingen der Betrug, die Erniedrigung, die Gewalt, die Herrschsucht, der Neid und der Geiz. Habe keine Hochachtung vor dem bloßen Geld.

Das Problem, das dein inneres Leben betrifft, besteht aber nicht darin, wie viel du verdienst, sondern darin, was du mit deinem Geld anfängst. Wenn es in Mengen zum Fenster hereinkommt, dann wirf es zum selben Fenster wieder hinaus. Dorthin, wo es nötig ist.

Im Normalfall gib nie aus, was du noch nicht verdient hast, und gib immer um einen kleinen Betrag weniger aus, als dir zur Verfügung steht. Mit dem Schuldenmachen fängt die Sklaverei an.

Übrigens: Du verfügst über dein Geld. Kann dein Lebensgefährte, Frau oder Mann, über ebenso viel verfügen?

Wir sagen allzu leicht, unser Geld sei uns von Gott anvertraut. Es könnte aber doch auch sein, dass es auf nicht ganz klare Weise zu uns kam. Dass wir zum Beispiel unsere Unterschrift unter eine nicht ganz redliche Steuererklärung setzten?

Unsere ganze Gesellschaft ist – jedenfalls unsere mitteleuropäische – überfüttert mit Geld und mit verbreitetem Wohlstand, und sie ist zugleich zerrissen von unendlich viel Ungerechtigkeit. Wenn unser Land eines Tages ärmer werden sollte, dann muss damit noch kein Unglück verbunden sein, wenn wir nicht in unseren Ansprüchen gefangen bleiben. Auch in großer Armut kann Gerechtigkeit herrschen, und sie ist wichtiger als der Wohlstand, wie uns viele nach unserer Meinung »primitive« Gesellschaften auf dieser Erde zeigen.

Sieh zu, dass deine Geldsachen geordnet und übersichtlich sind. Nichts macht abhängiger vom Geld als Unordnung in Geldsachen. Frei vom Geld ist nicht, wer behauptet, er kümmere sich nicht darum. Frei ist, wer gelernt hat, wie man mit ihm umgeht und das, was damit zu tun ist, rasch und sicher erledigt.

Lenke deine Gedanken um, wenn sie vor allem um dich selbst kreisen wollen. Etwas denkt in dir: Das und das muss ich haben, besitzen, genießen, erreichen. Denke dir, du habest es erreicht – bist du dann mit dir selbst einen Schritt weitergekommen?

Unsere »Habseligkeiten« verraten, wo unsere Seligkeit liegt. In der Seligkeit des Habens. Dazu gehört das Einfluss-Haben, das Anerkennung-Haben, das Sicherheit-Haben, Macht-Haben. Aber diese Arten von Hab-seligkeit enden nie in der Seligkeit, sondern im Mehr-haben-Wollen. Zu den Habseligkeiten gehört auch das »Haben« eines »guten Gewissens«. Aber das gute Gewissen ist immer – merke: immer – eine Selbsttäuschung wie die anderen Habseligkeiten alle auch.

Wichtig ist dabei nicht, wie vollständig uns das alles gelingt, sondern ob wir uns darüber klar werden, dass unser geistliches Leben, unsere Spiritualität, mit solcher Art Fragen nach unserem inneren Zustand gelingen oder misslingen kann.

Vielleicht hängst du dir dazu einmal den Spruch an die Wand, der am Mägdebrunnen in Leipzig zu lesen ist:

Wer rein Wasser will, muss reine Kannen haben.

III

Die Wahrnehmung schärfen

12

Die Augen auftun

Mancher sieht und nimmt doch nichts wahr. Mancher hört, und es dringt nicht bis zu ihm durch. Heute ist es leicht, das Ohr ständig mit Lärm zu füllen. Und was das Sehen betrifft, so nimmt unser Auge immer mehr und immer schneller auf, und es gewöhnt sich leicht an die Flüchtigkeit dessen, was es sieht. So hat schon Nietzsche gesagt: »Die letzten Menschen werden nur noch blinzeln.«

Unser Auge wird, wenn es denn sehendes Auge bleiben soll, sich der allgemeinen Flucht in die Flüchtigkeit verweigern. »Mystik«, das Wort hängt zusammen mit dem Wort »myein«, die Augen schließen. Die Mystiker schließen die Augen, um innere Bilder zu sehen, und um danach die äußeren Bilder so zu sehen, dass sie Wirklichkeit mitteilen, wahrnehmbare Wahrheit.

Wie kommt man dazu? Es beginnt wohl mit der Einübung des Sehens. Denn das Sehen ist nicht nur eine Naturbegabung, die jeder gesunde Mensch mitbringt, sondern eine differenzierte Kunst. Heute, da wir dem verkopften, in Gedanken bestehenden Christentum Lebewohl sagen, gilt es, das sinnliche Wahrnehmen wieder zu entdecken als das eigentliche erste Medium der Erfahrung. Und ich meine damit nicht nur das Gehör, das unter evangelischen Christen durch lange Jahrhunderte eine beherrschende Rolle gespielt hat, sondern auch das Auge und mit ihm ein Dutzend Sinnesorgane, die uns die Welt vertraut und uns in ihr heimisch machen.

Die Anfänge sind einfach.
Ein erster Schritt könnte so geschehen:

Du gehst ein Stück Weges zwischen Häusern, Gärten, Feldern und Bäumen und beginnst zu sehen. Eine Kiefer steht irgendwo: ein Stamm. Verwildertes, vom Wetter aufgerissenes Astwerk. Trockene Astreste bis hinauf zum Beginn der Krone. Der Stamm neigt sich ein wenig nach Osten. Blaugrün die Nadeln. Raue Borke. Das Wurzelwerk eingreifend in die Erde, in die sandige Erde. Von dort her baut sie sich auf. Sie hat ihren Ort. Sie tastet in der Erde nach Wasser, saugt es ein. Der Saft steigt auf, in den Wurzeln zusammengezogen, im Stamm gesammelt, drängt nach oben und außen zu Trieben und Nadelbüscheln. Blüten öffnen sich, grüne Zapfen bilden sich, werden braun und hart und fallen schließlich. An den Trieben dieses Jahres werden im kommenden Jahr neue Triebe wachsen, neue Nadeln, neue Blüten, neue Zapfen. Der Baum lebt. Er wächst. Immer langsamer, je älter er wird. Wenn er aufhört zu wachsen, ist er tot. Eines Tages wird die Stelle leer sein und ein Teil des Baums wird zu einem Teil dieser Erde geworden sein. Aber noch steht er, und du versuchst, ihn zu sehen. Ihn so genau zu sehen, ihn dir so einzuprägen, dass du dich zu Hause an den Tisch setzen und den Baum nachzeichnen kannst.

Ein Haus seitab. In einem kleinen Garten. Zweistöckig. Unten ein altes Ehepaar, oben eine junge Familie. Du kennst beide flüchtig. Das Haus ist grau, seit Jahrzehnten nicht gekalkt. Das Dach hat ausgebesserte Stellen. Eine Treppe vor der Tür. Oben ein offenes Fenster. Oben – was weiß ich, wie sie dort miteinander leben? Äußerlich scheint alles in Ordnung. Zwei Kinder. Unten Krankheit. Viel Leid. Der Wagen der Sozialstation hält dort täglich. Man sollte einen Besuch machen. Du siehst also ein Haus. Du siehst es aber nur wirklich, wenn du siehst, was sich in ihm abspielt. Häuser bergen Schicksale. Schicksale wollen gesehen sein. Auf andere Weise, als du vorhin die Kiefer gesehen hast. Du wirst, was du wahrnimmst, nicht zeichnen können.

Nacht. Offenes Feld. Klarer Himmel. Sterne. Du stehst am Weg und schaust nach oben in eine glänzende Pracht von Lichtern. Die Lichter haben Namen, die Menschen für sie gefunden haben. Beteigeuze. Wega. Attair. Du suchst sie auf und begrüßt sie. Aber die Menschen haben auch Bilder aus ihnen herausgesehen, den Wagen, den Orion, die Leier, den großen Hund. Du versuchst, sie zu finden und ihnen guten Abend zu sagen. Wo zwei helle Sterne nah beieinander stehen, scheint sich ein feiner Faden Licht zwischen beiden zu bilden. Natürlich nur für unsere Augen. Aber der ganze Himmel ist durchzogen von solchen feinen Lichtfäden. Es ist der in sich zusammenhängende, zusammenspielende Kosmos, wie er sich dir zeigt. Du selbst stehst hier unten, auf deiner kleinen Erde, die ja deshalb bewohnbar ist, weil sie selbst nicht leuchtet. Du aber bist die Mitte des Spiels. Das Spiel währt eine kurze Stunde, und du gehst nach Hause.

Und alles fordert etwas von dir. Einer Kiefer gegenüberstehen. In ein Haus hineindenken. Unter dem Sternenhimmel stehen als ein Mensch dieser Erde. Wenn du hören willst, musst du »ganz Ohr« sein. Wenn es ums Sehen gehen soll, »ganz Auge«. Wenn du etwas Sinnvolles tun willst, »ganz Hand«. Immer dies und nie weniger als das Ganze von Ohr, Auge, Hand oder Seele.

Ein zweiter Schritt:

Du stehst einer Landschaft gegenüber. Einem Kunstwerk. Einem alltäglichen Gegenstand. Einem Menschen. Was du siehst, sieht dich an. Es spielt etwas zwischen ihm und dir. Du musst also einer sein, der aufnimmt, was zu ihm kommen will. Was du sehen willst, muss eine Entsprechung in dir haben. Willst du Weite erfahren, so muss Raum in dir sein und Weite. Willst du Farben sehen, so muss Farbe in dir sein. Willst du eine Gestalt sehen, so musst du selbst eine Gestalt sein. Immer wirst du nur erfahren, was in dir eine Resonanz findet. Immer wirst du dich in einer Welt vorfinden, die der Welt entspricht, die in dir ist. Und willst du eine größere, weitere Welt erfahren, so musst du dich selbst weiten. Sonst bleibt, was du zu fassen bekommst, so ängstlich und klein, so eng und verbaut wie du selbst. Du musst »sein«, willst du erfahren, was das Sein der Dinge um dich her ausmacht.

Henry David Thoreau fragt:

> Welches Recht habe ich,
> mich in den Wäldern aufzuhalten,
> wenn die Wälder nicht in mir sind?

Du wirst also in die Welt tiefer eindringen, wenn es dir gelungen ist, tiefer in dich selbst hinabzusteigen. Bedeutungen werden sich dir offenbaren in dem Maß, in dem du geübt bist, was du selbst bist zu deuten. Du wirst also in der Welt um dich her immer auch dich selbst mit wahrnehmen. Der Mensch, der du bist, und die Welt werden »zusammenfallen«. Zusammenfallen, ins Griechische übersetzt, heißt »Symbol«. Ein Symbol ist ein Bildzeichen, in dem sich dir die Welt und du dich selbst miteinander deuten. So spricht sich aller Glaube in Symbolen aus, und das deshalb, weil ein Glaube nie nur etwas meint, was über dir oder dir gegenüber ist, sondern immer dich selbst einbegreift. Einen Glaubenssatz, der nicht über das hinaus, was er bekennt, auch von dir selbst spricht, kannst du vergessen. Er ist kein Glaubenssatz, sondern nur eine, vielleicht religiöse, Behauptung.

Ein dritter Schritt:

Es kommt also auf Achtsamkeit an. Auf Sorgfalt. Was du siehst, erwartet von dir, dass du achtsam, dass du sorgfältig mit ihm umgehst.

Eine Muschel am Strand. Eine unter Milliarden. Zerbrechlich. Schön. Kostbar. Du nimmst sie auf. Du siehst das Spiel des Lichts in der weichen Kannelierung. Dann legst du sie zurück an ihren Ort und gehst weiter durch das flache Wasser deinen Weg.

Wirklich sehen heißt, die Dinge nicht einfordern. Nicht Besitz ergreifen von ihnen. Nicht sie zerstören. Nicht sie missbrauchen. Sich ihnen behutsam nähern, ehrfürchtig dem Fremden gegenüber. Dabei immer genauer sehen. Immer mehr wahrnehmen. Alles ist wunderbar für sehende Augen.

Sehen heißt darum: verstehen, dass alles ein Geschick hat und dass jedes fremde Geschick dich angeht. Auch das der kleinen Muschel am Strand. Achtsamkeit meint: Alles, was du siehst, was dir begegnet, was sich um dich her abspielt, ist deiner Sorgfalt anvertraut. Menschen, Gesichter, Schicksale, Vorgänge. Alles Schöne, alles Böse, alles Missglückte, alles Ungenaue. Und alles will in seinen Einzelheiten gesehen sein. Es berührt dich, was irgendwo in Indonesien geschieht. Es berührt dich, was im Haus des Nachbarn erlitten wird. Nicht, dass du überall einzugreifen hättest. Aber achten musst du auf alles, was du siehst; vielleicht geht es dich an. Sehen heißt achtsam sein.

Ein vierter Schritt:

Sehen heißt lieben. Nicht nur Steine, Pflanzen, Tiere, Landschaften, sondern auch Menschen. Liebe deinen Mitmenschen, sagt Jesus. Du siehst ihn, also liebe ihn. Anders wirst du ihn nicht verstehen. Man versteht nur, was man liebt. Wer nicht liebt, kann dem anderen nicht gerecht werden. Er kann ihn nicht sehen, wie er ist, nicht hören, was er meint. Von Jesus wird erzählt, er sei einem jungen Mann begegnet, der seine Schwierigkeiten mitbrachte. »Jesus sah ihn an und liebkoste ihn«, heißt es wörtlich. Dass du mit der Art deines Umgangs mit Menschen sie »liebkost«, das ist wohl die Art, in der du sie sehen sollst. Die Welt verändert sich dabei. Sie wird auch für dich selbst menschenfreundlich. Sie wird bewohnbar.

Ein fünfter Schritt:

Was wir sehen, sehen wir mit Anteilnahme. Mitleidend. Leiden mit übernehmend. Am Unglück teilnehmend. Von Jesus wird immer wieder gesagt: »Als er die Menschen sah, jammerte ihn.« Was ist das doch für ein schönes Wort! »Es jammerte ihn.« Was er sah, bereitete ihm Elend, Schmerzen, Jammer. Wenn du siehst, was unter Tieren gelitten wird, so wird dich das Elend der Kreatur erfüllen. Wenn du siehst, was Menschen einander antun, was sie leiden und wie sie leiden machen, wenn du ihre Ängste, Schmerzen, Entbehrungen, ihre Gewalttätigkeit und ihren Hass siehst, dann wird dich das alles mitergreifen, und du wirst dabei mehr sehen, als du mit den bloßen Augen wahrnimmst. Auch das Herz hat sein Sehvermögen. Mit-leiden ist ein Blick durch Wände, durch Fassaden, durch beherrschte Gesichter. Und es bedeutet, dass dein eigener innerer Mensch reicher wird durch das Leid, das ein anderer in dich hinübergibt, und fähiger, in den Hintergrund der Dinge zu schauen.

13

Schauen und Verstehen

Sehen heißt also mehr sehen. Hindurch-sehen. »Wehe«, sagt der Baalschem, »wehe! Die Welt ist voll gewaltiger Lichter und Geheimnisse, und der Mensch verstellt sie sich mit seiner kleinen Hand.«

Sehend werden beginnt mit dem Staunen. Ich meine nicht das einfache Staunen »über«. Du kannst über eine technische Leistung staunen. Es geht aber um mehr: Es geht um das Staunen »vor«, das du erleben kannst, wenn du einen Tautropfen an einem Spinngewebe wahrnimmst. So dichtet Edgar Dacqué:

> Franziskus neigte sich vor einem Grashalm zart –
> wie das? Ihm war's ein Bild aus Gott von eigner Art.

Ich meine ein Staunen, das dich ergreift und bewegt und das sich vor etwas einstellt, das wirklich groß ist. Ein solches Erstaunen ist das, was wir Erfahrung nennen. Sie will uns weiterführen zur Gelassenheit, zur Heiterkeit und zum Erbarmen.

Bede Griffith (1906–1993), der englische Benediktinermönch, der in Indien für das Verstehen zwischen den Religionen gearbeitet hat und in seiner Umgebung als einer der Großen der christlichen Geistesgeschichte, als ein Weiser und als Heiliger verehrt wurde, erzählt aus seiner Jugend, er sei einmal allein bei Sonnenuntergang unterwegs gewesen, da habe er in einer ganz anderen Weise als sonst die Stimmen der Vögel gehört, er habe auf eine ganz andere Weise als sonst einen Rotdornbaum gesehen, und die untergehende Sonne und die Schleier der Abenddämmerung hätten ihn mit einem Furcht erregenden Gefühl der göttlichen Gegenwart überwältigt. Als ich selbst das zum ersten Mal bei ihm las, konnte ich nur sagen: Genau so. Genau dies habe ich selbst erfahren, und viele Kinder und Jugendliche, solange sie für Urerlebnisse noch offen sind, erfahren das. Und nun gilt es, vom Sehen zum Schauen zu gelangen, vom Hören zum Horchen, vom Verstehen zum Nachfolgen, von der christlichen Theorie zum praktisch gelebten Glauben.

Das große Staunen ist zugleich Ausgangspunkt und Ertrag dessen, was wir Meditation nennen. Das Wort kommt vom lateinischen meditari, üben. Es wurde in der militärischen Fachsprache für das Exerzieren von Rekruten gebraucht. Benedikt verwandte es als Ausdruck für die ersten Übungen der Novizen eines Klosters. Meditation ist also kein Ziel, sondern ein erster Weg für Anfänger. Der Meditierende übt, wie ein Kind an einem Musikinstrument übt.

Wenn ich mich zum Beispiel in einem Zustand der Zerfahrenheit befinde, dann nehme ich eine Blüte, etwa die einer Marguerite, und übe:

Ich sehe zuerst das Ganze der Blüte, den Kranz der Blütenblätter und die dunkle Mitte. Dann beginne ich einen Weg um sämtliche Blütenblätter: Ich beginne an der Wurzel eines Blütenblatts, gehe mit den Augen nach außen über seinen rechten Rand zu seiner Spitze, ich umkreise die Spitze und kehre auf dem Weg über seinen linken Rand zurück an die Wurzel. Dort beginne ich neu beim nächsten Blütenblatt, gehe seinen rechten Rand nach außen und seinen linken nach innen, und so rund um die ganze Blüte. Es ist eine Art Einübung in gesammeltes Wahrnehmen. Es hilft mir, im Wahrnehmen als ganzer Mensch anwesend zu sein. Und wenn du das versuchst, dann sage ich dir: Je langsamer dir dieses Umkreisen gelingt, um so stärker ist seine Wirkung.

Sören Kierkegaard schreibt: »Ich sah heute Morgen in der frischen kühlen Luft ein Dutzend Wildgänse fortfliegen; zuerst standen sie genau über dem Kopf, dann ferner und ferner, und zuletzt teilten sie sich in zwei Schwärme und wölbten sich wie zwei Augenbrauen über meinen Augen, die nun ins Land der Poesie schauten.«

Von hier aus wird, vielleicht, ein sechster Schritt möglich:

Das ist freilich ein Schritt, den du nicht gehst, der vielleicht mit dir gegangen wird. Er ist mehr ein Widerfahrnis als ein Schritt. Oder eigentlich: nichts als ein gnadenhaftes Widerfahrnis. Dass du nämlich eine Erfahrung machst, die religiöser Art ist. Sie ist mir selbst immer wieder geschehen, längst ehe ich mich im Sehen üben konnte. Als kleinem Kind. Und später. Und ein Leben lang. Licht war es, das ich gesehen habe, Wärme, die mir entgegenkam. Vertrauen, das in mir entstand. Liebe. Gewissheit. Ein Blick immer wieder durch den Vorhang. Ein Blick durch die Dinge hindurch. »Siehe!«, sagt Jesus immer wieder. »Schau hindurch!« »Ich erzähle eine Geschichte. Sieh sie dir genau an. Dann wirst du durch sie hindurch Wahrheit finden.«

Viele Mystiker, auch viele sehr einfache Menschen, sprechen von Licht-Erfahrungen. Menschen, die aus dem klinischen Tod reanimiert worden sind, sprechen mit erstaunlicher Übereinstimmung von einem alles durchdringenden Licht, dem sie begegnet seien, und ich glaube, dass ihre Erfahrungen aus einer großen Wirklichkeit zu ihnen kamen. Ich bin überzeugt, dass, wenn die Wahrheit unseres Daseins sich offenbaren wird, diese Wahrheit sich in einem großen, warmen Licht zeigen wird. Wer durch die Wirklichkeit hindurchschaut, begegnet der Wahrheit in der Gestalt von Licht. Und in diesem Licht wird ihm alles klar sein.

Ich bin auch nach allem, was ich erfahren und geprüft habe, überzeugt, dass es viele Weisen gibt, durch die Grenzen des Raums über weite Entfernungen zu »sehen«, durch die Grenzen der Zeit in die Zukunft, durch die Grenzen der mechanischen Abläufe in ein ursachloses, von Gott gewirktes Geschehen.

Gott ist unsichtbar. Das ist eine Binsenweisheit. Aber dass seine Unsichtbarkeit, und zwar gerade sie, schaubar wird, das ist ein Geheimnis seiner Gnade. Wahrheit entsteht nicht dadurch, dass wir die Maße und Funktionen der Dinge erkunden. Sie ist vielmehr ein Licht, das aus dem Hintergrund der Welt zu uns dringt und vor dem die Dinge selbst durchscheinend werden, zart und leise, und tastbar einer behutsamen Hand.

Wenn Wahrheit ein Licht ist, das dir aufgehen muss, dann kannst du sie nicht aufbewahren. Du kannst sie nur wahrnehmen, und sie bleibt Wahrheit nur so lange, als du sie wahrgibst. So lange, als sie dein Wort, deine Menschengestalt, dein Tun und Lassen wahr-nehmbar prägt. Wahrheit ist die Transparenz des Daseins und die Transparenz unseres eigenen Wesens zugleich.

Denn die Wände zwischen unserer Welt der sichtbaren Dinge und jener größeren, die die unsere umgibt und durchdringt, sind dünn und durchscheinend, und nichts ist verschlossen.

Und das ist nun das Ergebnis unserer Bemühungen um Sehen und Schauen: Wir verstehen, dass alles religiöse Reden Bilder zeigt, die wir schauen sollen, und dass es mit Hilfe der Bilder über unsere bildhafte Welt hinausgreift. Bilder kann man nicht beweisen. Man kann sie nur schauen und vielleicht zeigen. Und so reden wir mit Hilfe von Bildern von Gott selbst, der ja nicht nur jenseits der Grenzen unseres Erkennens ist und wirkt, sondern »nahe bei uns, in unserem Mund und in unserem Herzen« (Römer 10,8).

14

Ekstasen nicht fürchten

Wenn ein Mensch so »aus sich herausgeht«, wie ich es hier meine, dann sprechen wir von »Heraustreten«, von »Ekstase«.

Sie beginnt damit, dass einer staunt. Dass er »sprachlos« ist vor dem, was er hört oder sieht. Und sie setzt sich fort mit der plötzlichen Erkenntnis, dass es nicht darauf ankommt, etwas zu suchen, sondern dass irgendjemand oder irgendetwas uns schon gefunden hat, ehe wir anfingen zu suchen. Die Wirklichkeit, der man sich zuwandte, ist stärker als das eigene kleine Ich. Und sie wendet sich uns zu, offenbarend, redend, leuchtend.

Warum wohl begegnen gerade unter Christen diejenigen Menschen, die eine Ekstase erlebt haben, so großem Misstrauen? So, als hätten sie etwas Verbotenes getan? Dabei ist die ganze Bibel voll von Berichten über Menschen, die aus der ekstatischen Erfahrung heraus geredet haben und deren Wort ohne solche ekstatische Erfahrung nie zustandegekommen wäre.

Eine der Erfahrungen dieser Art, die ich persönlich gemacht habe, die mir geradezu als Rettung begegnet ist und die mich nun ein Leben lang begleitet, geschah im April 1943. Neben unserem Flugplatz in Lyon lag ein altes französisches Fort, eine leere Befestigungsanlage mit Gräben und Wällen und riesigen Bunkern, das Fort Bron. Wenn ich in meiner Freizeit dem Lärm meiner Unterkunft entrinnen wollte, ging ich auf die Wälle dieses Forts hinüber mit irgendeinem Buch, das ich in der Stille lesen wollte. Einmal nun saß ich auf einem solchen

Hügel, rings um mich her ein wildes Buschwerk aus über und über weiß blühenden Schlehen. Wohin das Auge sah, nichts als weiße Blüten. Was ist das? durchfuhr es mich. Das waren keine Blüten. Das war eine Welt, die offen war nach einer anderen Dimension hin. Da war alles offen! Und mir war schlagartig klar, dass meine kleine Welt, in der ich lebte und Soldat war und flog und Bücher las, wie ein Gefängnis war, dessen Mauern mir die eigentliche Wirklichkeit verstellten. Dass die Welt unendlich weiterging in Räume, die mir sonst verschlossen waren. Dass sich die größere, nenne sie meinetwegen »geistige«, Welt mir zuwandte, offen, freundlich, dass sie mich suchte. Und dass ich nie mehr eine andere Welt bewohnen könne als diese, die aus einer »normalen« und einer größeren, anderen bestand. Und diese Erfahrung war so nachhaltig, dass ich heute noch, irgendwo in einem Wald oder in einer freien Landschaft, keine blühenden Schlehen sehen kann, ohne sofort im Jahr 1943 zu sein und im Fort Bron bei Lyon. Ein paar weißblühende Büsche sind einige meiner wichtigsten Lehrer gewesen. Und ich verstehe Bernhard von Clairvaux gut, wenn er sagt: »Ich hatte keine anderen Meister als die Buchen und die Eichen.« Wenn mir heute einer sagen würde: Du warst überreizt –, dann würde mich das nicht im mindestens stören. Für alles, was über unsere kleine Welt hinausreicht, hat der kleine Mensch seine passenden Erklärungen. Wem die große Wirklichkeit einmal begegnet ist, dem kann die kleine, die er bewohnt, nie mehr genügen. Für mich waren die weißen Schlehen wie das, was Mose am brennenden Dornbusch erfuhr: die brennende Gegenwart Gottes.

Wer so aus sich heraustritt, wird nicht nur seinen Blick weiten, sondern auch seinen Atem. Er wird sich vorstellen, dass die Luft, die er einatmet, mit der Weite des Universums erfüllt ist, nein, mehr, mit der Kraft und Gegenwart Gottes. Er wird in diesem lebenschaffenden, unendlichen Atem Gottes mitatmen. Er wird sich die Luft und das Licht als ein riesiges Meer vorstellen, das ihn umgibt, ein Meer, ganz durchlichtet von Gottes Gegenwart. Er wird wissen, dass, was er schaut, das »Kleid ist, das Gott anhat«, wie der Psalm 104 es sagt, und dass er mit jedem Atemzug sein Licht einatmet, seine Liebe und seine Kraft. Was die Bibel meint, wenn sie sagt, die Bäume »lobten« Gott, das ist mir einleuchtend seit jenem Tag, an dem ich die Schlehenbüsche von ihm singen hörte.

15

Hören

Wir leben in einer Zeit der Inflation der Wörter. Nicht nur der gesprochenen, auch der gesungenen, der gebrüllten, gedruckten, der an Häusern hängenden, aufgeblähten Wörter. Die Wörter, so lebensnotwendig sie sind, werden zum Lärm, der allgegenwärtig alle Stille unter sich begräbt. Manchmal sehne ich mich nach der Abgeschiedenheit eines Gebirgstals und nach dem schlagenden Ton eines fallenden Steins, nach dem Echo dieses Fallens, dem zweiten Echo und den kleinen Tönen nachfallenden Gesteins. Es müsste ein Labsal sein. Wo finden wir in unseren Straßenschluchten noch ein Echo, dem nachzuhorchen lohnt? Die Folge des immer währenden Redens aber ist die Sprachlosigkeit.

Die Sprachlosigkeit greift über auch auf die Kirchen. Noch wird geredet, verlautbart, unterrichtet, gepredigt, proklamiert, noch werden Gespräche geführt. Noch wird von unzähligen willigen und hingebenden Menschen geredet, liebevoll, klug, kundig, anschaulich, bilderreich, praktisch, in bewährter oder in moderner Sprache, bis zur Erschöpfung, ohne Rücksicht auf Tage und Nächte. Und das Ende? Es wird nicht mehr gehört. Was ist nur mit uns geschehen?

Noch nie war eine große, alte und bewährte Religion so zur Stummheit verdammt, so unfähig, ihre Botschaft in verstehbare Worte zu fassen. Die christliche Sprachlosigkeit ist ein ungewöhnlicher, merkwürdiger Problemfall in der Welt der

Religionen. Es ist, als gäbe es keinen Weg mehr von einem Mund zu einem Ohr, als wäre irgendetwas dazwischen, ein Hindernis oder eine Leere. Was den Christen durch Jahrtausende wichtig gewesen war, verliert ganz einfach seine Bedeutung.

Wenn Sprache nicht mehr verstanden wird, dann mag man vermuten, es fehle dem Sprechenden etwas, das er selbst gehört hat. Das durch ihn hindurchgegangen ist. Ich sehe darum für uns Christen keinen aussichtsreichen Weg aus unserer Sprachlosigkeit heraus als die neue und mühsame Übung des Hörens und des Horchens, keinen Weg, als dass wir wieder lernen, mit unserer Seele, mit unserem Geist, mit unserem Herzen zu hören.

Im Alten Testament gibt es eine Kindergeschichte, in der vom Hören die Rede ist. Ein Kind soll Priester werden. Seine Mutter gibt es dem Vorsteher eines Heiligtums, der es in die Geheimnisse und Aufgaben eines solchen Amts einführen sollte, an die Hand. Eines Nachts hört der Junge seinen Namen rufen. Er steht auf, läuft zu dem alten Priester und sagt: »Du hast mich gerufen.« Aber der schickt ihn zurück: »Ich habe dich nicht gerufen. Lege dich schlafen.« Wenig später wiederholt sich dasselbe. Beim dritten Mal beginnt der Priester zu verstehen: »Wenn du die Stimme wieder hörst, dann sprich: ›Rede, Herr! Dein Knecht hört‹.« Und Gott rief Samuel noch einmal, und der antwortete: »Hier bin ich! Rede, Herr! dein Knecht hört!«

Wer ruft hier? Eine Stimme aus einem Traum? Eine innere Erfahrung? Ein eingeübtes Gottesbewusstsein? Die Atmosphäre eines Tempels – oder doch Gott selbst? Mir ist manchmal, als liege die Kirche schlafend in der Nacht und zu ihr dringe eine Stimme. Aber wer ruft? Der alte Priester? Oder jene alte, vergangene, heilige und unheilige Menschengeschichte, die die Kirche hinter sich hat? Das alte Dogma? Eine aktuelle Herausforderung, ein Wort zur Zeit zu sagen? Oder vielleicht doch Gott selbst? Denn die Stimme Gottes pflegt in der »Nacht« zu kommen, in einer großen Unauffälligkeit. Sie gehört zu den leisen Stimmen, die in die halbe Aufmerksamkeit von uns Menschen hineinsprechen und es ertragen, von uns überhört oder verwechselt zu werden.

Du kannst aber Worte, die es wert sind, gehört und bewahrt zu werden, lernen zu vernehmen. »Maria aber behielt alle diese Worte«, wird erzählt, »und bewegte sie in ihrem Herzen.« Wie macht man das, Worte in seinem Herzen zu bewegen? Es scheint mir bemerkenswert, dass gerade in unseren evangelischen Kirchen, denen doch eigentlich alles am Hören und an der Hörfähigkeit gelegen sein muss, das Hören einer Stimme, die von außen oder innen zu uns kommen will, das Horchen und das Vernehmen auf keine Weise geübt wird. Es mag sein, dass du es für selbstverständlich hältst, dass du ein Gehör hast. Jesus ist da skeptischer. Er grenzt sehr ein. Er sagt: »Wer Ohren hat(!), der höre.« Wir halten es für ausgemacht, dass unser Ohr sachgerecht funktioniert, dass wir also hören können, und wundern uns, dass ungehört bleibt, was wir sagen. Dass also als Folge unseres naiven Glaubens an unsere Hörfähigkeit die Sprachlosigkeit sich über unsere Gespräche legt wie ein Mehltau.

Du kannst das Hören üben. Einer der einfachen Wege ist der, dass du wichtige Texte auswendig lernst. Mit Psalmen oder mit Liedern aus dem Gesangbuch übten es unsere Voreltern. Du kannst auch Gedichte lernen von Goethe, Mörike oder Morgenstern. Sage solche Texte so oft für dich selbst durch, bis die ganze Folge der Wörter, der Reime und der Bilder sich sozusagen in dir angesiedelt, also jedes Wort in dir einen Platz gefunden hat. Durch solches Zuhören und Verweilen in fremden Worten gewinnt deine eigene Sprache an Gewicht, an Farbe, Ausdruck und Wesentlichkeit. Es werden dir dabei eigene Bilder einfallen und eigene Gedanken. Das Wort »einfallen« ist genau. Es fällt dir etwas ein, wie ein Vogelschwarm in eine Waldlichtung »einfällt«. Du gehst im Wald fremder Gedanken spazieren, gelangst an eine Lichtung – und da fällt dir etwas ein. Du nimmst es auf und versuchst, was dir eingefallen ist, nicht zu stören. Und wenn es wieder auf- und davonfliegen will, dann lässt du es in Frieden ziehen.

Hören lernst du auch durch Schweigen. Ich selbst liebe die frühen Stunden des Tages vor allem auch deshalb, weil ich mit niemandem zu reden brauche, und ich bin dankbar dafür, dass meine Frau ein Mensch ist, mit dem man lange zusammen sein oder wandern kann, ohne dass ein Wort geredet werden muss. Ein gesammelter, nach innen gewendeter Mensch, der aber sehr genau hört, wenn etwas gesagt wird.

Der alte Priester Eli gab, wie schon gesagt, dem jungen Samuel den Rat: Sage, wenn du eine Stimme hörst, von der du nicht weißt, woher sie kommt, von der du aber fühlst, dass sie wichtig ist: »Rede, Herr! Dein Knecht hört.« Lege also deine Nebengedanken auf die Seite, alles, was du gewöhnt bist zu denken, und sage nicht gleich: Das entspricht mir nicht! Sondern höre! Es klingt hart, aber es ist so: Hören heißt verzichten auf das Mitreden. Wenn du nur noch redest, sagst du damit, wie es unter Christen der Brauch ist, wenn sie beten: »Höre, Herr! Dein Knecht redet!«

Leersein von Gedanken also ist der Zustand, in dem Raum entsteht für die Gedanken, die ein anderer, so etwa Gott, in ihn hineinsagen oder hineindenken will. Denn Gott, so sagen die Meister, »will seine Gedanken in uns denken«.

Wie kannst du leer werden von Gedanken? Stelle dich ans Fenster während eines Regens und höre auf nichts als auf das Schlagen der Tropfen. Nichts als das leise, unregelmäßige Schlagen der Tropfen. Lange Zeit. Bis nichts mehr in dir denkt.

Es mag wohl sein, dass Gott oft in deiner Tür steht und du nicht zu Hause bist. Wer im Schweigen horcht, wird ihn, wenn er es will, hören. Er wird seinen Schritt erkennen, der aus der Stille an sein Haus kommt.

16

Horchen

Was du rein hören willst, das wirst du auswählend heraushorchen müssen aus dem Vielerlei dessen, was tönt, was lärmt, was redet. Und oft ist es das besonders Leise, das du aus dem laut Ertönenden heraushören musst, weil es dich angeht.

Meine Aufgabe im vergangenen Krieg war zu Zeiten, Funkverkehr auf Kurzwelle zu betreiben. Und zwar nicht als Sprechverkehr, sondern mit den Zeichen des Morsealphabets. Man wählte eine Frequenz, aber der Sender, der dort sein sollte, war nicht zu hören, vielmehr lärmte eine Menge anderer Sender auf derselben Welle wild und laut durcheinander, und die Aufgabe war, zwischen dem nervösen Gepiepse und dem aufdringlichen Hämmern der vielen Sender und hinter ihnen die leisen Andeutungen von Tönen des Senders auszumachen, den man meinte, und mit ihm in Verbindung zu treten. Also einen der lauten Sender zu hören und ihn sozusagen wegzulegen, dann einen anderen, dann wieder einen anderen, so dass man am Ende freie Bahn hatte zu dem eigentlichen Partner. Es ging also nicht darum, den Lärm zu übertönen, sondern den Lärm zur Seite zu führen, bis das wirkliche Hören beginnen konnte.

Halten wir also auch das Gefackel und Geflacker in unserem eigenen Kopf geduldig aus, die Gedankenlosigkeit in den vielen Gedanken, das Geflacker der Bilder auch, die durch unsere Seele hetzen wie ein hastig geschnittener Film. Und legen wir eines davon nach dem anderen beiseite, bis es allmählich nachlässt und wir frei werden für ein Wort, das anderswo herkommt als aus uns selbst. Nehmen wir also das fremde und leise Wort auf, hören wir uns in es ein, bis es stärker wird als das leiser werdende Vielerlei unserer eigenen Gedanken, so dass wir am Ende nicht leer sind, sondern das fremde Wort uns ganz ausfüllt.

Wenn du verstehen willst, was im Schweigen zu gewinnen ist, dann bemühe dich zu empfinden, was ein »Übergang« ist vom Klang zur Stille.

Schau dir einen Spinnwebfaden an, der im Licht vibriert. Was da schwingt, ist ein Ton, ist Musik. Dein Ohr ist nicht fein genug, sie zu hören, aber Musik ist es allemal. Vielleicht wird dich dabei das erfüllen, was wir »Stille« nennen.

Stelle eine Klangschale vor dich auf den Tisch. Schlage sie an. Höre, wie sie klingt. Ich liebe solche Instrumente. Ihre eigentliche Kraft liegt nicht in ihrem Klang, sondern in ihrem Verklingen. Nie ist auszumachen, wann ihr Ton endet. Denn sie klingt noch lange weiter, auch wenn du nichts mehr hörst. Dann höre ihrem Ton nach und begleite ihn weiter. Vielleicht denkst du dabei auch einmal so: Wenn der Ton meines Lebens ausklingt, dann will ich nicht nur das Ausklingen hören, ich will es auch hören, wie er in einer fernen, wunderbaren Musik wieder einsetzt.

Denn alles ist Klang. Alles schwingt. Nur die Tonhöhe, die Frequenz ist verschieden. Die ganze Welt besteht aus Schwingungen. Das bedeutet, dass sie ein riesiger Klangkörper ist und dass du selbst mitschwingst. Und dass du selbst eine Fülle von Schwingungen aussendest in alles hinein, das um dich her ist.

Wenn du der Klangschale nachhorchst, findet in dir etwas wie Stille Raum. Stille für den Wohlklang, der sonst so leicht verloren geht. Und vielleicht verstehst du, warum ich mir das bekannte Wort von Angelus Silesius »Wär Christus tausendmal in Betlehem geboren und nicht in dir, du bliebst doch ewiglich verloren« manchmal auch so vorsage: »Hätte Gott sich in Christus tausendmal kundgetan und könnte das nicht in dir geschehen, es brächte dir keine Wahrheit.«

Dionysius Areopagita, der große Seher des 6. Jahrhunderts, fragt, wie man den Weg zu Gott finde:

»Entfernen wir alles Laute, Grelle, Unreine, was nur ›Welt‹ ist. So gehen wir zu Gott. Wenn wir aber dies alles aus unserer Seele entfernt haben, was bleibt uns dann, die wir doch ganz aus ›Welt‹ bestehen? Schweigen. Dunkel. Und im Dunkel: Gott.«

So stehst du dann an jenem Ufer, an dem die Dinge, die Probleme, die Affären dieser Welt enden, und hörst. Du atmest das Wesen der Unendlichkeit ein und weißt: Es ist Gott, den ich einatme.

Nelly Sachs schreibt:

> Wenn wir auch Geschäfte haben,
> die weit fortführen
> von seinem Licht,
> wenn wir auch das Wasser aus Röhren trinken
> und es erst sterbend naht
> unserem ewig dürstenden Mund –
> wenn wir auch auf einer Straße schreiten,
> darunter die Erde zum Schweigen gebracht wurde
> von einem Pflaster,
> verkaufen dürfen wir nicht unser Ohr,
> o, nicht unser Ohr dürfen wir verkaufen.

17

Mit allen Sinnen wahrnehmen

Nicht nur Sehen und Hören bedürfen bei uns Abendländern einer neuen Kultur, auch die Sinne des Schmeckens, des Riechens und des Tastens sollten in ihrer sensiblen Differenziertheit in unseren Übungen eine neue Rolle spielen. Aber es ist kennzeichnend für die Vernachlässigung der Sinnlichkeit in unserer heutigen Zivilisation, dass wir immer noch, als wäre das selbstverständlich, von den »fünf Sinnen« sprechen, als hätten wir nicht mindestens ein Dutzend.

Ich jedenfalls empfinde Schmerz, wenn ich mich verletze. Ist Schmerzempfindung keine sinnliche Wahrnehmung? Ich fühle, wenn es Zeit ist zu schlafen, und empfinde Müdigkeit. Mein Magen fühlt seine Leere und meldet mir Hunger. Ich stehe in der Sonne und meine Haut meldet mir ihre Wärme. Ich habe einen besonderen Sinn für die Schwerkraft, die mir mein ganzer Körper, belastet oder nicht, mitteilt. Ich habe einen besonderen Sinn für das Gleichgewicht, das mein Körper sucht im Vergleich zu den Kräften der Erde, und einen Sinn für oben und unten. Ich lebe in der Zeit und bemerke, dass manches rasch vorbeigeht und anderes sich langsam entwickelt. Ich messe Stunden und Augenblicke, Tage und Nächte und weiß ungefähr, wie lange ein Tag sein wird. Aber diese Sinne weisen auch über sich hinaus und wecken Wahrnehmungen, die sich zwischen den Sinnen und der Seele, in irgendeinem Zwischenbereich, abspielen. Ich sehe etwas, das auf mich zukommt, und empfinde Angst. Ich begegne dem guten Gesicht eines Menschen und finde Vertrauen. Ich liebe eine Frau und alle meine Sinne werden wach, wenn ich ihre Hand berühre, ihre Lippen küsse oder mich dem Rausch und der Gewalt des Einswerdens hingebe. Hat die Liebe nicht ihre eigene Sinnlichkeit?

Ich will es hier nur andeuten: Mit jedem dieser Sinne kannst du so umgehen, dass er wacher wird, aufmerksamer, sensibler. Unsere Sinne sind ein unendlich feines Netzwerk von Fühlen und Empfinden, von Aufnehmen und Antworten, von Erinnern und Lernen und Wissen, von Denken und Urteilen, von Freude und Weinen, von Liebe und Neugier, von Spiel und Kampf, von Störung und Heilung, und es hat etwas Beklagenswertes, wie wenig wir mit ihnen anfangen können, wie wenig Aufmerksamkeit wir ihnen schenken.

Also: Wenn die Nacht vor deiner Tür so dunkel ist, dass du nichts sehen kannst, dann geh hinaus und prüfe, auf welche Weise dein Körper im Gleichgewicht bleibt. Oder tu es im dunklen Zimmer. Woher nimmst du die Empfindung, wo oben sei und wo unten?

Oder: Du bist müde. Überlass dich dieser merkwürdigen Schwere, die Müdigkeit heißt, lass zu, dass sie deine Aufmerksamkeit langsam löscht, überlasse dich ihr. Übe das Lassen, das Loslassen, das Freilassen ein, das zu einem guten Schlaf führt.

Sammle beim Aufwachen bewusst deine Gedanken. Erinnere dich deiner Träume. Lebe langsam in den Übergang zwischen Nacht und Tag. Empfinde das Wunder des Erwachens und unternimm dabei nichts Plötzliches. Ein Morgengebet zwischen Schlaf und Wachen kann dir dabei sehr helfen.

Beobachte die Zeit. Wie lange braucht der Schatten eines Zweigs, um von diesem Stein zu jenem zu gelangen? Nimm dir vor, zu sagen, wann fünf Minuten vorbei sind, und vergleiche mit der Uhr, wie genau dein Zeitempfinden ist. Und übe es. Oder übe dich darin, immer genauer schätzen zu können, wie viel vierzig Zentimeter Länge sind.

Du empfindest Hunger. Frage ihn, ob er sich als Gewohnheit meldet oder weil es wirklich nötig ist zu essen. Auch der Hunger ist ein Sinn, der kontrolliert und geübt sein will. Und wenn du einen Menschen liebst, dann beobachte dich: wie zart, wie aufmerksam du wahrnimmst, was er sich wünscht, was ihm wohl tut. Und denke mehr an ihn als an dich selbst. Und lass ihn fühlen, was du dir wünschst, ohne ihn zu bedrängen.

Es geht ja, wenn wir unseren spirituellen Weg suchen, nicht um einen Abschied von unserem Körper, sondern darum, dass wir mit ihm leben. Es geht darum, dass wir das Geistige den Sinnen zugänglich machen und das Sinnliche in den Geist aufnehmen. Es gibt heute viele gute Möglichkeiten, dies zu versuchen. Etwa den meditativen Tanz oder das Üben eines Handwerks, das nicht dein Beruf ist. Es gibt etwa die Übung, dass du mit deiner Aufmerksamkeit deinen ganzen Körper durchwanderst. Oder die, einen Stein aufzunehmen und genau zu fühlen, was die einzelnen Finger und was die Hand dabei tun. Oder die, zu beobachten, was mit der Muskulatur deines Gesichts geschieht, wenn du lächelst oder lachst.

Fühle dabei den feinsten Nuancen nach. Du wirst bemerken, dass die Erfahrung deiner Haut und die Erfahrung deines Verhaltens, deines seelischen Zustandes oder deines Geistes ineinander übergehen. Du wirst bei all dem bemerken, dass deine Welt mehr Farben gewinnt, mehr Töne, mehr Details und mehr Lebendigkeit.

IV

Anders denken

18

Jeder denkt

Gehen wir weiter. Die Meister der spirituellen Tradition sprachen immer auch vom Nachdenken. Immer wieder lesen wir, wir sollten lernen, unsere Gedanken zu ordnen, zu sichten, zu klären. Wir sollten den Mut fassen, uns selbst und den anderen mit klaren Worten zu sagen, was es denn eigentlich sei, was wir glauben. Denn der christliche Glaube sei kein Nebel über dem Land.

Sie meinten dabei nicht, wer mehr wisse oder mehr Bildung mitbekommen habe, verstehe vom Denken mehr. Es gibt sehr einfache Menschen, die selbständig denken, und sehr gebildete, die das Denken anderen überlassen oder dem hinterherdenken, was man eben denkt. Nicht, wie viel Verstand einer hat, ist wichtig, sondern ob er ihn benützt. Ludwig Köhler, einer meiner Lehrer, hat einmal gesagt: »Ein Mensch, der nicht denkt, ist unreinlicher als einer, der die Hände nicht wäscht.«

Wenn du freilich anfängst, selbständig zu denken, kann es sein, dass du anders denkst, als man in deiner Umgebung denkt. Du kommst zu eigenen Einsichten und Entscheidungen. Aber du verstehst dann auch, dass du nicht mehr sagen kannst: So ist es! Sondern: So habe ich es erfahren! Das hat sich mir gezeigt! Du kannst dann nicht mehr sagen: Wer etwas anderes glaubt, ist kein Christ. Denn auch er hat das Recht, so zu denken, wie es seiner Erfahrung und Einsicht entspricht.

Und wenn du mit deinem Nachdenken in Schwierigkeiten kommst? Wenn du nicht mehr sagen kannst: So ist es! Wenn dir irgendetwas fraglich wird, von dem du geglaubt hast, es stehe fest? Wenn du also mit dem Zweifel zu tun bekommst? Dann ist das völlig natürlich. Der Zweifel gehört zum menschlichen Nachdenken und überhaupt zum menschlichen Leben wie der Hunger und die Schmerzen, wie die

Angst, das Leid und die Ratlosigkeit. Wenn du warten willst, bis dir alles glasklar und durchsichtig ist, wirst du auf dein Leben in der anderen Welt warten müssen. Inzwischen lass deinen Zweifel gelten. Schlag ihn nicht tot. Denn die Wahrheit wird, solange wir als Menschen in dieser Welt leben, immer erst jenseits von Zweifel und Ungewissheit aufleuchten.

Also denke. Wenn du aber nun sagst: »Ich denke«, könntest du sehr an der Wirklichkeit vorbeigehen. Denn das wenigste, das du denkst, denkst du. Das meiste denkt »es« in dir. In deinem Kopf denkt es Tag und Nacht. Das meiste kommt von selbst, aus irgendeiner Himmelsrichtung, aus irgendeinem Abgrund, und es drückt aus, was und wer du bist, ohne dass du viel dazu tun kannst. Es ist wie das Wetter draußen. Du hast es nicht in der Hand. Es regnet. Es ist kalt. Du weißt nicht, wer da regnet und wer kalt ist. Also sagst du: Es regnet.

In deinen Kopf kommen von außen Eindrücke, von innen Wünsche oder Ängste. Und immerzu reagiert etwas in dir. Der Philosoph Descartes hat das berühmte Wort gesagt: »Ich denke, also bin ich.« Aber wäre es nicht zutreffender, wenn ich sagte: »Ich bin mir unbekannt. Ich weiß nicht, wer das Es ist, das in mir denkt«?

Zu den wichtigsten Übungen für dich, wenn du auf deinem inneren Weg weiterkommen willst, gehört, mit deinen Gedanken umzugehen und möglichst vielen auf die Spur zu kommen. Sie einzuholen, sie zu stellen, sie zu prüfen. Und dann selbst weiterzudenken auf Bahnen, die du selbst deinen Gedanken vorzeichnest. Die Inder sagen: »Die Gedanken sind wie Affen, die in deinem Gehirn wie in einem Baum umherturnen.« Stell dich also still vor den Baum, fange einen nach dem anderen ein, betrachte sie einen Augenblick und setze sie neben dir auf die Erde. Behalte sie aber im Auge, denn sie sind schnell wieder oben im Baum. Aber streite nicht mit ihnen, beschimpfe sie nicht. Sie sind ja nicht deine Gegner, sondern deine eigenen Gedanken. Nimm sie und setze sie still und freundlich und im Frieden auf die Seite.

Wie es wirklich in dir denkt, kommt eindeutig heraus,

wenn du plötzlich in eine unerwartete Situation gerätst und in ihr reagieren musst. In Worten, die du dir überlegen konntest, kannst du dich anders geben als du bist. Aber deine tatsächlichen Gedanken prägen, was du spontan tust, ohne dass du deine Reaktion in der Hand hättest.

Schaffe dir Augenblicke, in denen du an nichts denkst. Du wirst bemerken, wie schwierig das ist und wie viel in dir sich gegen solche Freiheit im Umgang mit deinen Gedanken wehrt. Auf einem Weg, den du wanderst, kannst du es üben. Wenn du auf deinem Lager liegst, dann liege still und warte auf den ersten guten Gedanken, der zu dir kommen will. Und wenn dir ein guter Gedanke kommt, dann schreibe ihn auf, damit du ihn nicht wieder vergisst. Und kehre immer wieder zu ihm zurück. Er wird dich zu anderen guten Gedanken weiterführen. Er ist ein Gedanke der Freiheit in dem Gewoge alles dessen, was in dir denkt. Gib ihm den Weg frei zu deinem Reden und deinem Verhalten. Bring ihn zum Tanzen. Bring von ihm aus eine Geschichte in Gang.

Denken hat immer einen unendlichen Zusammenhang. Du kannst über nichts nachdenken, das nicht seine Verbindungen nach überall hin hätte. Wenn du dir auf eine gute Weise über ein Detail der Welt Gedanken machst, führen sie dich ins Ganze. Wer in einem kleinen Wasserbecken schwimmen gelernt hat, kann es auch im Weltmeer.

Bemühe dich, den anderen zu verstehen, indem du zu denken versuchst, wie er denkt. Du wirst es dann nicht mehr ganz so leicht haben, ihm zu widersprechen. Aber werde misstrauisch gegen dich selbst, wenn es dir allzu leicht fällt, die Gedanken aller Leute mitzudenken.

Wenn dich Gedanken quälen, wenn sie dich gar zu vergiften drohen, dann setze ihnen andere bewusst entgegen. Am besten Gedanken der Dankbarkeit. Dankbarkeit ist eine Art Heiltrank gegen das Gift, das in dem sein kann, was in dir denkt.

Wenn du zur Ruhe kommen willst, dann sage zu deinen Gedanken: Geht jetzt. Ihr dürft morgen früh wiederkommen. Wenn sie dir gehorchen – und das müssen sie gelernt haben –, dann wirst du einen guten Schlaf finden. Du denkst dann richtig, wenn dabei das Vertrauen und die Zuversicht in dir wachsen.

Und wenn du dich hinausdenken willst, etwa bis zu dem Gedanken an Gott? Die Kraft, mit der Gott unsere Gedanken auf neue Wege führt, nennen wir den Heiligen Geist. Wenn er neue Gedanken in uns anstößt oder weiterführt, so werden wir – und es gibt kaum etwas Größeres, das wir werden könnten – zu Menschen, in denen Gott seine Gedanken denkt.

19

Denke auch über Gott nach

Über Gott nachzudenken ist nicht verboten; es ist im Gegenteil dringend nötig. Du kannst, was du Gott nennen willst, nicht im Ungefähren lassen. Es könnte ja sein, dass du dein Leben lang über Gott so nachdenkst, wie du es als Kind getan hast, als man dir kindliche Geschichten über ihn erzählte. Dass du also mit Vorstellungen lebst, mit denen du als erwachsener Mensch eigentlich nicht leben kannst, mit der Vorstellung zum Beispiel vom »lieben Gott«, oder der vom strafenden Erzieher Gott oder der vom »großen Bruder« Orwells, der alles erbarmungslos sieht. Dass du also mit Bildern von Gott lebst, die du, wenn du das Evangelium gelesen hättest, längst hättest hinter dir lassen können. Es könnte ja auch sein, dass du über Gott so nachdenkst, wie du über deinen Vater gedacht hast; dass es also gar nicht Gott ist, sondern eine kindheitliche Erfahrung, die sein Bild prägt.

Nun hat natürlich alles Nachdenken des Menschen über Gott seine Grenzen, enge Grenzen. Ein Frosch am Grund einer Zisterne sieht den Himmel immer nur durch ein rundes Loch, also rund und klein. Ich will dir drei dieser Grenzen nennen, die du beachten musst.

Die erste: Alles, was wir Menschen in unserem kleinen Kopf über Gott denken, das denken wir in Vergleichen, in Bildern, in Gleichnissen. Wir sagen dann: Gott ist wie ... oder wie ... Deshalb erzählt Jesus Gleichnisse und schildert Gott »wie« einen Vater, »wie« einen König oder einen Hausherrn. Also »wie etwas«, das wir in unserem normalen Leben sehen können. Und deshalb sagt er: »Ich habe zu euch in Bildern geredet.« Das ist nun einmal so: Was wir nicht sehen können und doch beschreiben wollen, das beschreiben wir in Bildern und nehmen in Kauf, dass kein solcher Vergleich ganz zutrifft und keiner alles umfasst, was es zu sagen gäbe. Ich kann also zugleich sagen: Gott ist wie ein »Richter«, aber auch: Er ist wie ein »Meer«, in dem ich schwimme. Und beides hat Sinn, obwohl wir es nicht zusammendenken können. Wir haben nichts anderes als Bilder. Und da wir immer in Bildern denken, so bleibt, was wir über Gott denken, bei aller Anstrengung unseres Nachdenkens unangemessen. Das ist die erste Grenze.

Die zweite Grenze: Alles, was in unserem Kopf vorgeht, ist eine Spiegelung. Wenn wir einen Baum sehen, dann geht nicht der Baum durch unseren Kopf, vielmehr spiegelt sich der Baum in unseren Augen und in unserem Gehirn. Und wenn wir über Gott einen Gedanken fassen, dann wird dieser Gedanke nicht Gott sein, sondern er wird Gott spiegeln. Das gilt auch von allem, was die Bibel über Gott sagt. Auch die Aussagen der Bibel werden sich erst in unserem Kopf und Herzen spiegeln müssen, ehe wir sie bejahen oder verneinen können. Und da wir nicht alle den gleichen Kopf haben, sondern zum Glück sehr verschiedene, so spiegelt sich, was das Evangelium sagt, verschieden in unseren Köpfen. Und in dem Augenblick, in dem wir sagen: Was ich denke, ist richtig, was du denkst, ist falsch, überziehen wir unsere Fähigkeiten. Deshalb reden auch die Zeugen der Bibel von Gott nicht einheitlich, sondern in sehr verschiedenen Worten und Bildern, und wir tun gut, was wir verstanden haben, nicht für das einzig Richtige zu halten.

Die dritte Grenze: Unser Denken ist gebunden an unsere sinnliche Wahrnehmung und an die engen Grenzen unserer geistigen Organisation. Wir sehen – und wir denken nach über das, was wir sehen. Wir haben Dinge, Gegenstände vor uns, die eindeutig und klar sind. Ein Haus ist ein Haus und kein Wal. In dem Augenblick aber, in dem wir die Grenzen unserer sinnlichen Wahrnehmung und unseres Verstandes überschreiten, in dem Augenblick, in dem wir etwa über Engel nachdenken oder das jenseitige Leben oder auch nur über die Freiheit des Menschen oder über die letzten Bausteine der Materie, tritt der Gegenstand, über den wir nachdenken, in Widersprüche auseinander. Wir können dann »beweisen«, es sei so; ein anderer aber wird ebenso schlüssig beweisen, es sei alles ganz anders. Was Gott anbetrifft, so sei Gott nach Art einer Person zu denken oder er übersteige das Wesen einer Person unendlich, und es sei viel angemessener, ihn ohne die Eigenschaften einer Person zu denken. Der eine wird sagen: Gott ist unendlich fern, der andere, Gott ist unendlich nah. Haben beide Recht? Vermutlich ja. Und es ist gut, wenn beides stehen bleibt. Wir sprechen von einem komplementären Denken, das überall dort angebracht sei, wo wir die Grenzen unserer Wahrnehmung überschreiten. Das ist ein Denken, das einen harten Widerspruch aushält und sich nicht auf die eine Seite schlägt, um zu einer einfacheren Lösung zu kommen. Denn bei einem Widerspruch dieser Art schließt die eine Behauptung die gegensätzliche nicht aus, sondern beide zusammen, die wir nicht zusammenbringen, füllen miteinander das Ganze der Wahrheit aus.

Nun kann es dir geschehen, dass dir gerade dann, wenn du diese Grenzen beachtest, alle die verschiedenen Gottesbilder, die du bisher gekannt hast und die dir vertraut sind, in Stücke zerfallen. Der »liebe Gott« zerfällt, und übrig bleibt ein dunkles Nichts.

Dann tu etwas sehr Einfaches. Lies im Evangelium. Es erzählt von Jesus, der das ganz und gar nicht einfache, aber das ungemein entlastende, heilende, ermutigende und befreiende

Bild von Gott dem »Vater« vor uns hinstellt. Glaube also immer nur anfänglich und vorläufig an den Gott, den du dir ausgedacht hast, und geh von ihm aus immer wieder und immer neu weiter bis dahin, wo du Jesus sagen hörst: »Wenn du zu Gott reden willst, dann sage: Vater im Himmel.« Oder sage: Mutter im Himmel, wenn du willst. Du sagst im Grunde das gleiche.

Du hast die Wahrheit nicht in den Händen, aber du gehst auf sie zu. Du bist nicht die Wahrheit, aber sie wird dich prägen. Du bist nicht am Ziel, aber du wirst es – auf der Spur, die Jesus dir zeigt – erreichen. Und eines Tages wirst du sagen können: »Alles ist gut. Ja, das ist die Wahrheit. Ich danke dir, Gott, dass alles gut ist.«

20

Nach innen denken

Wenn du mich fragst, was denn mystische Frömmigkeit sei oder auch mystische Spiritualität, wie man neuerdings gerne sagt, und was für ein Denken ihr angemessen sei, dann möchte ich so antworten:

Du kannst über alles nachdenken, das dir in dieser Welt begegnet. Über den Kosmos im Großen und im Kleinen. Über die Menschengeschichte, die ferne und die nahe, oder über das Wesen und Verhalten des Menschen und über alle Fragen, die damit zusammenhängen. Wichtig aber wird dieses Denken erst, wenn du, was außen geschieht, in dich hereinnimmst und es in dir noch einmal geschehen lässt. Die mystische Weise des Denkens spielt immer an der Grenzscheide zwischen außen und innen und dann immer mehr innen als außen. Das Denken also wendet sich nach innen; wenn es innen ankommt, beginnt ein Prozess in dir, der dich wandelt. Und wenn es von dort aus wieder nach außen geht und sich den Aufgaben des Tages zuwendet, den Zeitfragen, den privaten Aufgaben oder auch der politischen Mitwirkung, dann wird es dort in dem Maß verändernd wirken, in dem du selbst verändert worden bist. Eine äußere Geschichte etwa der Bibel in der Gestalt eines äußeren Worts kommt zu uns, wird von uns aufgenommen und beginnt, in uns zu wirken, zu schaffen und zu verändern. Es wird zu unserem eigenen Wort und kommt in unserem Tun und Reden wieder als wirkende Kraft nach außen. Entscheidend aber ist immer, was innen geschieht.

Ich will ein paar Beispiele nennen. Du feierst Weihnachten. Du denkst an ein Geschehen vor zweitausend Jahren, du hörst Geschichten, die einer vor fast zweitausend Jahren aufgeschrieben hat. Und du fragst dich: Was soll man sich darunter vorstellen, dass da Gott in einem Kind zu Welt kommt? Wie soll man das verstehen, dass da ein paar Hirten bei Nacht Engelchöre hören? Kann es sein, dass drei Astrologen aus dem Osten einem Stern nachwandern, der doch nicht fest am Himmel steht, sondern morgens ganz anderswo als abends und der also jedes Mal in eine andere Richtung weist, und dass sie auf diese Weise tatsächlich das Kind finden? Solange du mit solcher Weise des Nachdenkens beschäftigt bist, wird dir, was Weihnachten meint, kaum aufgehen, und vor allem: Es wird sich in dir selbst durch die Geschichten von Weihnachten nichts ändern.

Aber diese Erzählungen sind ja ein Bilderbuch, das mit seinen Figuren und Landschaften, mit einer heiligen Familie, mit Hirten und mit Weisen in der Verkleidung ihres weiten Abstandes beschreibt, was in dir selbst geschehen soll. »Wär Christus tausendmal in Betlehem geboren und nicht in dir, du wärst doch ewiglich verloren«, schreibt der Mystiker Angelus Silesius mit Recht. Was an Weihnachten entscheidend ist, das ist, dass du selbst das Kind bist, in dem Gott zur Welt kommen soll. Dass der Stall deine Seele ist, die Erfahrung der Hirten in deiner eigenen Hörsamkeit geschieht, dass die lange Reihe der Weisen oder Könige die Reise all deiner Kräfte und deiner ganzen aufmerksamen Seele zu sich selbst ist und so zu dem Gott, der in ihr erscheint. Du musst also die Fähigkeit gewinnen, Stimmen zu hören, die tief in dir selbst zu dir reden, und dabei wissen, dass nicht du selbst es bist, der zu dir redet. Dass du für deinen eigenen inneren Weg den Stern entdeckst, der dir vorausgeht bis an das Ziel: deine Begegnung mit dem Mann aus Nazaret. Noch einmal: Die Bilder kommen als äußeres Wort zu dir. Du nimmst das Wort und die Bilder in deine eigene Seele herein und gibst ihnen Raum, so dass sie ihren Auftrag an dir erfüllen können: dich zu einem Haus zu machen. Dich frei zu machen von aller Macht sonst und dich zu wandeln zu einem Wort, das nun nach außen treten kann und befreiend und erlösend unter den Menschen zu wirken vermag.

Du begehst die Tage der Passion. Du hört die Geschichte von Jesus Christus, von seinem Leiden und Sterben. Du wirst bemerken, dass du unversehens auf einen inneren Weg mitgenommen wirst, der dich deinem eigenen Verhalten, Reden und Tun gegenüberstellt, deiner Selbsteinschätzung, deinem Selbsterhaltungswillen und deinem Verständnis von Leben und Tod. Und je aufmerksamer du den Leidensweg Jesu Christi mitgehst, desto tiefer in dir selbst wird sich etwas ändern und desto mehr wird sich ändern. Du kannst die Passionsgeschichte natürlich auch als historischen Bericht lesen. Du wirst am Ende fragen: Was kann eine solche Geschichte mit mir zu tun haben? Wie soll ich das verstehen, dass dieser Mensch vor zweitausend Jahren das Unrecht tragen soll, das ich heute begehe, und wie kann er stellvertretend durchleiden, was eigentlich ich leiden sollte? Denn von diesem engen Zusammenhang zwischen unserem Unrecht und dem Leiden Christi sprechen unsere Passionslieder ja unbeirrt. Nur: Sie erklären es nicht. Du kannst aber auch die ganze Geschichte in dich selbst hereinnehmen. So, dass ihre Figuren zusammenfließen mit dir selbst und das Leiden Christi dir plötzlich nahe kommt wie du selbst. In dem Kapitel VI, »Mitgehen«, will ich das zeigen.

Dasselbe gilt natürlich von Ostern. Du kannst ein Leben lang darüber streiten, ob das Grab leer war oder ob es Engel waren, die die Grabtücher so säuberlich zusammengelegt haben. Wenn Christus in dir ist, wie Paulus ebenso unermüdlich sagt wie die übrigen Zeugen, dann geschieht seine Auferstehung aus dem Tod in dir. Den Streit um das Dort und Damals darfst du anderen Leuten überlassen. Du bist mit ihm, du bist in ihm auferstanden und gehst als Auferstandene(r) in deinen Tod.

Das gilt selbstverständlich auch von Pfingsten. Wen sollte denn der Geist treffen und erfüllen und ihn zu einem klaren Bekennen und zu einem mutigen Reden begeistern wenn nicht dich selbst? Wenn damals das Haus voll Wind und voll Feuer war, wem nützt das heute? Die Leute mit ihrer geisterfüllten Sprache reden heute nicht mehr. Sie sind lange gestorben. Du lebst. Wer soll das Haus sein, in das der Geist einbricht, wenn nicht du?

Du liest die Geschichte, wie Jesus auf dem Wasser ging. Du kannst ein Leben lang darüber diskutieren, wenn es dich so lange interessiert, ob das möglich sei. Du wirst nichts dabei gewinnen. Aber du wirst deine eigene Seele dahin bringen müssen, dass sie bereit wird, aus dem Boot zu steigen, aufs Wasser zu treten und auf den Christus zuzugehen, der auf dem Wasser deiner eigenen Seele, in diesem Raum deines Glaubens, der gewagt werden muss und auf keine Weise gesichert werden kann, auf dich wartet. Wer der Geschichte vom Meerwandeln Jesu nachgeht, wird bemerken, dass sie genau das beschreibt, was in dir selbst geschehen muss, damit es Sinn hat, dass du sagst: Ich glaube.

Mystische Frömmigkeit oder Spiritualität ist ein Weg von äußeren Ereignissen, denen wir mit dem Kopf nachdenken mögen, solange wir wollen, hin zu Wandlungen, die aufgrund dieser äußeren Ereignisse in uns selbst geschehen sollen. Sie ist ein Weg vom Argumentieren und Diskutieren und vom äußeren Bejahen oder Kritisieren einer Geschichte weg – und hin zur Erfahrung dessen, was durch sie in uns selbst neu entstehen oder neu werden soll.

Solange dir jedenfalls Gott nur außen ist, als Schöpfer oder treibende Macht der Schöpfung, als vorwärtsdrängende Kraft der Geschichte oder auch als moralische Autorität für das Handeln der Menschheit – was er alles auch ist –, so lange wird dir Gott nie unfraglich sein. Zu einem spürbaren Gegenüber für dich wird er erst, wenn du ihn auch in dir selbst erfährst. Er wird dabei nie du selbst und du wirst nie dein eigener Gott sein. Aber er ist gegenwärtig in dir. Er ist wirksam in allem, was durch dich hindurch geschieht. Er ist dir nahe wie dein eigenes Wesen.

All das bedeutet für dein Nachdenken immer wieder den Abschied von der dünnen Oberfläche deiner Rationalität, den Abschied von Beweisen und Widerlegungen und die Wendung hin zu einer Intuition, in der sich danach die merkwürdigsten Bilder, Gleichnisse und Symbole als heimliche Deutung der Wahrheit deines ganzen Daseins erweisen.

21

Denken mit dem Herzen

Was aber ist das Instrument, mit dem wir denken werden? Ist es das, was wir Verstand nennen, Vernunft oder Geist? Oder was? Der Lehrer, der mir in meinen jungen Jahren am meisten sagen konnte – es war Romano Guardini –, sprach in seinen Vorlesungen mit seiner leisen und klaren Stimme von der »Philosophie des Herzens«. Was hat er damit gemeint?

Die Bibel spricht viel vom »Herzen«. Sie meint damit nicht das innere Organ, das den Blutkreislauf in Bewegung hält, sondern sie meint den ganzen Menschen, wie er lebt, atmet, wirkt, denkt oder empfindet. Für die Bibel kommt mit dem »Herzen des Menschen« der ganze Mensch zum Vorschein. Wer mit dem Herzen denkt, der wendet dem, worüber er nachdenkt, nicht nur seinen Verstand zu, sondern auch die Aufmerksamkeit seiner Sinne, seiner Gefühle, seiner Empfindungen. Er wird darum, was er wahrnimmt, genauer, umfassender beschreiben können. Er wird vor allem, wenn er sich einem Menschen zuwendet, wacher sein, er wird tiefer in ihn eindringen und wird ihm am Ende gerechter werden.

Das »Herz« schaut anders in die Welt als der bloße Verstand. Offener. Aufnahmebereiter. Ehrfürchtiger. Es tut den Dingen keine Gewalt an. Es verbindet die Offenheit des Kindes mit der Weisheit des Alters. Es schreibt den Dingen und den Menschen nicht vor, wie sie zu sein hätten, sondern respektiert ihr inneres Gesetz. Es hat einen wachen Sinn für das Wesentliche und Wesenhafte. Wo das Herz seinen Blick hinlenkt, da finden die Menschen und die Dinge ihre je eigene Freiheit. Es nimmt sie sozusagen behutsam »in beide Hände«, auch das an ihnen, was nicht stimmig ist, auch ihr Leid, ihre Angst, ihre Gefährdungen. Auf diese Weise kann das Herz in unserer Welt, wie sie nun einmal ist, kaum herrschen, wohl aber erlösend wirken. Entlastend. Ermutigend. Befreiend. Heilend. Wenn wir Jesus zusehen, so verstehen wir, was es heißt, mit dem Herzen zu erkennen und mit dem Herzen zu agieren.

Wer mit dem Herzen denkt, wird weniger als andere in sich verbergen oder nach außen vortäuschen. Von Franz von Sales wird erzählt, er sei, als ihm Frau von Chantal, die große Mystikerin, begegnet sei, verwirrt gewesen über die Klarheit ihrer Seele. Er habe geäußert, es sei ein Grund zu erschrecken, wenn ein See vollkommen klar sei, aber so tief, dass der Blick nicht auf den Grund komme. Frau von Chantal sei so vollkommen durchsichtig gewesen, aber von einer Klarheit, die eine unendliche Tiefe ahnen lasse.

Man kann es auch an der Weise erkennen, wie ein Mensch spricht. Die Stille, der Friede und die selbstverständliche Klarheit der Sprache sind Zeichen dafür, dass das Herz mindestens mitspricht. Es gibt entsprechend umgekehrt ein sicheres Merkmal für einen Menschen, der noch nicht mit dem

Herzen zu denken vermag: Es ist sein Bedürfnis, Recht zu haben. Wenn du einem Menschen begegnest, der unbedingt Recht haben will, so mach keinen Versuch, ihn zu widerlegen, sondern frage dich, was ihm denn fehle, dass er sich durch Rechthaben entschädigen müsse. So ist das Rechthabenmüssen unter Christen immer ein sicheres Zeichen dafür, dass das Evangelium mit seiner befreienden, heilenden, aufbauenden Kraft noch nicht wirklich zu ihnen hindurchgefunden hat.

Wenn du »mit dem Herzen« denkst, dann denkst du »berührend«. Du siehst Menschen und Dinge, die du nicht zwingen, denen du aber begegnen kannst. Du betrachtest nicht so sehr aus dem Abstand, sondern mehr in großer Nähe. Aber du übst durch deine Nähe keine Macht und keine Kontrolle aus, sondern lässt dem, was du siehst, seine Freiheit. Wenn du mit dem Herzen denkst, so denkst du wie ein Liebender: freundlich, ja zärtlich. Wenn du vertraust, denkst du so, wenn du hoffst, wenn du spielst. Und solche Weise zu denken macht dich zum Mitbürger der vielen Geschöpfe dieser Erde.

Wenn du so berührend denkst, dann denkst du lebendig. Ein lebendiges Denken erweist sich zum Beispiel darin, dass du fähig bist, etwas, das dir schon klar war, umzudenken. Auch darin, dass du leicht und locker ein »Für« und ein »Wider« nebeneinander aushältst. Denn vielleicht sind das Für und das Wider nur verschiedene Bilder der einen Wirklichkeit.

Wenn du lebendig denkst, dann kannst du auch das kritisch prüfen, was dir selbstverständlich scheint. Denn du bist dir darüber klar, dass du mit deiner Erkenntnis nie am Ziel bist; und ich meine, du tust gut, zum Beispiel alle zehn Jahre gründlich Inventur zu machen in den Regalen, in denen du deine Überzeugungen und deine Meinungen so übersichtlich aufgebaut hast.

Wenn du lebendig denkst, so wirst du auf die Hälfte aller Urteile, die du über Menschen, über Vorgänge und Geschehnisse fällen könntest, verzichten. Mir will manchmal scheinen, nötig und hilfreich sei allenfalls der zehnte Teil davon. Denn Urteile pflegen festzulegen, was nicht festliegt.

Lebendiges Denken erweist sich endlich darin, dass es über den engen Rahmen von Kenntnissen und Erfahrungen hinausdenkt. Jesus sagt immer wieder: »Seid wach!« Schlaft nicht, es kommt noch etwas! Es steht noch etwas bevor! Denk also über das hinaus, was du für wirklich hältst, für möglich, für beweisbar, ja selbst erfahrbar. Über das, was sichtbar und hörbar ist, messbar, wägbar, zählbar und was in Dimensionen hinüberreicht, die dein Verstand zunächst ausspart. Vielleicht geht dir bei solchen Versuchen auf, dass du in einer Zone lebst, in der eine sichtbare und eine unsichtbare, eine denkbare und eine nicht denkbare Wirklichkeit einander durchdringen. Und dass die letztere tief in dich hineinreicht.

Norman H. Russel, Cherokee-Indianer, geb. 1921, schreibt:

> So wie der Baum nicht endet
> an der Spitze seiner Wurzeln oder seiner Zweige,
> so wie der Vogel nicht endet
> an seinen Federn und an seinem Flügel,
> so wie die Erde nicht endet
> an ihrem höchsten Berg:
>
> So ende auch ich nicht
> an meinen Armen, meinem Fuß, meiner Haut,
> sondern greife unentwegt nach außen
> hinein in allen Raum und alle Zeit
> mit meiner Stimme und mit meinen Gedanken;
> denn meine Seele ist das Universum.

Wenn du so denkst, dann ist die Sorge, du könntest den Boden unter den Füßen verlieren, unnötig. Im Gegenteil, du beginnst überhaupt erst zu ahnen, auf welcherlei Boden du stehst. Du verlierst dich nicht in Träume. Im Gegenteil, du lernst erst so recht genau zu unterscheiden zwischen deinen

Träumen und der großen Wirklichkeit. Du wirst dabei nicht unfähig, auf dieser Erde zu tun, was nötig ist. Im Gegenteil, du erkennst erst ganz, was durch dich geschehen soll und welcherlei Gebot und Maß dir gilt. Du verirrst dich nicht in die Einsamkeit versponnener Eremiten. Im Gegenteil, du weißt genauer, was den Menschen durch dich widerfahren soll an Güte und behutsamer Begleitung. Die Welt wird dir so unendlich wie sie ist, und du weißt, indem du über die Grenzen deines kleinen Lebensraums hinaus siehst, was es auf sich hat mit dem Dasein in dieser Welt.

V

Sich orientieren

22

Die drei Grundformen christlicher Meditation

Noch immer wandern wir auf dem Pilgerweg nach Santiago, auf dem »camino«, wie man ihn genannt hat. Ich habe den Eindruck, wir sollten eine Pause einlegen. Vielleicht an einem schönen Platz, an einer Waldecke, von der aus wir über das Land sehen. Oder bei einer der alten Kapellen, von denen unser Weg gesäumt ist.

Du hast mich gefragt, was eigentlich Meditation sei. Wenn ich dir das erklären soll, müssen wir unsere Wanderung einen Augenblick unterbrechen und in Ruhe nachdenken. Also lass uns eine Weile, nein, nicht meditieren, sondern überlegen, was Meditation sei.

In allen Völkern der Erde und der Weltgeschichte dürfte es geistige oder spirituelle Wege geben, die den Menschen helfen, den Sinn ihres Daseins zu finden, Maßstäbe für ihr Handeln, Ordnungen für ihr gemeinsames Leben. Immer dürfte es Priesterinnen und Priester gegeben haben, die solche Wege fanden, und Lehrerinnen und Lehrer, die sie Schritt für Schritt zeigten. Man konnte und kann auf solchen Wegen fortschreiten vom Anfänger zum Könner, zur Meisterin oder zum Meister. Man suchte die Erleuchtung, die Schau Gottes oder die Einung mit Gott. Auch in der christlichen Geschichte gab und gibt es solche Wege vom schlichten Anfangsort des Unwissens zur Erleuchtung, vom Anfangsort des Ungenügens zur Vollkommenheit, von der Blindheit des Anfängers zur Schau Gottes.

Eine unter den Hauptlinien solcher Wege nennen wir »Meditation«. Und weil unter Christen durch lange Zeit »Meditation« kaum geübt worden ist, so wenden sich heute spirituell ausgehungerte Abendländer nach Osten und suchen im Tao, im Zen, im Yoga oder bei den Sufis Verinnerlichung, Sammlung und Selbstgewissheit. Da aber nun die Tiefenpsychologie demselben spirituellen Defizit auf der Spur ist und die östlichen Wege tatsächlich auch für Abendländer gangbar sind, ergaben sich in den vergangenen Jahrzehnten viele Verbindungen von östlichen und westlichen, von religiösen und psychologisch geordneten Meditationswegen, die zu gehen durchaus sinnvoll und hilfreich sein kann. Und es ist schön, dass heute auch Christen von Japanern, Chinesen, Indern, Moslems oder den Indianern Amerikas lernen, was je der eine dem anderen weiterzugeben hat, und dass sie ihren christlichen Glauben dabei nicht verlieren, sondern ihn vertiefen, neu verstehen und umsetzen.

Aber was ist das Besondere am Meditieren von Christen? Im Grunde ist es einfach. Wir Christen stehen nicht selbst in der Mitte unserer Bemühungen. Wir gehen auch nicht unmittelbar auf Gott zu. Dazu wissen wir zu viel von der Ichbezogenheit, die unseren Weg zu uns selbst unfruchtbar oder gar sinnwidrig macht. Und dazu wissen wir auch zu viel von unseren eigenen frommen Bedürfnissen und Wünschen, aus denen sich manches Bild von Gott zusammensetzt. Nein, wir orientieren uns an der Gestalt dessen, nach dessen Namen wir heißen.

Christliche Meditation setzt ein, wenn es um dreierlei geht: Erstens um das Wort, das Jesus Christus gesprochen hat oder das über ihn gesagt wurde. Zweitens um die Gestalt dieses Mannes. Drittens um den Weg, den er gegangen ist. Und das Ziel ist wiederum dreierlei: dass erstens der Meditierende selbst zu einem Wort, zu einer Stimme wird, zweitens, dass die Gestalt dieses Jesus Christus ihn prägt, und drittens, dass er, indem er jenen Weg betrachtet, seinen eigenen Weg findet.

In einer ersten Form von Meditation werden wir also ein Wort hören und nachsprechen, das er gesagt hat: »Ihr sollt euch nicht sorgen.« Oder ein Wort, das von ihm erzählt: »Und Jesus kam in eine Synagoge und fand dort einen Mann …« Oder ein Wort, mit dem er sich selbst bezeichnet: »Ich bin das Licht der Welt.« Oder ein Wort, mit dem einer seiner Zeugen ausspricht, was Jesus Christus ihm sei: »Jesus Christus ist Herr.« Diese Worte liegen nicht alle auf derselben Ebene, und sie wollen auf verschiedene Weise meditiert werden. Vorläufiges Ziel solcher ersten Einübung ins Hören ist dann, dass wir von unseren eigenen Gedanken frei werden und einem Wort begegnen, das nicht aus uns selbst kommt. Und zwar einem Wort, hinter dem allmählich die Stimme Gottes hörbar werden kann und das dabei uns selbst umwandelt aus einem Hörer in einen Sprecher, das uns also zu einer Stimme macht, zu einem »Wort«.

In der zweiten Form solcher Meditation werden wir versuchen, die Gestalt des Mannes wahrzunehmen, der diese Worte sagt. Da wir kein Bild von ihm besitzen und keine Personenbeschreibung, werden wir sein Bild selbst vor unserem geistigen Auge so formen, wie es unserer Vorstellungskraft möglich ist. Der Arzt wird vor uns stehen, der Prediger, der Meister, der Ratgeber, der Bruder, der Fremde, der Merkwürdige, der Kämpfer, der Leidende, der Wehrlose, der Sterbende und wer er immer sei. Und wir werden dabei hören, was Paulus über die Gestalt des Christus sagt: Dass sie nämlich einerseits die prägende Kraft sei, die uns zu unserer eigenen Gestalt verhelfe. Dass wir andererseits hinter ihr ahnen können, wer und welcher Art Gott sei. Dass wir also ein Bild von Gott gewinnen, das uns durch die Gestalt des Christus hindurch erscheint und in das wir selbst – Paulus sagt es tatsächlich so! – umgeformt werden sollen. Das ist nicht die versponnene Idee eines Außenseiters, sondern die klare Meinung des wichtigsten Interpreten des christlichen Glaubens: Die Ikone Gottes ist Jesus. Die Ikone dieses Jesus sind wir. Und auf diese Weise werden wir selbst zu einem Bild Gottes.

In der dritten Form dieser Meditation begleiten wir Jesus auf seinem Weg und suchen das Besondere dieses Weges zu verstehen. Wir gehen mit ihm durch Galiläa und nach Jerusalem, durch die Tage der Passion und bis in den Morgen der Auferstehung. Wir versuchen den Sinn dieses Weges in seiner rätselhaften Erfolglosigkeit zu verstehen und unseren eigenen inneren und äußeren Weg im Zusammenhang mit diesem seinem Weg zu bedenken. Der Christusweg wird uns nicht nur dem näherbringen, was mit ihm gemeint war, sondern auch unserem eigenen Weg. Und wir werden dabei beginnen zu ahnen, was für ein Weg uns selbst zugemutet oder freigegeben ist und was mit ihm gemeint sein kann. Und wenn wir das ahnen, dann lasst uns unseren Weg wieder unter die Füße nehmen.

23

Eine Stimme hören

Was wir mit unseren Ohren hören, kann uns als Schall, als Klang oder als Stimme erreichen. Aber alles, was wir hören, Schall, Klang oder Stimme, will uns »etwas sagen«. Es will mitteilen, und es will gehört werden, ob wir wollen oder nicht. Wir können das Ohr nicht wie das Auge schließen. Das Rauschen am Strand, das Gezwitscher der Vögel, das Knarren von Bäumen, der Lärm einer Großstadt, alles will in irgendeiner Form ein »Wort« sein, das uns erreicht.

Wenn wir das Wort eines Menschen so besonders hoch schätzen, dann deshalb, weil Information, Anrede, Erklärung oder Verbundenheit uns auf allen anderen Wegen schwerer und ungenauer erreichen. Das Wort ist der genaueste und unmittelbarste Weg, auf dem irgendeine Meinung zu uns kommen kann. Auch religiöse Erfahrungen bedürfen des Gesprächs, der Deutung, der Begründung durch das Wort. Und indem wir lernen, zu hören und zu sprechen, werden wir selbst offen für die Menschen und können uns ihnen genau und unmittelbar mitteilen.

Hören wir ein Wort der Bibel, dann ist uns rasch klar, dass es von sehr weit herkommt. Es wird kaum den Überzeugungen und Meinungen dieser Zeit entsprechen. Aber dabei ist unser Problem nicht so sehr dies, ob es modern ist oder altmodisch oder ob es unserem modernen Empfinden angepasst werden kann, sondern ob es, indem es uns findet, uns Wahrheit eröffnet.

Ich will nicht allgemein reden, sondern von dir. Wie wichtig bist du? Du kannst nicht davon ausgehen, dass du der Nabel der Welt seist, dass du also Erlösung findest, indem du dich in dich selbst versenkst. Immer wird dir etwas begegnen, das größer ist als du und wichtiger. Du wirst dabei viel mit dir selbst zu tun bekommen. Du wirst lernen müssen, dich loszulassen, dich zu entkrampfen, dich zu öffnen, zu schauen und zu sprechen und bei der Sache zu sein. Aber du wirst, wenn du einmal begriffen hast, dass Gott dir als ein Du gegenüber ist, auch verstehen, und das wird eine glückliche Erfahrung sein, dass du selbst für Gott ein Du bist, also ein Wirkungsfeld Gottes. Du bist viel mehr, als du wärest, bliebest du allein bei dir selbst.

Das »Wort Gottes«, wie man die Bibel nennt, liegt immer noch auf dem Tisch. Ob sie redet, liegt nicht nur an ihr, sondern auch an dir, wenn du sie zur Hand nimmst. Du nimmst sie heute mit mehr Freiheit in die Hand als frühere Zeiten das konnten. Du glaubst ihr nicht deshalb, weil eine Kirche sie gedruckt hat, und nicht nur, weil du ein Christ sein willst. Du wirst prüfen, vergleichen, werten, was du liest. Institutionen, die weiter nichts sind als Institutionen, sind heute fraglich. Traditionen, die nichts weiter sind als Traditionen, sind uns verdächtig. Denkmäler, wenn sie nur dastehen, lächerlich. Wenn die Bibel nicht zu uns redet, hat sie uns nichts zu sagen. Aber diese Bibel sagt eben: Gott ist da und lebt, auch wenn die Menschen ihn für tot erklären. Jesus Christus ist glaubwürdig und bleibt es, auch wenn viele seine Geschichte für Betrug halten, wie es ein bekanntes Nachrichtenmagazin mit schöner und ermüdender Regelmäßigkeit alle Jahre neu zelebriert. Die Bibel spricht weiter, auch wenn Wissenschaft und Halbwissenschaft keinen Satz in ihr gelten lassen.

Sie ist uns zunächst fremd. Wir sind heute gewöhnt, alles, was wir hören, zu hinterfragen und es zunächst für nicht erwiesen zu halten. Das ist gut so. So gibt es eine breit angelegte Wissenschaft, die prüft, was denn in der Zeit zwischen Abraham und Jesus in der äußeren Geschichte und im Bewusstsein der Menschen geschehen sei und sich entwickelt habe. Die feststellt, aus welchem Raum die Menschen sprechen, die hier zu Wort kommen, aus welchen Sitten und Gebräuchen heraus sie urteilen, aus welchen Traditionen und Glaubensvorstellungen. Die Bibel fiel nicht fertig vom Himmel, sie entstand vielmehr in einem langen geschichtlichen Prozess, und das Bild von Gott, das sie zeichnet, hat sich dabei im Lauf von mehr als tausend Jahren gewandelt, nicht in Einzelheiten, sondern im Gesamten. Der »Kriegsmann Gott« der frühen Zeit ist schon nicht derselbe wie der Nationalgott des Herrscherhauses Davids, und der universale Schöpfergott des sechsten Jahrhunderts unterscheidet sich von dem Gott des kommenden Friedensreiches. Und in dieser Überlieferung, in der sich das Gottesbewusstsein der Menschen immer wieder gewandelt hat, steht auch Jesus Christus. In ihm mündet das ganze religiöse Geschehen eines Jahrtausends; im Zusammenhang mit dem Geschehen sagt er, was er sagt, und es ist nicht gleichgültig, ob uns dieser Zusammenhang bewusst ist oder nicht.

Was wir dann lesen, ist keineswegs ein einheitlicher, durchgehender Roman oder ein durchgehendes Epos. Wir lesen geschichtliche Berichte, novellenhafte Erzählungen, Gleichnisse, Lieder, Gebete, Reflexionen. Wir begegnen der Dankbarkeit ebenso wie dem leidenschaftlichen Angriff auf Gott. Und wir tun gut daran, dies alles nicht zu harmonisieren, sondern zu fragen: Was hat dieser Mensch, der so spricht, von Gott erfahren? Welchen Zipfel seines Gewandes hat er berührt? Auf was für ein heimliches Wissen oder Glauben oder Hoffen macht er uns aufmerksam? Und was bedeutet es für mich, wenn er Recht hat?

Wie kommt man dem näher, was die Bibel sagt? Die Griechen vor zweieinhalbtausend Jahren haben Wert darauf gelegt, dass ein junger Mann, der eine öffentliche Rolle spielen wollte, die ganzen homerischen Epen, die Ilias und die Odyssee, wohl auch die Oden von Pindar und vieles andere auswendig wusste. Man konnte sie nicht jedem schriftlich in die Hand geben, und es hing die ganze Überlieferung dieser Kulturen und aller anderen Kulturen der alten Welt an der Zuverlässigkeit des Gedächtnisses. Auch das Alte Testament preist den glücklich, der »am Gesetz Gottes Freude hat und es vor sich hinmurmelt Tag und Nacht«. »Vor sich hinmurmeln« ist ein anderer Ausdruck für die hörende und nachsprechende Meditation.

Klassische Gedichte auswendig zu lernen oder Lieder aus dem Gesangbuch ist außer Mode, ich weiß. Ich halte das weder für einen kulturellen noch für einen didaktischen Fortschritt. Wer einmal gehört hat, wie eine alte, kranke Frau in ihrem Lehnstuhl vor sich hin gesagt hat: »Befiehl du deine Wege und was dein Herze kränkt der allertreusten Pflege des, der den Himmel lenkt. Der Wolken, Luft und Winden gibt Wege, Lauf und Bahn, der wird auch Wege finden, da dein Fuß gehen kann«, – und das durch alle zehn Verse, der weiß, was den Jüngeren unter uns fehlen wird, wenn sie alt sind.

Niemand sage, er habe ein schlechtes Gedächtnis. Das kann man üben wie das Schwimmen. Und man sollte die alte Trainingsregel nicht verachten, täglich einen Vierzeiler zu lernen. Nicht mehr vielleicht, aber den mit Regelmäßigkeit. Von irgendeinem Dichter, einem ernsten oder heiteren, auch einem frivolen meinetwegen. Aber einen Vers. Und die früher gelernten immer wieder aufnehmen. Oder wie Albrecht Bengel über unseren Umgang mit der Bibel gesagt hat: »Kein Tag ohne eine Zeile.«

Und eines kannst du dabei beobachten: Die Bibel ist kein Lehrbuch, in dem ein Paragraph säuberlich dem anderen folgt, und auch kein Roman, bei dem es spannend bleibt und zusammenhängend bis zum glücklichen oder tragischen Schluss. Sie redet in kurzen Einheiten, in Berichten, Briefen, Liedern, Gebeten, Gedanken – oft lose aneinander gereiht. Ihre Sprache läuft so, dass immer wieder eine Art Mulde zwischen den Sätzen ist, in die du eigene Gedanken legen kannst. Eine Mulde für deine Gegenfragen, für deine Schwierigkeiten mit dem, was da gesagt wird, aber auch für deine eigenen Einsichten, für deine Gedanken und für die Lichter, die dir inzwischen aufgegangen sind. Du liest im Psalm 30:

> Höre, Gott, erbarme dich!
> Herr, sei mein Helfer!

Dann folgt eine dieser Mulden, in denen unausgesprochen eine Erfahrung niedergelegt ist, und dann, unmittelbar anschließend:

> Verwandelt hast du meine Klage in einen Reigen,
> gelöst das Trauergewand, mich mit Freude umkleidet.

Und solche Erfahrungen stehen an unzähligen Stellen unausgesprochen zwischen den Wörtern und wollen von uns verstanden und aufgenommen werden. Achte also beim Lesen auf diese Mulden und nimm sie als Gelegenheit für deinen Beitrag zum Gespräch. Und diese Mulden werden dir immer offener vor Augen stehen, je freier dir ein Wort der Bibel zur Verfügung steht, je auswendiger du es weißt.

Jesus sagt einmal: »Wenn ihr in dem Wort wohnt, das ich euch gesagt habe, so seid ihr in Wahrheit meine Jünger.« »Wohnen in einem Wort«, das bedeutet für dich, dass du ein Haus hast und behältst, das bewohnbar bleibt, wenn dir alles andere um dich her zur Fremde wird.

Im Alten Testament wird unterschieden zwischen reinen und unreinen Tieren. Rein sind Tiere, die zum Opfer und zum Essen geeignet sind. Sie unterscheiden sich von den ungeeigneten dadurch, dass sie wiederkäuen. Diesen Gedanken nimmt Luther in seiner Schrift über die Lebensordnung der Geistlichen auf: »Am Abend musst du ein Wort aus der Heiligen Schrift im Gedächtnis mit dir zu Bette nehmen, und wiederkäuend wie ein reines Tier magst du sanft einschlafen. Es soll aber nicht viel sein, eher ganz wenig, aber gut durchdacht und verstanden. Und wenn du am Morgen aufstehst, sollst du es als den Ertrag des gestrigen Tages vorfinden.«

24

Ein Wort werden

Du selbst könnest oder sollest ein Wort werden, sagte ich. Was soll das heißen? Es heißt: du brauchst dich nicht im Gehäuse deiner Seele zu verbarrikadieren. Du kannst die Tür aufmachen und heraustreten. Du kannst reden. Du kannst hören. Du kannst sehen. Du kannst dich beteiligen am Leben anderer Menschen. Vielleicht hast du sogar etwas zu sagen, das ihnen hilft oder sie tröstet. Und umgekehrt: Die anderen sehen an dir einen Menschen, der sie nicht täuscht. Dessen Wesen offen liegt. Dessen Leben also nicht stumm ist, sondern »spricht«. Gelingt dir das, so bist du auf dem Weg, ein Wort nicht nur zu sagen, sondern zu sein. Eine Stelle in der Welt zu sein, in der die Menschen nicht einsam und verlassen zu sein brauchen, sondern von einem Wort erreicht werden, von dir. Du bist ein Wort.

Wenn ich also nun sage: Jesus Christus ist »das Wort«, dann sage ich von ihm das gleiche wie von dir. Aber das ist überall so, wo du mit Gott, mit Jesus Christus, mit irgendwelchen Menschen zu tun bekommst: Du erkennst immer eins im anderen. Du musst, was du von Gott, von Christus oder von dir selbst sagst, immer wieder in dieselben Bilder fassen. Denn in der Bibel ist alles, was auf diese Weise zu uns dringen soll, in eine mystische Sprache gefasst, das heißt in eine Sprache, in der etwas weit Vergangenes, etwas Fernes und Fremdes, in dem sich eine Wahrheit verbirgt, plötzlich in unserer Seele gegenwärtig sein und zu uns sprechen kann. In dieser Sprache erscheint, was außerhalb unser selbst geschieht, auch als ein Geschehen in uns selbst.

Wenn also von Gott her ein Wort ergeht, dann wird es in uns Menschen wirksam werden. Wir werden dabei selbst zu einem offenen Fenster, wie es Jesus von sich selbst sagt mit dem Wort: Ich bin die Wahrheit. Die Kirche aber ist eine Gemeinschaft von Menschen, von denen jeder damit rechnet, dass er eines Tages zu einem Wort wird für einen anderen, und damit, dass ein anderer ihm begegnet, der zu einem Wort wird für ihn selbst. Das heißt nicht, dass du ein Wort würdest, das auf ewig und für alle gilt. Du kannst in einer bestimmten Stunde und für bestimmte Menschen zu einem Wort werden oder doch wenigstens in die Nähe dessen kommen, was an dir Wort wäre.

Ein Wort sein, das kann so aussehen, dass ein Mensch durch dich und das, was du ihm sagst, ermutigt wird, dass er Trost findet, dass er ein Stück Freiheit findet, dass er seinen Schritt in der nächsten Stunde mit mehr Vertrauen setzt. Wenn du zu einem Wort geworden bist, dann gehen Liebe und Klarheit, Vertrauen und Zuversicht aus von dir für jeweils den Menschen in deiner Nähe, der ohne ein solches Wort an seinem Leben und Schicksal verzagte. Und vielleicht begegnet dir in einer guten Stunde auch selbst ein Mensch, von dem du empfindest: Was der mir sagt, kommt weiter her als nur von diesem Menschen. Er ist – für mich – das Wort, das mich meint.

25

Eine Gestalt sehen

Der Meditation eines Christen sind Geschichten vorgegeben, in denen immer wieder jener Eine, ein Jude, der vor zweitausend Jahren gelebt hat, die Hauptrolle spielt. Er redet. Er diskutiert. Er heilt. Er steht da, unverwechselbar und doch sehr fremd.

Du siehst ihn vor dir. Nein, du siehst ihn nicht. Du hast kein Bild von ihm, keine Beschreibung seines Erscheinungsbildes. Du hörst nur, was über ihn berichtet wird. Und doch ist in unserer ganzen Kultur kaum etwas so allgegenwärtig wie sein Bild, oder besser: die vielen Bilder, die man von ihm gemacht hat. Was sehen wir denn von ihm?

Wir sehen, wie er irgendwelche Leute einlädt: Kommt! Wir wollen miteinander essen. Und er sitzt mit ihnen zu Tisch. Er steht an einem Ufer und ruft über das Wasser hin: »Komm! Geh mit! Ich weiß eine Aufgabe für dich.« Er steht vor den Ärmsten seines Landes und ruft ihnen zu: »Kommt her, ihr Geplagten. Ich will euch eure Last abnehmen.« Heilung geht von ihm aus. Befreiung. Ermutigung. Anweisung.

Meditation heißt in dieser zweiten Form: eine Geschichte hören. Den, der da handelt, sich vorstellen und sich selbst wahrnehmen als den, an dem es geschieht. Paulus sagt einmal, Christus sei das »Bild Gottes«, wörtlich: seine Ikone. Und er sagt – obwohl er selbst ihn nie gesehen hat – es gelte, ihn zu sehen.

Wir sehen also eine kurze Episode aus dem Evangelium. Ein Dorf. Das Ufer eines Sees. Eine Straße. Eine Frau ruft Jesus an. Ein Blinder sitzt am Weg. Ein Alter stellt eine Frage. Und Jesus wendet sich der Frau zu. Er heilt. Er antwortet. Dann schließt die Szene. Jesus geht weiter. Das Volk wundert sich. Immer wieder werden solche Szenen berichtet. Wir sollen nicht nachtun, was die Menschen damals taten. Aber wir sollen sehen. Wir sollen die Szene in uns hereinnehmen. Und wir sollen seine Gestalt unterscheiden lernen von anderen Figuren der Weltgeschichte.

Aber Jesus steht nicht einfach nur im Dorf oder am See. Er erscheint in seinen Geschichten auch selbst. Er erzählt von einem Hirten – und er ist selbst der Hirte. Er erzählt von einem Fischer, von einem Hausherrn, von einem König. Und er steht selbst vor uns in allen solchen Verkleidungen.

Er ist zunächst und auf lange hin ein unbekannter Mann aus einem abgelegenen Dorf. Er isst und trinkt und ist gekleidet wie alle anderen. Er ist auf den ersten Blick so normal und unscheinbar, dass spätere Zeiten immer wieder Mühe hatten zu verstehen, was an ihm so aufregend gewesen sein soll, dass man ihn kreuzigte.

Auf den zweiten Blick begegnet dir in ihm eine atemberaubende Freiheit und Kühnheit. Er war als Stifter seiner Bewegung offenbar von einer so faszinierenden Kraft, dass er die Jahrhunderte hin die Menschen immer wieder beflügelt und begeistert hat, befreit und getröstet, gelehrt und geheilt.

Auf den dritten Blick kann dir deutlich werden, dass er in irgendeiner Art etwas Singuläres gewesen sein könnte, etwas anderes auch als ein Religionsstifter oder ein Pionier der geistigen Entwicklung der Menschheit. Was oder wer aber war er? Um dessen inne zu werden, versuchen wir, seine Erscheinung auf dem Weg der Meditation in uns selbst hereinzunehmen, sie in uns selbst zu erfahren.

Man hat ihn zweifellos immer wieder auch nach Bedarf in das verwandelt, was die Menschen einer Zeit kannten oder suchten. Man sprach ihm Titel und Würden zu, die er gerade abgelehnt hatte. Die Leute wollten ihn seinerzeit zum König machen. Als er es bemerkte, zog er sich in die Berge zurück. Aber schon dreihundert Jahre nach seinem Tode wurde er doch zum Repräsentanten des Kaisers von Rom und begann seine Rolle als oberster Monarch nicht nur der Christen, sondern der Welt zu spielen. Das aber ist gewiss etwas anderes als was er sein wollte und als was er war.

Er wollte auch nicht der große Übervater der Seinen sein. »Einer ist euer Vater«, hat er gesagt und dabei von Gott gesprochen. »Sagt zu keinem Menschen Vater.« Aber die Seinen setzten seinen Stellvertreter ein und nannten ihn »Vater« und gaben ihm eine Macht und eine Autorität, wie Jesus sie nie gehabt und nie gewollt hat.

Auf der anderen Seite war er gewiss nicht so still und sanft, wie er in der Nachromantik auf allen Bildern erscheint, als der freundliche, schmale und zurückhaltende Freund des christlichen Hauses. Auch anders als der Held und Fahnenträger, als der er zuzeiten erschien, oder der unbegrenzt Geduldige, der das Leiden und die Erniedrigung liebt.

Zwischen allen diesen Fehlbildern suchen wir nach der Gestalt des wirklichen Christus. Vielleicht nehmen wir überzeugende Darstellungen aus der langen Geschichte der christlichen Kunst zu Hilfe und versuchen, den zu sehen, den wir aus dem Wort kennen, das er gesprochen hat. Übersetzen wir ihn aus seinem Wort in sein Bild. Und sehen wir zu, dass er damit tiefer herabrückt in unsere Menschenwelt. Dass er Mensch wird. Denn das wird ja von ihm gesagt: Er sei ein Mensch geworden, ein Mensch gewesen und als ein Mensch in den Niederungen unserer Menschenwelt gestorben. Von Gott sich Bilder zu machen ist nicht nur in den Zehn Geboten untersagt, es ist auch sinnlos. Aber er wurde ahnbar in dem Mann aus Nazaret. Spürbar. Ansprechbar. So meditieren wir ihn dort, wo der war, der als das »Wort von Gott« bezeichnet wurde.

Immer wieder hat die christliche Kunst der letzten zwei Jahrtausende große »Ikonen« hervorgebracht. Mit Ikone meine ich hier nicht nur die russischen Bildtafeln mit ihrem Glanz und ihrer Tiefe, sondern viel allgemeiner die großen Entwürfe der Christusbilder, wie sie Giotto oder Duccio di Buoninsegna, van der Weyden oder Hieronymus Bosch uns vor Augen gestellt haben. Ich meine mit Ikonen Bilder, die eine große Wahrheit oder eine nicht darstellbare Wirklichkeit ahnbar werden lassen.

Und so entsteht die Ikone vom Kind in der Krippe, vom Kind auf dem Arm seiner Mutter. Vom Mann, der im Wasser des Jordan steht, die Taube des Geistes über sich. Von jenem schlichten Wanderprediger, der irgendwo zwischen den Menschen steht, den Kranken und den Gesunden, den Willigen und den Unbereiten, und sagt, tut, zeigt, was seines Auftrags ist. Da steht vor uns der Kämpfer für Gerechtigkeit und Frieden, kompromisslos, sich den Missverständnissen aussetzend, zu dieser Arbeit Freunde berufend, Jünger. Da steht der bejubelte König vor der Stadt, er zieht ein auf einem Esel. Da sitzt Jesus beim heiligen Mahl, austeilend. Liegt auf den Knien in Getsemane, steht vor seinen Richtern, trägt das Kreuz aus der Stadt, hängt am Kreuz und wird begraben. Das Bild des Leidenden, des Gottverlassenen, des Sterbenden, des Toten. Da steht er zwischen den Gräbern am Ostermorgen, der Überwinder, der Grenzgänger, der Vorausgänger. Da thront zwischen den vier Tieren der kosmische Christus auf dem Regenbogen, verborgen in aller Schöpfung gegenwärtig, das Geheimnis der Schöpfung überhaupt.

Indem wir solche Christusgestalten betrachten, prüfend betrachten, erinnern wir uns an das bedeutsame Wort des Paulus, es komme darauf an zu schauen, denn was wir schauten, in das würden wir uns verwandeln. Wir sind offenbar dazu berufen, die Gestalt des Christus nicht nur zu sehen, sondern dabei etwas Christus-Gemäßes in uns aufzunehmen, etwas Christus-Gemäßes zu werden, und zwar in der besonderen Form, die unserer Situation und unserer Art gemäß ist.

26

Eine Gestalt werden

Lass dich einmal etwas fragen: Hast du deine Gestalt gefunden? Ich meine nicht, ob du ein Star bist oder ein Charakterkopf, eine Schönheit oder ein irgendwie beachtlicher und erfolgreicher Mensch. Das alles ist dem, was ich meine, ziemlich fern. Nein, ich meine: Hast du, was an dir krumm ist, gerade machen können? Was mehr Schein ist, in Sein verwandeln? Was Schau ist, in Wirklichkeit? Hat dein Leben eine Form gefunden, die zu dir passt? Bist, was du im Spiegel siehst, schon du selbst, oder ist es dir fremd? Hast du also deine, wirklich deine eigene, unverwechselbare, stimmige Gestalt gefunden?

Ich fürchte, wir werden solcher Stimmigkeit bis ans Ende unseres Lebens hinterherlaufen, und zwar dann am hoffnungslosesten, wenn wir meinen, dies gelänge uns durch eine Bemühung im moralischen Sinn. Es geht nicht um Moral. Es geht um die Maßstäbe, nach denen wir sind, etwas Ganzes oder etwas Halbes, etwas Angedeutetes oder etwas Klares. Eben unsere eigene Gestalt. Wie kommen wir dazu?

Es gibt da nach alter Erfahrung ein Gesetz der Spiegelung. Ein Mensch wird, was in ihm angelegt ist, am genauesten dadurch, dass er oder sie sich in einem Menschen wieder erkennt, den er oder sie liebt. Das kann ein Partner sein, an den er sich ein Leben lang bindet, es kann auch eine vorübergehende Liebe sein, und es kann auch ein armseliger, leidender Mensch sein, für den sie oder er sich hingibt.

Man spiegelt sich selbst in den Leidenden, und die Leidenden spiegeln sich in dem, der ihnen zugewandt ist. Man lebt davon, dass es wahr ist, was Christus sagt: Was ihr einem unter meinen Ärmsten tut, das tut ihr mir. Und dass auch das Umgekehrte wahr ist: dass den Ärmsten in euch ein Zeichen Gottes begegnet. Wenn du dieses Gesetz der Spiegelung bedenkst, dann ist für dich der andere Mensch nie nur dieser Mensch. Und du bist für ihn nie nur dieser ihm begegnende Mensch. Wer du bist, entscheidet sich an dem, was dem anderen in dir begegnet. Das ist es jedenfalls, was uns Jesus unermüdlich sagt.

Was ist denn für uns Menschen das gültige Maß? Für die Menschen der Bibel war seit Urzeiten selbstverständlich, dass sie ihre Menschengestalt fanden, indem sie sich »vor Gott« gestellt sahen, indem sie also eine Anrede hörten und ihr antworteten. Sie sahen sich gefordert. Sie lernten, sich selbst zu beurteilen. Sie sahen sich gesegnet und gewannen den Mut, Segen weiterzugeben. Sie sahen sich einem Gott gegenüber, der sie bejahte und ihnen das Leben gab, und konnten von daher auch groß und schön von sich selbst denken.

Den ersten Christen wurde Jesus Christus zur Chiffre Gottes. Und sie sagten: Gott ist uns gegenüber, wir sehen ihn im Gesicht dieses Jesus Christus. Gott redet uns an, und wir hören seine Stimme in der Stimme dieses Jesus Christus. Hier hat die Stimme Gottes eine menschliche Gestalt. Indem ich sie schaue, schaue ich, durch sie hindurch, Gott. Und wer ist Gott? Gott ist Licht. Wenn Gott also in mir aufgeht wie die Sonne am Morgen, dann erwacht in mir der neue Mensch, der ich in Ewigkeit sein werde. Wenn ich aber von der Gegenwart

Gottes in meiner Seele bestimmt bin, kann ich mir
trauen. Ich kann etwas tun. Ich bin ein freier Mensch. Ich weiß mich gesehen und gehalten und geschützt. Viel Selbstsicherung wird entbehrlich. Ich werde mir selbst zu einem Wunder.

Dschelaleddin Rumi, 1207–1273, wohl der größte islamische Mystiker, hat gesagt:

Nicht was Jesus sagte oder tat, ist das Wunder.
Das Wunder Jesu ist er selbst.

Und wir können von uns selbst weitersprechen, indem wir sagen:

Nicht was wir sagen oder tun, ist das Wunder.
Das Wunder Gottes sind wir selbst.

VI
Mitgehen

27

Christus, den Wegbruder, begleiten

Christliche Meditation, habe ich gesagt, hat drei Grundthemen: das Wort, die Gestalt und den Weg des Jesus von Nazaret. Das dritte also ist sein Weg. Was ist damit gemeint? Das Evangelium beschreibt ihn verschieden.

Johannes sagt es in großer Einfachheit: Er kam von Gott, und er ging wieder zu Gott. Das ist sein Weg. Und er fügt an, der sei auf der richtigen Spur, der dies einfach anerkennt: dass Jesus von Gott kam und zu Gott ging.

Paulus sagt es ein wenig ausführlicher. In seinem Brief an die Philipper lesen wir: »Er hatte göttlichen Rang. Er hielt aber seine Würde nicht fest. Er nahm die Gestalt eines Menschen an und wurde den Menschen gleich. Er erniedrigte sich selbst und wurde gehorsam bis zum Tode, ja zum Tode am Kreuz. Aber Gott hat ihn erhöht. Er gab ihm die höchste Würde, die im Himmel und auf der Erde zu vergeben war, und alles, was lebt, soll ihm dienen und ihn verehren.« In den kurzen Gedanken, dass Jesus vom Vater kam und zum Vater ging, rückt also auch eine Andeutung seines irdischen Leidenswegs ein.

Aber sein »Weg« ist auch alles, was die Evangelien erzählen. Sie beginnen in Betlehem und Nazaret und mit dem Schicksal eines Flüchtlingskindes. Sie setzen nach einer Zeit von etwa dreißig Jahren, aus denen wir fast nichts wissen, wieder ein mit der Begegnung zwischen Jesus und Johannes dem Täufer, mit der Berufung seiner Jünger und mit den Reden und Heilungen in Galiläa, mit der Auseinandersetzung mit Gegnern und Institutionen und schließen diesen Abschnitt seines Weges ab mit der Wanderung nach Jerusalem. Danach folgt ihre Schilderung seiner Passion und seines Todes. Sie schildern damit ein Schicksal, wie es vielen Großen dieser Erde in irgendeiner ähnlichen Form widerfahren ist. Auch der große islamische Mystiker Mansur al Halladsch wurde gekreuzigt. Aber sie setzen ihren Bericht fort damit, dass sie von Auferstehung reden.

Die christliche Tradition hat daraus den kurzen Abschnitt einer Woche, der letzten, genommen und ihn zum eigentlichen »Weg«, der für Christen gelte, erklärt. Der »Weg Jesu« wurde zum Leidensweg der letzten Tage, zum »Kreuzweg«. Diesen Weg zu meditieren heißt seit vielen hundert Jahren, die einzelnen Ereignisse dieser Woche nicht nur an sich vorüber-, sondern durch sich selbst hindurchziehen zu lassen, sie mitzugehen in Gedanken und auf praktischen Wegen der Einübung. An Kirchenwänden entlang führt der »Kreuzweg«. Zu Kapellen auf irgendwelchen Bergen führt er hinauf, dargestellt in »Stationen«, das heißt in Darstellungen der einzelnen Ereignisse, vor denen der Gehende einen Augenblick stehen bleibt, betet und nachdenkt. Denn – das steht als Überzeugung hinter dieser alten Sitte – es wird für deinen eigenen Leidensweg, der dir eines Tages bevorstehen könnte, entscheidend sein, ob er auch etwas Befreiendes, etwas Erlösendes, ja Heilendes an sich haben kann oder nicht. Ob einer da ist, der dich dabei begleitet oder der vorausgeht. Ob dieser Weg auf einen Ostermorgen zuläuft oder nicht und ob das Leiden vielleicht gar für andere einen tröstlichen Sinn gewinnen kann.

Du kannst immer fragen, warum wir uns so ungeschützt mit dem Bild eines Hingerichteten an einem Kreuz befassen. Die Antworten legen sich nahe: Einmal, weil wir der Wirklichkeit ins Auge sehen wollen, und das Sterben vieler Menschen hat durchaus die Schrecklichkeit eines Sterbens an einem Kreuz. Der christliche Glaube geht ja unerhört unsentimental mit den Illusionen der Menschen um. Die Zeit rückt vor. Tag um Tag. Jahr um Jahr. Wer nicht gehen will, mit dem wird gegangen. Den schleift die Zeit durchs Leben. Wir aber wollen selbst gehen. Und die Passionsgeschichte ist die hohe Schule, in der du lernen kannst, dein Schicksal anzunehmen, und auch, wo sich alles in dir sträubt, den nächsten Schritt überhaupt zu tun.

Zum Zweiten gehört zu jeder Erfahrung irgendeines schweren Leidens auch eine Erfahrung von Einsamkeit, in der uns kaum ein anderer begleiten kann. Es wird entscheidend sein, dass wir in ihr dem begegnen, der uns unser Geschick zumutet. Und so betrachten wir den leidenden Christus, der uns auf den schwersten Stücken unsres Lebensweges als Wegbruder begleitet. Der schmerzgequälte Hutten sagt in dem Gedicht von Conrad Ferdinand Meyer:

Fernab der Welt. Im Reiche meines Blicks
an nackter Wand allein das Kruzifix.

In heilen Tagen liebt in Hof und Saal
ich nicht das Bild des Schmerzes und der Qual;

doch Qual und Schmerz ist auch ein irdisch Teil,
das wusste Christ und schuf am Kreuz das Heil.

Je länger ich's betrachte, wird die Last
mir abgenommen um die Hälfte fast,

denn statt des einen leiden unser zwei:
Mein dorngekrönter Bruder steht mir bei.

Der dritte Grund, das Kreuz Christi zu betrachten, ist der, dass du dabei vielleicht die Fähigkeit gewinnst zu trösten. Trösten heißt ja nicht, sagen: Es wird schon wieder werden. Es heißt, wissen: Neben dir ist einer. Der hat ein Wort für dich. Zu dem kannst du reden. Dem darfst du ähnlich werden. Der zeigt dir den Sinn deines Weges. Der führt dich an dein Ziel. In ihm begegnest du dem rätselhaften Gott, der dir dein Leiden zumisst wie einem Bruder. Trösten heißt, als Gesunder, der nicht zu leiden hat, die Rolle des Wegbruders Christus zu übernehmen.

Das alles deutet noch nicht den letzten Sinn des Kreuzes. Aber es ist der Anfang. Dass wir heute so große Mühe haben den Sinn des Kreuzzeichens zu verstehen, hängt damit zusammen, dass der Kreuzweg bei uns nicht eingeübt wird. Hätte ich eine Kirche zu bauen, so würde ich vor ihr oder in ihr einen Kreuzweg anlegen. Ihr Eingang läge nicht an einer Straße, ich würde vielmehr zwischen Straße und Eingang eine Gartenzone vorsehen, in der verschiedene Wege durch die Themen des Kreuzwegs führten. Wir kämen dabei nicht nur dem näher, was Christus für uns bedeutet, sondern verstünden dabei auch, wie alles spirituelle Leben in Schritten besteht und in Schritten vollzogen werden muss. Man wird ja nicht von heute auf morgen ein Christ. Man geht ein Stück und bleibt wieder stehen. Man verläuft sich und findet wieder auf den Weg zurück; und vielleicht bemerkt man im Lauf seines Lebens, dass man ein paar kleine Schritte weitergekommen ist, vor allem dadurch, dass man bereit wurde, sich einem führenden Willen anzuvertrauen.

Vor allem auch könnten wir beim Meditieren auf einem solchen Weg auch mehr Klarheit über Jesus Christus gewinnen, den wir über einen so großen zeitlichen Abstand wahrnehmen. Denn er ist ja anders als andere große Menschen. Er ist zugleich stärker und schwächer als sie. Anspruchsvoller und einfacher. Erhabener und geringer. Er bringt die Kraft Gottes ins Spiel unter den Menschen und lebt und leidet die Kraftlosigkeit der Schwachen und der Kranken. Er bringt Freiheit und lässt sich binden für die Gebundenen. Er wendet keine Gewalt an, sondern beugt sich ihr. Er hat große, weit reichende Ziele und weicht dem Opfer aller seiner Pläne nicht aus. Vielleicht siehst du an ihm, was es heißt, nicht ein großer Kämpfer, sondern ein Mensch zu sein, ein Mensch in seiner ganzen Einfachheit vor einem großen Hintergrund. Und vielleicht auch siehst du, wie sich um ihn her die Welt wandelt aus einer Welt des Streits und des Leidens und der Machtausübung in ein Reich Gottes.

Man kann natürlich, wie es die Menschheit seit Urzeiten getan hat, seine menschlichen Fragen an Gott richten: »Wozu soll das unermessliche Leid gut sein, das überall in unserer

Welt erlitten wird, nicht nur unter Menschen, sondern unter allen lebendigen Wesen, im Verborgenen und in aller Öffentlichkeit?« Oder: »Warum trifft es mich, was habe ich getan, dass dies eine angemessene Strafe wäre?« Oder: »Warum spricht Gott nicht, wenn ich ihn anrufe? Ist er stumm, ist er taub? Ist er tot?« Oder: »Warum werden wir Menschen nicht gefragt, ob wir auf dieser Erde leben wollen? Und warum dürfen wir uns am Ende nicht selbst aus dieser Welt verabschieden?« Nein, wir müssen bleiben und aushalten und wissen nicht, wozu.

Und solche Fragen, so naiv sie oft gestellt werden, haben ihr abgrundtiefes Recht. Gerade sensible und nachdenkliche Menschen geraten dabei leicht an die Grenze der Schwermut. Und es hat wenig Sinn, ihnen vorschnell von der Liebe Gottes zu reden. Denn was sie suchen, ist nicht Trost mit Worten und nicht, was man Therapie nennt, sondern den Durchstieg durch die Zone der dunklen Fragen in eine Zone, in der etwas wie Erlösung, wie Befreiung geschieht. Dorthin, wo es glaubhaft wird, wenn Jesus von Gott spricht als dem großen Vertrauenswürdigen.

Aber Jesus ist nicht gekommen, um unsere Warum-Fragen zu beantworten, sondern um uns durch die dunkle Landschaft unserer Fragen zu begleiten. Er sagt nicht: Das ist die Lösung! Sondern: Ich bin da. Ich bin bei dir bis ans Ende, und damit sage ich: Gott ist bei dir. Er geht dir in meiner Gestalt voraus. Geh mit.

Es gibt Erfahrungen, mit denen wir uns an das Geheimnis der Begleitung durch einen verlässlichen Gott herantasten. Ich liebe besonders die frühen Morgenstunden, die noch in Nacht bestehen, in denen aber das Licht sich mit einer schmalen Helligkeit am Horizont andeutet. Ich stand oft auf irgendeinem Hügel vor Tag oder saß am Ufer eines Sees und sah dem Spiel des Lichts zu, wie es in einem Hauch von Helligkeit beginnt, wie die erste zarte Farbe ins Dunkel kommt. Wie sie sich an einem zarten Wolkenstreifen fängt und dann stärker wird. Dunkelrot, war dieses anfängliche Licht wichtiger als die große strahlende Sonne, die danach kam. Ich erlebte es beglückend, wie ich an einem Hauch von Licht verstehen konnte, was Licht ist. Das Licht zu glauben, dem Licht zu vertrauen, dass es kommen werde. Mich auf das Licht zu verlassen noch in der Dunkelheit. Und dabei auch zu verstehen, was Auferstehung aus dem Tode ist, Durchbruch des Lebens. Aufgang der Wahrheit über dem Land. Und auch das leise Entstehen eines Glaubens in mir selbst. Und so bin ich oft in meinen Tag hineingegangen mit einem guten Vertrauen auf die Verlässlichkeit dessen, der größer ist als ich selbst und mein kleines Schicksal auf dieser Erde.

Der Karfreitag hat seinen Namen von dem althochdeutschen Wort Kara, die Klage. Johann Sebastian Bach setzt in seiner Matthäuspassion mit dem Ruf ein: »Kommt, ihr Töchter, helft mir klagen.« Er meint die Frauen von Jerusalem. Er ruft sie auf, mit ihm zu klagen, weil hier eine Klage nötig ist, die seine Kräfte übersteigt.

Worüber werden wir klagen, wenn wir das Bild des sterbenden Christus vor Augen haben? Über das Ganze einer Welt, in der es möglich ist, dass dieser Mensch zu Tode kommt. Darüber, dass hier einer aus der Gemeinschaft der Menschen ausgestoßen und zu Tode gequält wird, der sein ganzes Werk dieser Gemeinschaft der Menschen zugewandt hat. Der seinen Willen, seine Freiheit, sein Recht preisgab, um das durchzustehen, was andere, was wir verdienen würden.

Wir werden darüber klagen, dass rund um diese Erde Menschen erleiden, was sie nicht verdient haben, jedenfalls nicht mit der Schrecklichkeit, in der sie zugrunde gehen.

Wir werden darüber klagen, dass viele Kreuze auf dieser Erde auch von unserer Schuld sprechen. Von meiner Schuld. Ich verursache sie mit durch die Weise, wie ich lebe, und ich kann doch kaum anders leben. Ich lasse sie geschehen mit der Weise, in der ich schweige. Ich nehme sie nicht wahr durch die Weise, wie ich die Augen schließe. Ich klage also über mich selbst.

Und indem ich klage, danke ich dem Mann, dessen Tod ich sehe. Er blieb bereit, als der Tod auf ihn zukam. Er hat sich nicht verweigert. Er ist seitdem überall, wo Tod ist. Er wird auch in meinem Tod da sein. Für mich. Mit mir. Und ich werde sehen: Es ist Gott, der mit mir ist.

Aber meine Klage wird praktische Konsequenzen haben. Ich werde mit offenen Augen sehen. Das Leiden der Menschheit wird mir zu Herzen gehen. Ich werde empfinden, was ich sehe. Und das ist eine einfache Regel, aber sie gilt: Wer empfinden kann, was er sieht, der wird tun, was er kann.

28

Den Misserfolg wählen

Ich möchte also einen Kreuzweg vorschlagen. Vielleicht will ihn eines Tages ein Künstler, eine Künstlerin in dieser Abfolge in Stein hauen oder auf Tafeln malen, so dass Menschen ihn auf irgendeine Weise mitgehen können. Hier will ich ihn nur beschreiben. Er gleicht nicht ganz denen, die wir gewohnt sind in Bildstöcken oder an den Wänden unserer Kirchen zu sehen, auch nicht dem, den die Pilger alljährlich in Jerusalem durch die Via dolorosa zur Grabeskirche gehen. Er ist anders aus zwei Gründen: Einmal hat der überlieferte Kreuzweg Einfügungen legendärer Art. Er schildert das dreimalige Fallen Jesu unter dem Kreuz. Und er bringt die Szene mit Veronika und ihrem Schweißtuch. Ich möchte mich aber an das halten, was das Evangelium berichtet. Zum anderen endet der Weg Jesu nicht mit dem Begräbnis. Er geht über in den Ostermorgen, und ohne dieses neue Ereignis kann der Kreuzweg seinen Sinn nicht zeigen. Und er geht weiter über den Abschied Jesu, den wir die Himmelfahrt nennen, bis an jenen Pfingsttag, an dem die Kirche seinen Weg über diese Erde aufgenommen und fortgesetzt hat. Man spricht bei einem

Kreuzweg von »Stationen«. In dem Ausdruck liegt das Wort »stehen«. Das heißt: Es sind die Stellen, an denen einer stehen bleibt und betrachtet, was er sieht, und nachdenkt über das, was es ihm bedeutet. So schlage ich zwölf Stationen des Leidensweges vor und nach ihm drei Stationen, die von Ostern bis Pfingsten führen. Lass uns also auf dem Weg fünfzehnmal »stehen bleiben«. Wenn du mitgehen willst, dann komm.

Erste Station: Unser Herz beteiligen

Ein Zimmer in einem Haus. In Betanien. Jesus und seine nächsten Anhänger sind zur Mahlzeit versammelt. Gemischte Stimmung zwischen großen Erwartungen und ebenso großen Befürchtungen. Wird dieser Jesus sich in Jerusalem durchsetzen? Wird er sich zum König Israels ausrufen lassen? Oder wird die Allianz der Priester und der Volksvertreter stärker sein? Und wenn sie stärker ist, was wird dann mit Jesus geschehen? Man mag es sich gar nicht ausdenken. Nur eine sieht klar, eine Frau. Sie weiß: Dies werden Tage des Schreckens sein. Man wird Jesus zum Tod verurteilen und hinrichten. Und nun tut sie, was Menschen, die einander lieben, in jener Zeit und in jenem Land einander zu tun pflegten, die Lebenden den Toten: Sie salbten sie, als Zeichen der Liebe und als Zeichen gegen den Tod. Jene Frau kommt in den Raum mit einer Phiole kostbaren Salböls aus Narde, wie man es an Königshöfen verwendet, bricht sie auf und gießt das Öl über dem Haupt ihres Meisters aus. Und der ganze Raum, so wird erzählt, »war voll vom Geruch der Salbe«. Großer Aufstand unter den anwesenden Männern: Was für eine Verschwendung! Aber Jesus nimmt sie in Schutz: Sie hat etwas Schönes getan. Sie hat meinen Tod vorweggenommen und ihrer Liebe über meinen Tod hinaus ein Zeichen gegeben. Und es waren denn auch vor allem die Frauen, die den Passionsweg von Anfang bis Ende mitgingen.

Wenn du den Passionsweg in Gedanken mitgehst, so sollte es neben deinen Gedanken dein Herz sein, das sich mit dem verbindet, was es wahrnimmt. Von Schritt zu Schritt. Du wirst dann nicht als Zuschauer einem Spektakel beiwohnen, sondern mit dem, dessen Weg du siehst, mitgehen so, dass alles, was da geschieht, an dir mit geschieht, und alles, was in dir ist, dort mit abgebildet ist. Das Herz, nicht der Kopf, wird uns auf unserem Weg führen.

Zweite Station: Missverständnisse erleiden

Ich sehe den »Einzug in Jerusalem«. Auf einem normalen Esel reitet Jesus mit vielen Festpilgern zusammen auf Jerusalem zu, hinab ins Kidrontal und dann hinauf zur Südmauer des Tempelplatzes, und geht zu Fuß über Treppen hinauf zum Tempelvorhof. Während er diesen Weg zurücklegt, erhebt sich ein Jubelgeschrei: Er kommt, der Auserwählte Gottes. Der Sohn Davids. Die Menge ruft: »Gott, hilf ihm, dem König!« Der da aber gemeint ist, weiß: Die Erwartung dieser Menschen geht an allem vorbei, was ihm wichtig ist. Es ist alles ein einziges Missverstehen. Jahrelang hatte er geredet, und was ist das Ergebnis? Die völlige Ahnungslosigkeit selbst seiner nächsten Anhänger über den Sinn seines Wollens und die Absicht seines Werks. Er weiß, das endet alles ganz anders. Ohne Jubelgeschrei. In einem Untergang.

Vielleicht geht dir vor diesem Bild auf, wie schwer es für dich selbst ist, irgendeinen Menschen neben dir wirklich zu verstehen. Wie tief unbekannt er dir bleibt. Und vielleicht verstehst du auch, wie schwer es anderen fallen muss, dich zu verstehen. Zu erfassen, was du eigentlich willst. Unsere Welt ist voll von alles vergiftenden Missverständnissen und Ahnungslosigkeiten. Von falschem Jubel. Von naivem Hass. Von Angriffen hin und her, die zeigen, dass keiner den anderen verstanden hat. Und was für einen Weg weißt du, dem Streit und dem Hass und dem Missverstehen im Frieden zu begegnen? Jesus hat in seiner Bergpredigt davon gesprochen. Erinnere dich. Du schaffst Frieden mit denen, die dich angreifen, nicht, indem du dich rechtfertigst. Nicht, indem du sie ins

Unrecht setzt. Du kannst nur deinen Weg gehen, freundlich und ohne Vorwurf. Dem vertrauend, der dir deine Art und dein Wesen gab und deinen Weg vorzeichnete.

Dritte Station: Erfolglosigkeit hinnehmen

Oben, im Vorhof des Tempels, trifft Jesus den Jahrmarkt an, der der technischen Bewältigung des Besucherandrangs dient. Unter den Pilgern sind Ausländer, also braucht man Geldwechsler. Man opfert Tauben, also müssen Tauben angeboten werden. Vor Jesus steht die ungeheure Kluft zwischen dem, was mit einem Tempel gemeint ist und was der Heiligkeit Gottes entspräche, und dem tatsächlichen Religionsbetrieb. Und er greift durch. Er stößt die Tische der Wechsler um und treibt mit einem Strick, den er zur Geißel gebunden hat, die Händler aus dem Tempelvorhof hinaus. Aber was hat er damit bewirkt? Ich vermute, eine Stunde später ist das Geld eingesammelt und der Markt läuft unter dem Schutz der Tempelpolizei reibungslos weiter. Wer ist im Unrecht, wenn in der christlichen Geschichte immer wieder ein Prophet oder Reformator auftritt und die Zustände und die Praktiken in der Kirche geißelt? Die Kirche war es nie. Sie pflegte sich der Chaoten zu entledigen. Und in Jerusalem: Ins Unrecht gesetzt ist einzig Jesus, und der sieht seiner Bestrafung entgegen. Wir haben es alle schon erfahren mit unseren Bemühungen um die Kirchenreform, mit unseren Bemühungen um Frieden oder um Gerechtigkeit oder um den Schutz der Schöpfung: Nichts ist für Menschen, die ihr ganzes Herz einsetzen für etwas Wichtiges, für etwas Notwendiges, schrecklicher als zu sehen, wie folgenlos alle Bemühung bleibt. Erfolglosigkeit, Erliegen unter der Macht des Gewohnten und Hergebrachten – das will ertragen sein. Du könntest es an der Tempelreinigung Jesu, die so berechtigt und so regelwidrig war, einüben.

Vierte Station: Schmutzige Füße säubern

Es ist Abend. In irgendeinem größeren Raum in Jerusalem. Müde, hungrige und vom Staub der Straße schmutzige Gäste lagern auf Polstern und warten auf das Mahl. Ein Sklave, der mit einer Schüssel Wasser von einem zum anderen zu gehen und die Füße zu waschen hätte, ist nicht da. So nimmt Jesus eine Schürze, geht von einem zum anderen und wäscht allen die staubigen Füße. Beklommenes Schweigen im Saal, bis einer widerspricht und es sich danach doch gefallen lässt. Was ist der Sinn dieses Auftritts? Man fände ihn nicht, spräche man nur von Jesu Bescheidenheit. Vielmehr beschreibt er seinen ganzen Weg durch diese Tage und auch das folgende Mahl mit einem Zeichen: Der die Autorität hat, beugt sich vor dem Abhängigen. Dem die Ehre zustünde, der begibt sich hinab dorthin, wo der Kampf um die oberen Plätze sich abspielt oder austobt. Und dort unten fängt er den ehrsüchtigen Menschen und die ganze Ärmlichkeit seiner Ehrsucht auf. Er ist nicht der große Vorsitzende, sondern das Opfer, von dem alle leben.

Und wie geht es dir dabei? Kannst du das? Etwas tun, das allem Gefühl für Rang und Würde und Selbstachtung widerspricht? Dich unter die Menschen stellen, die so gerne über dir stehen oder stehen möchten? Kannst du das: ein Bild abgeben für den Christus, der nur in seiner Niedrigkeit zu begreifen ist?

Fünfte Station: Sich füttern lassen

Man begibt sich zu Tisch. Die Waschschüssel ist weggeräumt. Der Gastgeber nimmt ein Brot, bricht es und verteilt die Stücke an seine Tischgenossen. Er nimmt das Brot zum Gleichnis und sagt: So, wie dieses Brot zerkaut wird und zermahlen, damit ihr leben könnt, so werde ich zerschlagen und getötet werden. So, wie ich euch den Becher mit Wein reiche, damit ihr trinken könnt, so werde ich mein Blut hingeben.

Ich will hier nicht von der ganzen Tiefe des eucharistischen Mahls sprechen, sondern nur von diesem Vorgang. Die Gäste können nicht sagen: Ich habe selber ein Brot bei mir. Sie müssen das Stück annehmen, das ihnen geboten wird. Sie müssen Empfangende sein. Und was sie empfangen, ist nicht nur ein Brot oder ein Schluck Wein, sondern eine Lebenshingabe, die einer darbringt, weil sie es nötig haben.

Ich weiß nicht, wie es dir geht bei einer Feier des Abendmahls. Du stehst da und bekommst eine unansehnliche Oblate oder ein Stückchen Brot und sollst dafür dankbar sein, weil sich in diesem Brot ein Opfer verbirgt, das einer für dich bringt und das du dir gefallen lassen sollst. Als Kind hat man dich gefüttert. Vielleicht wird man es, wenn du alt bist, wieder tun. Inzwischen ist es nicht nur gut, wenn du die Hilflosigkeit eines Alten einübst, sondern auch begreifst, dass wir unser ganzes Leben lang die sind, die von Stunde zu Stunde empfangen, was wir zum Leben brauchen. Und dass das Heil, das uns zuteil werden soll, auf alle Fälle etwas ist, das uns nur gereicht, geschenkt, gnadenhaft verliehen werden kann, und dass unser Stolz dem nur im Wege stehen kann. Man sollte das eucharistische Mahl auch einmal begreifen als ein Zeichen, das uns zum Empfangen, zum einfachen, dankbaren Empfangen hinführt.

29

Würde und Recht opfern

Sechste Station: Auf den eigenen Willen verzichten

Ein Ölgarten an einem der Hänge des Kidrontals. Unter den vielen Festgästen, die sich hier und überall rund um Jerusalem einen Schlafplatz suchen, finden sich ein paar Männer ein und rollen sich in ihre Mäntel. Jesus entfernt sich ein paar Schritte von ihnen und fängt an zu beten: »Vater, dir ist alles möglich! Lass das Entsetzliche an mir vorbeigehen. Aber nicht wie ich will, sondern wie du willst.« Und ein zweites Mal. Und ein drittes: »Vater, wenn es denn keinen Ausweg gibt, soll dein Wille geschehen.« Und wie Blutstropfen fällt der Schweiß auf die Erde. Indem sich Jesus aber bis zu dem Wort durchkämpft: »Dein Wille soll geschehen«, verwandelt sich das Dahintaumeln eines verzweifelten Menschen in einen Heimweg. Der Gott, der uns, wie wir meinen, von sich stößt, wird zum Vater, der uns erwartet. Wir verbrauchen unsere Kraft nicht mehr mit dem Widerstand gegen unser Schicksal, sondern bringen sie ein, indem wir unserem Willen die Richtung geben, die Gottes Wille vorzeichnet.

Wenn du also in einer unserer alten Kirchen vom Portal an bis zum Chor an einer Wand entlanggehst und dir dort ein Kreuzweg begegnet, dann geh mit in der Richtung, die er anzeigt. Du wirst nicht nach Ausgängen suchen aus dem, was dich bedrückt. Du wirst auch nicht stehen bleiben oder umkehren. Du wirst durch alles hindurch bis an den Punkt hinfinden, an dem dir der Sinn deines Weges aufgeht: bei der Christusgestalt über dem Altar oder im Chorgewölbe. Freilich, dazu gehört eine Offenheit, die reine Gabe der Gnade ist. Es gehört, wie beim ganzen Kreuzweg, eine tiefe Verwundbarkeit dazu, Durchlässigkeit und Empfänglichkeit, wenn du den Willen Gottes als deine eigene Kraft erfahren willst.

Siebte Station: Sich binden lassen

Ein Haufe Bewaffneter dringt in den Garten ein, und sofort schließt sich ein Ring von Fackeln, von Lanzen und Schwertern um den einsamen, unbewaffneten Mann. Einer versucht kurz, ihn zu schützen, aber das verwehrt ihm Jesus. Man bindet ihn und führt ihn ab. Wenn das geschieht, dass die Gewalt sich durchsetzt, ist es gut, wenn der Wille sich zuvor in einen größeren Willen eingebracht hat, ehe sich die Handschellen um die Hände schließen, damit sie nicht gezwungen sind, sich im Zorn zu ballen, sich zu wehren oder sich zu entziehen.

Du kannst deine Freiheit keinem Gewalttäter opfern wollen, sondern nur dem, der sie dir gegeben hat. Wenn die Krankheit dich beherrscht, kannst du dich ihr nicht fügen. Das kannst du nur, wenn ein Größerer hinter ihr steht. In den Tod gehst du nur mit einem Ja, wenn du nicht vom Tod, sondern vom Leben überwunden bist. Freiheit, wirkliche Freiheit, ist allemal etwas anderes, als was der mitteleuropäische Bürger sich unter ihr vorstellt. In den gebundenen Händen des Mannes aus Nazaret ist allemal mehr Freiheit als in unserer freihändigen Geschäftigkeit. Denn sie waren zuvor schon gebunden durch seinen eigenen Willen, und der ließ sich binden durch den Willen Gottes.

Achte Station: Das Innerste aussetzen

Eine Versammlung des Hohen Rates der Juden im Palast des Hohen Priesters. Jesus steht der obersten Autorität des Judentums gegenüber. Es geht um das Zentrale, um Gott, um seine Autorität im Amt des Kaiaphas, um den Anspruch auf seine Autorität bei Jesus. Bei wem spricht Gott? Durch wen? Durch Jesus oder durch den Hohen Priester? Eins ist nur möglich. So stellt Kaiaphas Jesus »unter Eid bei dem lebendigen Gott«. Er fordert ihn heraus zu sagen, was er von Gott und was er von sich selbst hält. Und Jesus spricht es aus. Allgemeines Entsetzen: »Er hat Gott gelästert!« Wie kann man dem Hohen Priester gegenüber Gott für sich in Anspruch nehmen? »Er ist des Todes schuldig.« Es ging nicht um Recht und Gerechtigkeit. Es ging um Gott. Um das innerste Zusammengehören dieses Jesus mit Gott, seinem Vater. Er wusste, dass es seinen Tod bedeuten würde, wenn er dieses Zusammengehören diesem Gericht aussetzen würde. Aber er war gezwungen, es zu tun. »Die Würde des Menschen ist unantastbar«, sagt unser

Grundgesetz. Sie wird tausendfach angetastet. Mehr: Sie wird zerstört. Die Würde dieses Mannes aber blieb unangetastet mitten in ihrer Zerstörung.

Ich weiß nicht, wie dir zumute ist, wenn das Verletzlichste, das du kennst, das Zarteste, das Heiligste, das du in dir hast, in den Schmutz des Spotts gezogen wird. Mir ging es so, als ich als junger Soldat den Hyperion von Friedrich Hölderlin las und ein Kamerad das Buch ergriff und unter brausendem Gelächter der Stube daraus vorlas. »Einige verdeckten ihm die Augen, schlugen in sein Gesicht und höhnten: Du bist doch ein Prophet! Sage uns, wer ist es, der dich eben schlug.« Man kommt sich leer und ausgeräumt vor. Und auch, was in unserer eigenen Erfahrung in diese Richtung geht, im kleineren Maßstab wahrlich, will bestanden sein.

Neunte Station: Auf sein Recht verzichten

Der Regierungssitz. Ein Palast. Davor eine Menschenmenge. Sie fordert lautstark die Bestrafung des Mannes, der auf der Terrasse vor dem Statthalter steht. »Bist du wirklich der König der Juden?« fragt ihn der Gewaltige. Jesus antwortet: »Ja. Ich bin ein König. Ich bin in die Welt gekommen, um der Wahrheit die Bahn freizumachen. Wenn Gott dir das Ohr öffnet, dann verstehst du, was ich sage.« »Wahrheit?« fragt Pilatus. »Was ist das?« Er weiß als Vertreter des römischen Staats und Rechts durchaus, dass das Recht dazu da ist, der Wahrheit zu dienen, und dass die Wahrheit aus dem Verhör des Angeklagten hervorzugehen hat. Aber hier? Hier nimmt einer sein Recht überhaupt nicht wahr, nicht einmal das Recht, sich zu verteidigen. Was soll er mit ihm anfangen?

Wahrheit und Recht aber sind nicht dasselbe. Die Wahrheit wirst du erst ergründen, wenn dir dein Recht unwichtig geworden ist, und nur dann kannst du glaubwürdig von ihr reden. Wenn du dein Recht willst, wirst du leicht die Wahrheit fälschen. Solange du dein Recht suchst, wirst du schnell schuldig an der Gerechtigkeit, die auch das Recht des anderen mitbedenkt. Auf dem Weg zur Wahrheit wirst du sein, wenn dein eigenes Unrecht dich überwunden haben wird.

Dazu kommt aber noch etwas: Eine einfache Lebenserfahrung kann dir sagen, dass niemand sich glaubhaft selbst verteidigen kann. Wenn einen Menschen ein Verdacht trifft oder eine Anklage, dann ist es wenig aussichtsreich, wenn er für sich selbst spricht. Dann muss einer da sein, der für ihn eintritt. Und da gibt es für Christen eine charakteristische Wachsamkeit: nämlich die, Acht zu geben auf Menschen, die eines stellvertretenden Handelns bedürfen. Dann gilt es, die eigene Integrität für weniger wichtig zu halten als das Recht des anderen. Du kannst nicht alles widerlegen, nicht jede Lüge klären, nicht alles Unrecht beweisen. Aber du wirst bereit sein, dich anklagen zu lassen und über das Unrecht, das dich trifft, zu schweigen, zu reden aber für den, dem Unrecht widerfährt. Es könnte der Christus sein, der im anderen Menschen gegenwärtig ist.

30

Dem Tod begegnen

Zehnte Station: Verwundbar sein

Danach schleppen ein paar Soldaten Jesus in den Keller des Palastes, binden ihn an eine Säule und peitschen ihn aus. Am Ende zerren sie einen zerschlagenen Menschen hoch und führen ihn vor, oben, vor der Menschenmenge und dem Statthalter. Der deutet auf ihn und sagt: »Seht euch den Menschen an!« Vielleicht liegt in seinem Verweisen der Tonfall: »So etwas will ein Mensch sein!«, oder ähnlich. Wir wissen es nicht. Und wir sehen die geschundene Gestalt des blutüberströmten Menschen. Wir vergleichen ihn mit den Phantasien und Traumbildern vom schönen, starken, jungen, gesunden, attraktiven Menschen, die heute wie je geträumt werden. Aber das kannst du wissen: Der ewig gesunde und leistungsfähige, sein Glück genießende Mensch ist ein Traum. Und das andere auch: Alter, Schwäche, Krankheit, Leiden, Hilflosigkeit, Entstellung sind seit Jesus kein Fluch mehr. In all dem spiegelt sich der, der gesagt hat: Wer mich sieht, sieht den Vater. In Jesus ist es der verwundbare Mensch, der dem Bild des Menschen den stärkeren Ausdruck gibt. Seit Jesus brauchst du keinem Traumbild mehr zu entsprechen, sondern eher schon ihm, dem verwundeten Menschen. Seit Jesus wirst du keine Ruhe mehr finden darüber, dass rund um die Erde noch immer Menschen gepeitscht, gefoltert, entehrt und um ihr Menschentum gebracht werden – und kaum einer aufschreit, der es sieht. Denn sein Bild steht vor dir, und du kannst ihm nicht ausweichen.

Elfte Station: Fremde Schuld übernehmen

Ein Stadttor. Eine Straße führt von dort zur Hinrichtungsstätte. Unter Geschrei und Spott trägt Jesus das schwere Querholz, das draußen an einem dastehenden Pfahl befestigt werden soll und an dem er sterben wird. Das Holz ist ein Zeichen für den Fluch, den Gott über den Verbrecher ausstößt und den das Gericht nachspricht. Du kannst an dieser Szene lernen, was es heißt, etwas zu tragen, das nicht deine eigene Schuld anzeigt, sondern die Schuld anderer. »All Sünd' hast du getragen«, sagt das Lied. Die Schuld derer, die sie dir aufladen.

Nun ist aber in unserem täglichen Denken oder Reden oder Tun so viel Schuld, dass es nicht ganz ungerecht oder sinnwidrig ist, wenn uns dann und wann eine Schuld aufgeladen wird, die nicht die unsere ist. Wie es jenem Mann aus Kyrene ging, der zufällig vorbeikam und den einer der Soldaten aus der Menge herausgriff: »Da! Nimm das Holz!« Er trug es für Jesus, der nicht mehr die Kräfte hatte, es zu tragen. Und es mag durchaus sein, dass dir die Stunde schlägt, in der dich das Los trifft: Da! Trag das Kreuz dieses Menschen! Wenn du das hörst, dann fasse zu. Dann sei ein Stellvertreter für die Schwäche und Entstelltheit der Menschen und tu das deine.

Zwölfte Station: Gottverlassen enden

Drei Menschen hängen an drei Kreuzen, und allmählich, durch lange Stunden entsetzlicher Schmerzen, kommt der Tod. Für den einen der schwarze Abgrund, für den zweiten eine schwache Hoffnung. Für den dritten, Jesus, als die schreckliche Erkenntnis, Gott, den er liebte und auf den er sich verließ, habe ihn verlassen. Die Frage »Warum?« bleibt ohne Antwort.

Gott ist in der Tat vielen von denen, die ihm an nächsten angehören wollen, in entscheidenden Stunden sehr fern. Er wird der fremde, der rätselhafte, der unbekannte Gott oft gerade denen, die ein Leben lang mit ihm nah und vertraut waren. Aber eben in dieser Verlassenheit von Gott gibt es nichts Deutendes und Heilendes, als den Schrei jenes Jesus, der mit Gewissheit von Gott eben nicht verlassen war, wenn überhaupt ein Mensch gedacht werden kann, bei dem Gott war bis zum Ende und weiter und in alle Ewigkeit.

»Warum?« – so fragt Hiob und schreit in die Dunkelheit hinein:

> Warum gibt Gott das Licht den bekümmerten
> und das Leben den betrübten Herzen?
> Sie suchen nach dem Tod, aber der kommt nicht.
> Warum gibt Gott das Leben dem Menschen,
> der seinen Weg nicht versteht,
> und dem Gott doch den Weg ringsum verbaut?
>
> Hiob 3,20–23

Und er fährt fort:

> Unschuldig bin ich! Ja, ich verachte mein Leben.
> Ich werfe es weg. Fremd bin ich mir selbst.

> Alles ist einerlei, auch wenn ich sage:
> Unschuldige – Schuldige – er bringt sie um.
> Wenn seine Geißel plötzlich zuschlägt,
> so lacht er der Angst des Unschuldigen.
> Er gab die Erde den Gewalttätigen preis.
> Er ist es, der den Richter blind macht für das Recht.
> Wenn er es nicht ist, wer ist es sonst?
>
> Hiob 9,21–24

Und das kann jeder erfahren, der lange genug an einem Bett gesessen hat, in dem ein gequälter Mensch, nach Luft ringend, Tag um Tag mit dem Tod zu kämpfen hat. Das Bild des Gekreuzigten ist ja nie so wirklich wie für die ungezählten Menschen, die in ihrer Qual gerade nicht umkommen, sondern Tag und Nacht von ihr neu gepeinigt werden. Dass du fragst: Was tut denn dieser Gott dem Menschen an! Was gibt ihm das Recht, Menschen so zu erniedrigen, so auszuhöhlen, so um ihre Würde zu bringen? Und es kann auch etwas wie Hass gegen Gott dabei in dir hochkommen. Und vielleicht verstehst du das Wort von da aus besser: Lasst euch mit Gott versöhnen! Legt allen Hass auf die Seite, auch den gegen Gott, und findet Frieden mitten in dem unbegreiflichen Geschehen, das zweifellos von Gott kommt.

In der Kathedrale von Santiago – du erinnerst dich, am Ziel des alten Pilgerwegs – unter dem Türsturz des Bogenfeldes sitzt auf einer Säule der heilige Jakobus und verkörpert den »Baum des Lebens«. In der Säule, an die die Millionen Pilger im Lauf der Jahrhunderte gegriffen haben, bildeten sich im Laufe der Zeit fünf Vertiefungen für die fünf Finger der ankommenden Wanderer. Und jeder Neuankommende legte hier wieder seine fünf Finger hinein, um etwas zu »begreifen«, das zu begreifen der Mensch in Jahrtausenden nicht vermag: nämlich das Geheimnis der Erlösung durch Jesus Christus, den Wanderer über diese Erde, dessen Ziel das Kreuz war.

Aber das Kreuz muss seinen Ort in uns selbst haben. Wenn es irgendwo draußen, in der Ferne von zweitausend Jahren oder in der Ferne des heutigen Leidens anderer Menschen steht oder auch in der Ferne irgendeiner Theorie vom Christentum, hat es seine Wirkung an uns nicht getan. Johannes Tauler sagt:

»Ich sage dir in der Wahrheit, die Gott selber ist: Sollst du ein Mensch werden nach dem Willen Gottes, so müssen alle Dinge in dir absterben, darum und daran du haftest. Je mehr die Kräfte der Seele abgeschieden und vom Äußeren gereinigt sind, je mehr sie geweitet und gebreitet von innen werden, desto mehr wird das Wort Gottes kräftiger, göttlicher und vollkommener. Dies kann man nicht erlangen, denn mit einem gründlichen Sterben seiner selbst. Das Leben kann wahrlich nicht in uns sein, noch uns zuteil werden, wir müssen erst dessen entwerden und es mit einem inneren Sterben erlangen.«

Ähnlich Angelus Silesius:

Das Kreuz von Golgata, es kann dich nicht vom Bösen,
wo es nicht in dir aufgerichtet wird, erlösen.

Und der bitterschwere Ernst, der in dem viel umstrittenen Wort Jesu liegt, wird erst sichtbar, wenn er in diesem Zusammenhang erscheint:

Ich bin der Weg, die Wahrheit und das Leben,
niemand kommt zum Vater denn durch mich.
Johannes 14,6

Denn am Kreuz ist der Tod geschehen und vollzogen. Es steht vor dir als Zeichen der großen Hingabe, als das Geheimnis des Opfers. Das Zeichen einer unüberwindlichen Liebe. Was weiß ich denn? Was verstehe ich davon? Nichts. Mein Trost ist, dass ich sagen kann: Ich werde wissen. Gott gebe, dass ich wissen werde. Ja, irgendwie werden wir wissen. Und es wird alles gut sein.

31

Das Leben gewinnen

Dreizehnte Station: Aufstehen!

Zwei Tage später. Am dritten Tag. Früher Morgen. Die Frauen und die Freunde schauen, erschrecken und schauen wieder. Dann erkennen sie ihn. Hören sein Wort von jenseits des Todes. Sie schauen eine Gestalt aus einer anderen Wirklichkeit. Am Nachmittag: Zwei Männer unterwegs. Sie erleben ein Mahl und einen Gast aus einer anderen Welt. Später: Morgendämmer am See. Die Augen gehen auf. Die Welt öffnet sich für einen Augenblick. Jesus ist nicht mehr misszuverstehen. Sein Werk tut seine Wirkung. Sein Wille geschieht. Die Hände sind frei. Sein Recht ist gewahrt. Das Bild seines Leidens bleibt bei den Menschen als Trost auf ihrem Weg.

Ostern ist der wichtigste Gedanke des christlichen Glaubens. Der unentbehrliche. Nichts, sagt Paulus, ist unser Glaube wert, wenn Jesus Christus nicht auferstanden ist. Denn auch wir werden auferstehen wie er, und was wir gelitten haben, wird vergangen sein. Nichts mehr ist so endgültig, wie es dir scheinen mag. Kein Weg ist so verbaut, wie Hiob ihn sah. Bei den Fragen und Protesten wird es nicht bleiben. Die Zukunft ist offen. Dein Weg geht weiter, in eine Freiheit hinein, die wir Auferstehung nennen. Du wirst dich eines Tages auf einem neuen Weg befinden, und das Gepäck, das du hier getragen hast, wird hinter dir abgelegt bleiben.

Wir haben von der »goldenen Schnur« gesprochen, an der entlang du deinen Weg finden kannst. Sie hat dich vielleicht längst an jenen Faden erinnert, den die altgriechische Sage vom Labyrinth und von dem gefährlichen Stiergott, dem Minotaurus, erzählt. Durch die verwinkelten dunklen Gänge dieses unterirdischen Palastes fand Theseus jene Mitte, in der der Todes- und Unterweltgott Minotaurus herrschte, aber selbst, wenn es ihm gelungen wäre, ihn zu erschlagen, er hätte nie und nimmer wieder von dort ins Freie gefunden. Als Theseus den Versuch wagen wollte, dort einzudringen und den Kampf mit dem Gott des Todes aufzunehmen, gab ihm Ariadne, die Tochter des Königs von Kreta, das Ende eines Fadens in die Hand, den er hinter sich her ziehen sollte, um mit seiner Hilfe am Ende den Ausweg wieder zu finden. Und wirklich: Theseus erschlug den Minotaurus und fand aus den Höhlengängen wieder ins Freie.

Ich habe gelegentlich schon davon gesprochen: In manchen französischen Kathedralen, so in Chartres oder in Sens, wurde in das Mittelschiff, nahe dem Westportal ein die ganze Breite des Raums einnehmendes Labyrinth in den Fußboden eingesetzt. Denn die Geschichte von Theseus war im Mittelalter eines der Gleichnisse für den Christusweg, und an vielen Stellen fanden in der Osterzeit Spiele statt, in denen der Kreuzweg Christi auf den verschlungenen Wegen dieser Labyrinthe gegangen wurde. Man wollte sagen: Christus ging mitten hinein in den Herrschaftsbereich des Todes und überwand dort den Tod. Aus dem Zentrum heraus aber geschah die Auferstehung.

Dabei freilich wandelt sich das Bild vom Faden der Ariadne oder von der goldenen Schnur: Für Theseus war der Faden die entscheidende Hilfe, als er den Rückweg und den Ausweg suchte. Für einen Christen ist die »goldene Schnur« ein Leit-Faden für den Weg, den er Christus nachgeht bis an die Stelle, an der der Tod sich endgültig durchgesetzt hat. Dort aber geschieht der Durchbruch. Er findet mit Christus die Auferstehung aus der Mitte des Labyrinths und von da aus den Weg durch das Mittelschiff eines festlich geschmückten Doms und bis zum Altar und Kreuz und den Bildern vom triumphierenden Christus in den Fenstern oder dem Gewölbe des Chors. Dass du dieser Schnur nachgehst, auch durch viel Finsternis bis an jenen Punkt, an dem das Licht durchbricht und dein Weg noch einmal beginnt, ganz anders, das möchte ich dir wünschen.

Vierzehnte Station: In einer vertrauten Welt leben

Ein letzter Tag der Begegnung jener Menschen mit dem auferstandenen Christus. Eine Verabschiedung auf dem Berg, an dem die erste Station begann, dem Ölberg. Jesus segnet die Seinen. Sie freuen sich, dankbar und glücklich. Und Jesus wird »aufgenommen in den Himmel«. Aber was ist damit gesagt? Der Kolosserbrief schildert es. »Himmel« ist ein Ausdruck für die überlegene Gegenwart Gottes in dieser Welt. Wenn Christus »in den Himmel« eingeht, so will das bedeuten: Er hat teil an der universellen Gegenwart Gottes in der Welt. Was er in dem kleinen Umkreis von Galiläa und Jerusalem gesagt und getan hat, bekommt Bedeutung für die Welt. Um uns Menschen her also bildet sich eine Welt, die nicht fremd ist und nicht feindlich, sondern so vertraut, wie sie Jesus war und wie sie uns werden kann, die wir ihn kennen. Es ist eine Welt, die wir lieben können und schützen und in seinem Namen gestalten. Diese Erde wird, was sie von Anfang an sein sollte: Heimat der Kinder Gottes. Haus des Vaters.

Ist das wahr, was diese Station zeigt, so vertrauen wir der Zukunft, die dieser Welt bevorsteht. Dann ist diese ganze Welt dem Tod entnommen. Sie wird uns durchscheinend wie ein Kristall, sie erzählt von einer Wirklichkeit, die größer ist als sie und die in ihr ist und unter ihr, über ihr, hinter ihr – sage es, wie du willst –, von jener Urwirklichkeit, die wir den ewigen Gott nennen und dessen Kind die Welt ist. Haben wir einmal Christus geschaut, wird uns alles durchscheinend werden auf das göttliche Licht hin.

Fünfzehnte Station: Zusammengehören

Ein verschlossenes Zimmer, in dem die Angst sitzt. Angst vor den Stiefeln der Gewalttäter draußen auf der Straße. Wir kennen das. Aber dann ein hereinbrechender Sturm. Einbrechendes Feuer. Begeisterung, Gewissheit. Und Sprache, die aus ruft, was da geschieht. Was geschieht? Menschen empfangen Gottes Geist. Sie haben plötzlich etwas zu sagen. Etwas, das die übrigen Menschen angeht. Offenbarung Gottes geschieht durch den Mund von Menschen. Und der Weg dieser Menschen durch ihre enge und bedrohliche Welt wird zu einem Weg des Wirkens, der Freude und des gewaltfreien, leidensbereiten Mutes. Sie gehören zusammen. Sie sind das, was wir »Kirche« nennen. Kirche – das sind wir alle. Kirche – das ist, sagt Paulus, der sichtbare Leib des Christus. Sie handelt für ihn. Sie zeigt ihn, und sie soll sich durch die Enttäuschungen, die sie mit sich selbst erleidet, nicht diesen Mut abkaufen lassen. Und hier, in diesem Bewusstsein, endet der Kreuzweg, den wir in dieser Kirche und miteinander gehen. Aber das Kreuz redet weiter. Es sagt: Nimm dieses Zeichen ganz in dich auf. Wisse: In Gott ist eine große Liebe, die begegnet mir, wo immer ich stehe. Das Kreuz erzählt von der Schuld, vom Leid und vom Tod und davon, dass alle drei überwunden sind.

Wenn dieses Ziel und Ende des Kreuzwegs die Wahrheit ist, dann gilt auch, dass der schöpferische Gottesgeist, aus dem die Welt hervorging, in dir wirken wird. Er war immer am Werk in den Menschen, die mit Christus unterwegs waren. Dann aber sollen wir uns darauf verlassen, dass, was wir erkannt, verstanden und bestanden haben, aus der Kraft des Geistes Gottes kam. Dass wir also Ort und Träger des Gottesgeistes sind und nicht weniger.

Am Ende weißt du: Du kannst dich aus der Welt nicht lösen, ehe Gott dich aus ihr freimacht. Du kannst aber in ihr deinen Weg gehen und Gott bitten, dass dein Herz fest wird. Nicht hart, sondern fest. Leidensfähig, beteiligt und gewiss.

VII

Heilung finden

32

Jesus war ein Heiler

Wir haben nun eine lange Zeit immerfort von dir geredet. Und ich habe dich noch nie gefragt: Wo in dir sind eigentlich die Dinge, die dir Mühe machen? Was macht dir zu schaffen? Wo liegen deine Verwundungen? Woher kommt deine Mutlosigkeit, die doch irgendwie mit deiner Lebensgeschichte zusammenhängt? Und wie kann in dir selbst irgendetwas wie eine Heilung geschehen?

Wenn du Jesus zusiehst: Er geht auf irgendeinen geschundenen Menschen zu, sieht sein Leiden, berührt ihn, sagt ihm ein aufrufendes, ein helfendes Wort und entlässt ihn geheilt und in Frieden mit Gott und mit sich selbst. Heilung geschieht bei Jesus teils so, dass der von seiner Schuld in sich Gespaltene sich mit sich selbst aussöhnen kann, wie es der »großen Sünderin« geschah, zu der Jesus sagt: »Geh in den Frieden!«, teils so, dass er über die Kluft, die ihn von Gott trennt, hinübergehoben wird wie jener Gichtbrüchige, teils so, dass der Leidende seinen schwachen Willen in den stärkeren Willen dessen, der ihm gegenübersteht, hinübergibt wie der Mann am Teich Betesda, aber auch so, dass die Macht eines dunklen Geistes und seines Zwanges von ihm genommen wird wie jenem Mann in den Gräbern bei Gerasa. Jesus war für die Menschen seiner Zeit ein »Heiler«. Oder wie wir in einem heute unverständlichen Wort sagen, ein »Heiland«. Das war die Arbeit, die er täglich tat. »Wohin er kam«, so wird erzählt, »warf man ihm die Kranken vor die Füße, und er heilte sie.« Und wenn er sich aus dieser Arbeit lösen konnte, trat er in ein Schiff oder stieg auf einen Berg und erzählte Gleichnisse, in denen er den Sinn solcher Heilungen, solcher Neuanfänge deutete als Anfänge des Gottesreiches in den Menschen.

Ist dieses Bild richtig, dann ist das Zentrale in der Vielfalt seiner Bemühungen die Heilung der Menschen. Die Heilung ihres Wesens, ihrer Kräfte, ihres Willens, ihres Nachdenkens, ihres Tuns, ihrer Beziehungen und Gemeinschaften, ihrer Zukunftsvorstellungen und Zukunftsängste, und im letzten Ziel die Heilung seines Volkes und der Menschheit. Was er »Gerechtigkeit« nannte, war die Gesundheit ihrer Gruppierungen, ihrer Dorfgemeinschaften, ihrer sozialen Verhältnisse. Was er mit »Liebe« meinte, war die heilende Kraft, die einsetzen sollte, wo immer es zwischen ihnen Schwierigkeiten gab. Was er das »Reich Gottes« nannte, war eine in sich runde und ganze Menschenwelt, eine Welt Gottes. Ich halte das Wort »Heilung« für das Gemeinsame, das du verstehen musst, wenn du von dem Wollen und Wirken des Mannes von Nazaret etwas begreifen willst. Wenn du vor allem verstehen willst, was durch ihn an dir selbst geschehen soll.

Heilung geschieht bei Jesus immer in Verbindung mit einem Wort, mit einer Anrede. Jesus sieht einen Gelähmten, der nicht aufstehen kann, und sagt ihm: »Steh auf!« Er fragt einen, der achtunddreißig Jahre lang krank gelegen hat: »Willst du gesund werden?« Er sieht einen, der die Heilkunst des berühmten Heilers in Anspruch nehmen will, und fragt ihn: »Kannst du glauben? Wer glaubt, kann alles.« Immer muss der Kranke einen entscheidenden Teil der bewegenden Kräfte selbst aufbringen. Was also geschieht in dir, wozu bist du aufgerufen, wenn du deiner Heilung nicht im Weg stehen willst?

33

Nimm dich leicht

Es gibt einige Anzeichen, an denen du erkennst, ob ein Mensch gesund ist, genauer, ob mit ihm eine Heilung geschehen ist. Eines davon ist seine Fähigkeit, sich selbst leicht zu nehmen. Jesus sagt: Macht euch keine Sorgen! Lebt wie die Blumen! Lebt wie die Vögel unter dem Himmel! Er meint jene Lebensleichtigkeit, die wir in unserem festgezurrten Lebensernst gerne als naiv bezeichnen. Jesus will, dass wir das Gewicht unseres Habens, die Last unserer Gedanken oder die Schwere des Gemüts liegen lassen und aufstehen. Er möchte, dass wir das Leichte leicht und erst das wirklich Schwere schwer nehmen.

Worin besteht denn unsere Krankheit? Im Grunde darin, dass wir uns selbst wichtig sind. Wir halten zu viel von unserer Leistung. Zu viel von unserer Bedeutung. Wir sollten ein Lächeln haben für den Stolz, der seine eigene Wichtigkeit nicht weglegen will. Wir überschätzen ständig, was wir aus uns gemacht haben, und sehen zu wenig, dass wir, was wir sind, praktisch von anderen empfangen haben. Solange wir von unserer Leistung überzeugt sind, sind wir noch angefüllt mit uns selbst.

Woher haben wir denn unseren wirklichen Wert? Wenn du einmal von einem anderen wirklich geliebt worden bist, weißt du es: Du bist so viel, wie er in dir sieht. Die Augen der Liebe bestimmen deinen Wert. Sie machen dich unersetzlich. Und das ist dann gerade kein künstlicher, sondern dein wirklicher Wert. Und so sagt das Evangelium: Du bist wertvoll, weil Gott dir seine Liebe zuwendet.

Das ist übrigens das, was die so genannte Rechtfertigungslehre, die so streng daher kommt, dir sagen will. Sie ist so einfach, dass man sich fast scheut, sie als eine Auskunft über Sinn und Ziel eines langen Lebens in Worte zu fassen. Sie sagt: Versteh dich nicht als Täter, nicht als Könner, nicht als großen Meister. Was du bist, das bist du dadurch, dass Gott dich liebt, dass er die Armut und Leere, die du mitbringst, mit sich selbst ausfüllt. So, dass du am Ende »recht« bist, das heißt in der richtigen Weise vor ihm stehst: nämlich als schlichter Mensch vor dem heiligen Gott. Und so ist diese »Rechtfertigungslehre« auch die Quelle für den Humor, mit dem Christen sich sehen und durch den sich selbst leicht nehmen können.

Von dem großen Papst Johannes XXIII. wird erzählt: Bei ihm beklagte sich ein neuernannter Bischof in der ihm zum ersten Mal gewährten Privataudienz, das neue Amt sei so schwer, dass er nicht mehr schlafen könne. »Oh!«, machte Johannes in mitleidsvollem Ton, »mir ging es in den ersten Wochen meines Pontifikats genauso. Aber dann sah ich einmal im Traum meinen Schutzengel, der sagte mir: ›Giovanni! Nimm dich nicht so wichtig.‹ Seitdem kann ich schlafen.«

Und Novalis sagt: »Wenn man einen Riesen sieht, so untersuche man erst den Stand der Sonne und gebe acht, ob es nicht der Schatten eines Zwerges ist.« So gib für dich selbst darauf Acht, dass du nicht einen Schatten wirfst, der größer ist als du.

Spirituelles Leben besteht weniger darin, dass wir etwas gewinnen, dass wir also besser werden, wachsen und zunehmen an dieser oder jener Qualität, als darin, dass wir viel, sehr viel, aufgeben, abgeben und weggeben. Spirituelles Leben gedeiht am lebendigsten in einem inneren Raum, in dem die Gedanken und die Wünsche, die Leistungen und das eigene Wachstum immer unwichtiger werden.

Jede Religion, die überhaupt spirituelle Wege anweist, ist der anderen darin ähnlich. »Abgeschiedenheit«, sagen die einen, »Gelassenheit« die anderen, »Leersein«, »Nichts werden«, »Vernichtigung« wieder andere. Dieser Zustand aber ist mehr als nur ein inneres oder äußeres Ruhen; er ist die Fähigkeit, von sich selbst Abstand zu nehmen, auf sich selbst und seinen Beitrag zu verzichten, seine Leistung zu vergessen, und sie ist – ganz am Ende – die Fähigkeit, in Gelassenheit und Vertrauen zu sterben.

Ich stelle mir manchmal vor: Ich gehe einen Feldweg entlang. Nun lege ich eins ums andere, das mich ausmacht, am Wegrand nieder und gehe weiter. Die Jacke, den Schirm, die Uhr, das Taschenmesser, den Autoschlüssel, die Brieftasche, die Lesebrille, die Landkarte. Alles, was an Schuhwerk und Bekleidung entbehrlich ist. Ich verstehe dabei, dass es im Grund um ein solches Ausziehen und Ablegen geht, bis hin an den Punkt, an dem ich nichts mehr von dem mit mir führe, was mich ausweist, was mir meine Rolle zuspielt, oder was den anderen an mir zeigt, wer ich sein will.

So von sich selbst zu denken, so Abstand zu nehmen von der eigenen Wichtigkeit, ist unmodern. Ich weiß. Aber es wäre auch für uns gut, so denken zu können und nicht immer nur unser aufgeblasenes Ich zu betrachten. Unser Umgang mit anderen Menschen und anderen Geschöpfen und mit den Elementen, in denen wir mitleben, würde anders, lebendiger und fruchtbarer. Meister Eckart sagt:

»Du sollst wissen, dass noch nie ein Mensch in diesem Leben so von sich gelassen hat, dass ihm nicht eine noch größere Gelassenheit möglich gewesen wäre. Aber so vieler Dinge du dich aus deinem Eigenen begibst, mit soviel hält Gott Einzug in dir. Du musst dich nur aller Dinge, die du hinter dir lässt, redlich und vollkommen entäußert haben. Damit fang an und lass es dich alles kosten, was du nur aufzubringen vermagst. Und so findest du den wahren Frieden und nirgends sonst.«

Geh also so tief in dich hinein, dass du erkennst, wie viel näher du dem Nichts bist als einer wichtigen Person. Und nimm dieses Nichts an. Lege alle Orden und Ehrenzeichen, die man dir anhängt, ab. Alle Titel und Ränge. Alles Renommee. Alle »eitle Ehre«, wie Paulus sagt. Und dann komm aus dir heraus in die Wirklichkeit, in deren Zusammenhang du wirklich lebst. Und die Wahrheit wird dich freimachen.

So sagt der Christus-Hymnus in Philipper 2, Jesus habe »sich selbst leer gemacht«. Alles, was an ihm göttlich und groß war, habe er sozusagen »aus dem Haus geworfen«, das er selbst war, und habe dafür wie einen Gast den Auftrag in sich aufgenommen, ein Mensch zu sein wie andere Menschen Später nahmen die geistlichen Lehrer und Lehrerinnen der mystischen Tradition diesen Gedanken auf und sprachen vom »Leerwerden«. Leer wollten sie sein von eigenen Gedanken und Einfällen, von Wünschen und Absichten. Leer von sich selbst. »Vacare Deo«, sagten sie, »leer sein für Gott« se eines der Zwischenziele auf dem Weg unseres Eingehens in Gott. Sie sprachen auch von »Nichtigung unser selbst« oder von dem Nichts, das in uns sei und das wir seien. »Wer dir dein Nichts zeigen will«, sagt einer, »den nimm dankbar und freundlich auf, denn er erinnert dich daran, was du in Wahrheit bist: Nichts.«

Nicht dass es dir am aufrechten Stand mangeln sollte – du bist nicht der Unterworfene, der sich einem Sieger oder einem Herrscher unterwirft. Aber du erkennst, wie wenig von dir abfallen muss, bis du ein Nichts bist. Bis du ins Nichts fällst. Und wo du das siehst, da sollst du wissen, dass in diesem Nichts deiner selbst eine Hand ist, die dich auffängt.

Thomas a Kempis sagt: »Hast du etwas Gutes an dir, so halte die anderen Leute für besser als dich. Es schadet dir nicht, wenn du dich unter alle Menschen stellst, aber es schadet dir sehr, wenn du dich auch nur über einen Menschen erhebst.«

Man könnte also sagen: Solange du dich für mehr hältst als einen anderen, bist du weniger als er. Und wenn dir schwer fällt, ihn für mehr zu halten, dann siehst du, wie weit der Weg ist, den du noch zu gehen hast.

Auf den letzten Seiten in seinem »Tagebuch eines Landpfarrers« lässt Bernanos den todkranken Seelsorger die Zeilen kritzeln: »Ich bin mit mir selbst versöhnt, versöhnt mit dieser armen sterblichen Hülle. Es ist leichter, als man glaubt, sich zu hassen. Die Gnade besteht darin, dass man sich vergisst. Wenn aber aller Stolz in uns gestorben wäre, wäre die Gnade der Gnaden, sich selbst demütig zu lieben als irgendeinen, wenn auch noch so unwesentlichen Teil der leidenden Glieder Christi.«

34

Richte dich auf

Ein anderes Zeichen für Gesundheit ist die Kraft, mit der einer auf seinen Füßen steht. Das Evangelium erzählt: Ein Mensch liegt da. Krank oder gelähmt. Jesus tritt zu ihm, fasst ihn an der Hand und sagt: »Steh auf!«, der Gelähmte erhebt sich, fühlt seine Beine, fühlt Kraft und steht am Ende auf seinen eigenen Füßen. »Er nimmt sein Bett« und geht nach Hause.

Eine Frau, gekrümmt, so dass sie sich nicht aufrichten kann, kommt daher. Jesus spricht sie an: »Frau, sei frei von deiner Krankheit!«, und legt ihr die Hände auf. Sie erhebt sich, steht gerade und aufgerichtet und fängt an, Gott für diese alles verändernde Erfahrung zu preisen.

Ein Gleichnis: Zwei Menschen gehen in den Tempel, um zu beten. Ein Pharisäer und einer von den verhassten Zöllnern. Der eine ein frommer Mann, der andere ein Schurke. Der Pharisäer betet: Ich danke dir, Gott, dass ich nicht bin wie die anderen Leute, Räuber, Ehebrecher oder auch wie dieser Zöllner. Der Zöllner steht weit abseits und wagt nicht, die Augen zum Himmel zu erheben, sondern schlägt an seine Brust und spricht: Ich bin ein Betrüger; Gott sei mir gnädig. Er geht, fügt Jesus an, als ein Gerechter nach Hause, der andere nicht. Er kann sich aufrichten. Gott sieht einen Gerechten in ihm, und das ist er dann auch.

Dass du dich aufrichten kannst, ist eine der entscheidenden Zusagen des Evangeliums. Wenn von Gott her eine Kraft in Bewegung kommt auf dich zu, dann kannst du stehen. Du kannst aufstehen in die Freiheit, in den Mut, in den Glauben, in die Wahrheit. Aufstehen und mit dem Willen Gottes eins sein.

Stell dich noch einmal vor einen Baum und sage: Ich muss nicht so groß werden wie du. Nicht so stark und so reglos. Aber stehen kann ich wie du. Ich habe die Kraft, die auch in dir ist, zu wachsen und aufrecht zu sein. Es ist eine Kraft, die Gott in mir aufruft.

Es geht aber auch um ein anderes Aufrichten. Nicht nur ein Aufrichten aus Müdigkeit, Schlaf oder Resignation heraus, sondern auch eines aus einem inneren Abgrund. Was du an dir wahrnimmst, ist ja nicht nur klein, nicht nur unbedeutend, auch nicht nur krank oder unschön. Irgendetwas in dir ist sehr dunkel. Wer je einen klaren Blick in sich selbst getan hat, kann nicht mehr sagen, es gebe das Böse nicht, und das Reden von »Sünde« sei ein Trick aus der Kiste der religiösen Einschüchterung. Wer in sich selbst hineingesehen hat und dabei nicht vor einem Horrorfilm stand, hat seine Augen dabei nicht wirklich offen gehabt. Heilung geschieht bei Jesus immer auch so, dass Schuld gesehen und beim Namen genannt wird. Denn die Seele hat ihre lichtlose Seite. Der Schatten in ihr kann so tief sein, dass nicht einmal der Schatten mehr wahrzunehmen ist. Fiele kein Licht von anderswo her hinein, so wüssten wir nicht einmal, in welcher Dunkelheit unsere Seele lebt.

Im Grunde halten wir den Blick in uns selbst hinein nur aus, wenn einer auf uns zukommt und sagt: Komm, mach einen neuen Anfang. Was ich von dir verlange, kannst du leisten. Die Last, die ich dir auflege, ist leicht. Und wenn der, der so mit uns spricht, Gott ist. Dieser Vorgang, den wir die Vergebung der Sünden nennen, sah bei Jesus so aus, dass er die Menschen ganz einfach, so wie sie waren, zu sich eingeladen und mit ihnen Tischgemeinschaft gehalten hat. Tischgemeinschaft hieß damals: Ich nehme dich als Freund und Bruder. Es ist alles in Ordnung zwischen dir und mir. Die Tischgemeinschaft war praktisch die Vergebung. Sie musste nicht ausgesprochen werden. Es musste kein Sündenbekenntnis vorausgehen. Ein Mensch wurde so eingeladen, wie er gerade war und er konnte erhobenen Hauptes, dankbar und fröhlich an den Tisch treten.

Und noch einmal ein anderes Sich-Aufrichten. Jesus sagt einmal: »Solange ihr in der Welt seid, habt ihr Angst.« Er geht also nicht auf Heldensuche. Er will nicht die Kraftmenschen, die keine Angst kennen. Abgesehen davon, dass mir bei Helden immer ein wenig unbehaglich ist. Wer keine Angst kennt, muss an irgendeinem Organ seiner Seele stumpf sein. Aber Jesus sagt, mit anderen Worten: Steht! Steht auf euren Füßen! Was euch Angst macht, ist überwunden. Was euch beugen will, hat keine Macht mehr. Was euch in Verwirrung stürzen will, ist beseitigt. Also richtet euch auf.

Jesus selbst hat einmal gesagt: Mir ist angst. Meine Seele ist betrübt bis an den Tod. Aber dann ging er den Weg, vor dem ihm angst war. Er legte sich und seine Angst dem in die Hände, der ihm diesen Weg bestimmt hatte, und stand frei und aufrecht vor seinen Richtern.

Wenn du also meinst, du kämest in deiner Angst um, dann wehre dich nicht gegen sie. Unterdrücke sie nicht, weder mit flotten Sprüchen noch allzu schnell mit Tabletten. Lass sie ein zu dir. Rede freundlich mit ihr und übergib sie und dich zusammen und dazu alles, was deine Angst geweckt und bewirkt hat, dem Gott, auf dessen Weg du bist. Du findest Frieden. Du hast Kraft für deinen Weg. Du hast Gelassenheit mitten im Wirbel. Du hast festen Grund unter den Füßen. Und du hast ein Ziel vor Augen, auf das du zugehst. Denke klein von dieser Welt und allen ihren Mächten und Dunkelheiten und Finsternissen. Und denke groß von der Nähe dessen, der dich in der Hand hat.

Und noch eine letzte Art des Sich-Aufrichtens. Manches hat man früher unter Christen gewusst, das heute fast unbekannt ist. Eine allzu rationale Art und Weise, über den christlichen Glauben nachzudenken, hat uns manches genommen. So auch die Erfahrung der Ekstase. Ekstase heißt wörtlich: »Ich erhebe mich, aufrecht, aus mir selbst heraus.« Ich trete heraus und richte mich auf. Auf den Wegen der Ekstase ist in früheren Zeiten sehr viel geschehen, viel Helfendes und Heilendes. Nicht so, dass man es hätte planen oder machen können. Ekstase ist immer ein spontanes Geschehen. Es ereignet sich oder es bleibt aus. Aber wenn es geschieht, dann verändert es die Menschen, macht sie frei und unabhängig. Sie richten sich auf. Wir denken, wenn wir von Ekstase reden, an Rauschgift oder suggestive Tricks. Aber Ekstase ist ein so wichtiger Vorgang in der Seele eines Menschen, ein so erlösender und hilfreicher, dass es Zeit ist, ihn wieder zu finden, wo immer er geschehen will.

Richte dich also auf und glaube an deinen Glauben, wie du an deine Liebe glaubst, auch wenn du für beides keine Beweise hast. Glaube daran, dass dein Ja zu deinem Dasein, zu deinem Schicksal, zu dir selbst Ausdruck deines Glaubens ist, auch wenn es dir nicht täglich gelingt. Ein Mann, irgendwo in Galiläa, wirft sich auf die Knie: »Mein Sohn hat die Epilepsie! Hilf ihm, wenn du etwas kannst!« »Wer glaubt, kann alles«, antwortet Jesus. Da ruft der Mann unter Tränen: »Ich will ja glauben! Hilf meinem Unglauben!« Und Jesus fasst den Jungen an der Hand und richtet ihn auf. Glaube, wie Jesus ihn will, ist also deine brennende Hoffnung, es möge einer deine Hand fassen, wenn du sie ausstreckst. Das Vertrauen, dass einer da ist, der dich aufrichtet. Es ist ein Stehen, auch wenn du keinen festen Punkt siehst, auf dem du stehen könntest. Das Zutrauen, dass dich einer fasst, wenn du den Halt verlierst. Dass eine heilende Kraft spürbar wird, wo dir die Kräfte fehlen. Dass Veränderungen in dir geschehen können, aus denen deine eigentliche, endgültige Gestalt hervorgehen wird.

35

Fasse Mut

Gesund ist ein Mensch, sagte ich, der fähig ist, sich leicht zu nehmen. Er ist viel Last losgeworden. Er hat seine Kräfte frei. Gesund ist einer, der auf seinen Füßen steht und ihrer Kraft vertraut. Gesund kann man ihn auch nennen, wenn er fähig geworden ist, das Seine in dieser Welt und unter den Menschen zu tun. »Tu, was dir vor die Hand kommt, denn Gott ist mit dir«, sagte einst ein Prophet zu einem jungen Mann, der zum König bestimmt war.

Es geht immer auch um das, was du praktisch tust. Dein innerer Weg bleibt nie lange innen, er führt überall, wo du ihn wirklich gehst, sofort nach draußen und wirkt sich aus. Kommst du nicht, bei jedem Schritt vielleicht wieder anders, nach draußen, zu den Menschen, in die Verhältnisse, zum Leid, dem du dich zuwendest, zu den politischen Problemen und Mächten, dann ist etwas falsch. Du bist ein freier Mensch, also tu, was freie Menschen tun.

Nur: Woher nimmst du den Mut? Ganz nüchtern: aus der Prüfung der Machtverhältnisse. Mut ist nötig, um einer Macht entgegenzutreten. Macht bedroht. Und Mut heißt, der Bedrohung zu trotzen. Prüfe also: Was für eine Macht steht mir entgegen? Mit wie viel Macht kann ich es aufnehmen? Jesus sagt es sehr einfach: Wenn du den kennst, in dessen Auftrag du handelst, in dessen Schutz du letztlich stehst, den »Gott des Himmels und der Erde«, dann relativiert sich alle Macht, die Menschen oder Systeme oder Verhältnisse ausüben möchten. Überschätze also niemals die Macht von Menschen. Vertraue der Wahrheit, für die du stehst. Und lass den abseits deines Weges stehen, der sich mächtig dünkt. Geh deinen Weg als freier, unabhängiger Mensch und lebe im Einklang mit dem höheren Willen.

Fasse also Mut und handle anders. Was man unter Menschen normalerweise tut, was man richtig findet, was man belobt oder belohnt, ist selten ein Ausdruck von Freiheit, eher schon von Eingepasstsein in Verhältnisse, in Ordnungen, in Meinungen. Aber Jesus sagt: Komm und geh einen anderen Weg. Verlass das Übliche. Deine Sicherheit. Dein Renommee. Dein festes Haus. Tu das Andere, das Außerordentliche.

Handle so, sagt Jesus, dass dein Tun mit deinem Ziel übereinstimmt, wenn du erreichen willst, was du suchst. Strebe das Reich Gottes an und das, was in ihm als gerecht gilt, so werden alle deine übrigen Bestrebungen ihr Ziel erreichen

Wie selbstverständlich. Wie von allein. Was du suchst, wird dir »zufallen«. Was ist gerecht? Wir können sagen: Jeder bekommt gleich viel. Oder: Jeder bekommt dasselbe. Oder: Jeder bekommt, was er leistet. Oder: Jeder bekommt den Lohn oder die Strafe, die er verdient hat. Wir müssen aber sehen, dass die Bibel mit »Gerechtigkeit« etwas anderes im Auge hat als die Gerechtigkeit des Verteilens oder des Rächens.

Sie sagt etwa so: Ein Mensch ist »gerecht«, wenn er seinen Aufgaben »gerecht wird« oder seiner Rolle, oder seiner Funktion. Er wird »den Menschen gerecht«. Er entspricht dem, was die Gemeinschaft von ihm erwartet. Er wird den Verhältnissen »gerecht« oder etwa den bestehenden Verträgen. Gerechtigkeit ist für die Bibel nicht im Bild der Waage zu verstehen, die bei uns eine Justitia mit verbundenen Augen in der Hand hat, sondern sie ist »gemeinschaftsgerechtes« Tun und Verhalten. Wenn ein Mensch vor Gott »gerecht« ist, dann viel weniger deshalb, weil man ihm kein Unrecht vorwerfen kann, sondern vor allem dadurch, dass er in seinem Tun und Leben seiner Beziehung zu Gott »gerecht« wird. Dass er so lebt, wie es angemessen ist vor dem heiligen Gott. Jesus sagt also: »Strebe das Reich Gottes an und tu, was ihm als deinem Ziel angemessen ist.« Was ist dem Ziel, das die Menschen sich setzen, dem Frieden und der Gerechtigkeit, der Freiheit und der Wohlfahrt aller angemessen?

In der ganzen Breite dessen, was wir von Jesus wissen, ist ein deutlicher »Zug nach unten« spürbar. Jesus wendet sich den bedrohten, den Ausgebeuteten, den Armen, den Ausgegrenzten, den Diffamierten zu. Eine Grundbewegung im sozialen Sinn ist für seine ganze Lehre kennzeichnend. Wer den heutigen hemmungslosen Kapitalismus christlich verbrämen zu können meint, macht sich etwas vor. Wer Jesus zuhört, bemerkt, dass er sich nicht nur um einzelne Menschen kümmern soll und um ihr Elend, sondern auch um die »Verhältnisse«, wie sie sind und wie sie nicht sein sollten.

Es gilt für jeden, der heute nach Frömmigkeit sucht, tief empfindlich zu werden für alles, was auf dieser Erde gelitten wird, das Leid der Menschen und das Leid der Kreatur. Es gibt eine Empfindungsfähigkeit für soziale Dinge und für politische. Eine Sensibilität für Gerechtigkeit. Es ist keine modische Verirrung, wenn es heute Christen gibt, die überzeugt sind, das Erste und Wichtigste an ihrem Glauben sei dieses Mitfühlen und Mitleiden mit dem, was so weit entfernt scheint, und das Mitschreien und Mitwirken dort, wo das Geschehen in der weiten Welt und unsere Beteiligung an den Ursachen beim Namen genannt werden müssen.

Eine zweite Grundrichtung ist bei Jesus spürbar: die Richtung von allen Prinzipien weg und hart hinein mitten ins Konkrete. Die Zeitung liegt auf dem Tisch. Der Fernseher spuckt seine Bilder aus. Schlagworte. Polizeiberichte. Schießereien. Verbrechen. Entführungen. Umweltskandale. Dritte Welt. Verhungernde Kinder. Naiver Fortschritts- und Wachstumsfetischismus. Streit auf allen Ebenen, und darunter, immer darunter das Elend von Millionen, von Milliarden Menschen. Verdurstende Viehherden. Überschwemmungen. Kriege der kleinen Diktatoren. Glanzvolle Ausstellungen. Vor der Tür das Elend. Tausendmal haben wir es gesehen. Es geschieht nichts Neues unter der Sonne, sagt der Prediger Salomo. Man könnte es auch vergessen, wegtun, sich eine Hornhaut zulegen.

Es gehört jedenfalls mit Gewissheit zu den Schritten eines heutigen inneren Weges, aufmerksam zu bleiben. Seine Sensibilität zu verfeinern. Einzelszenen ganz aufzunehmen. Einzelvorgänge genauer wahrzunehmen. Die Zusammenhänge zu suchen, zu deuten, beim Namen zu nennen. Irgendein Elendsgebiet dieser Erde genauer wahrzunehmen und im Laufe der Zeit zu einer eigenen Sicht zu kommen. Und immer wieder: einen Beitrag zu leisten und nicht gleich zu fragen, ob man sein Ziel damit erreiche.

Wenn unsere Welt bewohnbar bleiben soll, dann brauchen wir nüchterne Planer und Organisatoren, aber ebenso dringend den offenen Blick von vielen Menschen, die in wildfremden Gesichtern vom anderen Ende der Welt – oder vor ihrer

Tür – kostbare Mitbürger der Welt Gottes erkennen und entsprechend handeln.

Freilich: Mut gehört dazu. Meistens der kleine. Und selten, aber doch immer wieder der große, den Jesus uns abfordert. Jener große, der entstehen kann, wo wir die Machtverhältnisse in dieser Welt richtig einschätzen. Dieser Mut ist eine eigene heilende Kraft. Eine heilende Kraft zunächst an unserer eigenen Seele, aber eine auch, die wir als von uns ausgehende Kraft erfahren können und deren unsere Welt so dringend bedarf.

Es gibt ein Wort von Jesus, an dem du diesen Zusammenhang erkennen kannst. Ein ärgerliches Wort, das Wort scheinbar eines weltfremden Träumers, wie es von einer in ihre Teilungen und Trennungen verliebten Christenheit von jeher empfunden wurde: »Kämpfe nicht gegen das Böse. Wenn dir einer einen Streich gibt auf die rechte Backe, dann biete ihm auch die andere.«

Jesus sagt mit seiner schlichten Regel etwa so: Sichere dich nicht. Wirf das Böse und den Schuldvorwurf nicht auf deinen Gegner. Lege deine Furcht ab. Verbinde dich mit dem, der dich angreift. Denke seine Argumente mit. Fühle dich in sein Verhalten ein. Nimm seine Angst ernst. Soviel möglich, arbeite mit ihm zusammen.

Ich verehre schon lange keine Helden mehr. Das Heldentum besteht in aller Regel aus verklärenden Legenden. Wichtiger sind mir Menschen, die ihre verletzliche Liebe dem Bösen aussetzen. Je mehr einer ein Mensch ist, desto verwundbarer wird er sein und desto leiser. Das Böse ist auch in ihm, natürlich, und noch ist es nicht überwunden. Aber die Liebe ist das sanfte Gesetz, das Gott in diese Welt gelegt hat, das Böse einzubinden. Um den Liebenden und sein Verstehen her wächst der Friede, und die Stille ist der Raum, in dem sich die Dinge klären.

Wie kommt es nur, dass in unseren christlichen Ländern solche Gedanken bislang immer nur am Rande der kirchenpolitischen Genehmigung gedacht werden können? Ich denke an den buddhistischen Mönch Maha Ghosananda, der seinem kambodschanischen Volk nach fünfundzwanzig Jahren schrecklichster Massaker den Frieden brachte allein dadurch, dass er mit einer kleinen Schar von Mitarbeitern lächelnd, freundlich und gesprächsbereit durch das Land zog und dabei nicht unterschied zwischen Freund und Feind, nicht einmal zwischen Schuldigen und Unschuldigen. Der dabei erreichte, was die Weltmächte fünfundzwanzig Jahre lang nicht erreicht hatten.

Lass dich einen Träumer schelten. Mit einem Träumer hat man auch Jesus verwechselt. Nimm es an, wenn deine Bemühung so erfolglos ist wie die jenes Mannes, der am Kreuz starb. Nimm es an, dass man deinen Glauben als Irrtum bezeichnet. Das hat man über sein Wort auch gesagt. Ist Christus dein Maß, dann wird dir von der Macht, die in der Güte liegt, mehr zu Gebote stehen als heute. Ist Jesus dein Maß, dann findest du durch ihn den Weg, den du unter Menschen gehen kannst, um ihres Wohls, um ihres Heils und um der Zukunft willen.

36

Denke über Erfahrungen nach

Ein paar einfache Gedanken, die mir begegnet sind, kann ich dir zur Meditation empfehlen:

- Es gibt keine Wahrheit, die so wichtig wäre
  wie die Wahrheit über die Gegenseite.

- Freiheit ist die Fähigkeit,
  dem Gegner ein Recht zuzugestehen (Albert Camus).

- Viele sind schon ausgezogen, die Verhältnisse zu ändern.
  Sie blieben ohne Erfolg, weil sie versäumten,
  an ihrer eigenen Veränderung zu arbeiten.

- Ein Anspruch, der andere solle sich ändern,
  ist schon Gewaltanwendung,
  wenn ich ihm nicht die Möglichkeit gebe,
  auch mich zu ändern.
- Wer will, dass diese Welt bleibt, wie sie ist,
  der will nicht, dass sie bleibt.
- Da die Kriege im Geist des Menschen entstehen,
  müssen auch die Pläne zum Aufbau des Friedens
  im Geist des Menschen errichtet werden
  (Aus der Präambel der Unesco).
- Wenn ich an den Frieden Gottes nicht glaubte,
  wäre mir der Friede der Zukunft nicht mehr
  als ein Schatten über einem Abgrund (C. F. v. Weizsäcker).

Man sagt, mit der Bergpredigt könne man die Welt nicht regieren. Möglich, dass »man« nicht kann. Aber vielleicht könnten wir, die nach Jesus Christus heißen, den einen oder anderen Schritt mit ihm gehen, um zu erkennen, wie man die Welt besser regieren kann, als es heute geschieht. Reinhard Höppner, der Ministerpräsident in Magdeburg: »Man sagt, man könne mit der Bergpredigt die Welt nicht regieren. Ich könnte nicht regieren ohne sie.«

Martin Luther King schreibt über den Sinn der Bemühung von Christen um Gerechtigkeit:

»Die Frucht des Kampfes ohne Gewalt ist eine neue Gemeinschaft zwischen den Feinden. Die Folge der Gewalttat ist nur tiefere Verbitterung. Wir sind bereit, Demütigungen zu erdulden, ohne uns zu rächen, und Schläge hinzunehmen, ohne zurückzuschlagen.

Vielleicht müssen Ströme von Blut fließen, ehe wir Gerechtigkeit finden, aber es muss unser Blut sein, nicht das unserer Feinde.

Leidensfähigkeit ist eine unendlich stärkere Macht als das Gesetz des Dschungels. Sie kann den Gegner umwandeln und ihm die Ohren öffnen, die der Stimme der Vernunft sich nie öffnen würden.

Wir weigern uns, unseren Gegner niederzuschießen. Wir weigern uns aber auch, ihn zu hassen. Mit gleicher Münze zu vergelten, würde den Hass in der Welt nur vermehren.

Wir glauben, dass die Gerechtigkeit einen stärkeren Verbündeten hat als das Unrecht. Und darum denken wir an die Zukunft mit Geduld.«

Die Bergpredigt war nun fast zweitausend Jahre lang die Verlegenheit der Theologen und der Spott der Weltkinder. Heute erkennen wir: Dies, genau dies ist die realistische Anweisung für den künftigen Weg der Menschheit, wenn es denn überhaupt noch einen Weg geben soll. Denn entweder gilt uns, was Jesus über das Reich Gottes sagt, oder es liegt nichts anderes mehr vor uns als der Abgrund. Die aber versuchen, nach den Weisungen Jesu zu leben, dürfen wir als die eigentlich Geheilten betrachten, die nun dem großen Heiler nachleben.

37

Widerstehe dem Sog ins Dunkel

Fast jeder von uns hat mit dem Dunkel der Seele zu tun. Mit Angst. Mit Schmerzen. Mit Verwirrung. Mit Frustration. Mit Hoffnungslosigkeit. Oder auch mit dem, was man landläufig Depression nennt.

Dieses Leben in Dunkelheit kann – wenn wir von den Ursachen absehen, die ein Arzt feststellen wird – vier Gründe haben:

Sie kann zum einen über einen Menschen kommen in Gestalt von Leid, Verlassenheit, Krankheit, Krieg, Hunger, Entbehrung, Heimatlosigkeit. Es stirbt ihm ein geliebter Mensch; ein Unrecht widerfährt ihm. Das Dunkel kommt in der Gestalt eines Schicksals über ihn. Er wird mit allen Kräften, die ihm geblieben sind, seinen Weg weitergehen müssen und versuchen, mit seinem Schicksal eins zu sein. Er muss mit allen Kräften dem Sog widerstehen, der ihn in die Verzweiflung oder in die bloße Resignation hinabziehen will.

Die Dunkelheit kann, zum zweiten, auch deshalb über einen Menschen kommen, weil in seiner Einstellung zum Leben irgendetwas falsch ist. Er sucht nach Glück. Nach Erfolg. Nach Erfüllung. Nach Geliebtwerden. Nach Geborgenheit. Nach Anerkennung. Wenn das alles nicht eintritt, wird er unzufrieden. Er schießt seine Vorwürfe gegen Gott ab und gegen die Menschen. Er ist mit allen Wünschen und Gedanken um sein kleines Ich herum versammelt und sucht es größer, stärker, bedeutender zu machen, als es ist; und es gelingt nicht. Manches, das man Depression nennt, hat eine Ursache dieser Art.

Eine dritte Ursache für das Versinken in der Depression ist mir hier wichtig: Die, die mit der geistigen Entwicklung eines Menschen zusammenhängt, mit dem, was spirituell in ihm angefangen hat und nun weitergehen soll. Es geht dann um die geistliche Umschichtung seiner ganzen Person. Er muss Wege gehen, die er nicht findet. Er sucht Gott und begegnet ihm nirgends. Er sucht Wahrheit und bemerkt, dass er ihr selbst im Weg steht. Sein Ich will die schlichte Rolle, die ihm zugewiesen ist, nicht übernehmen, sondern will die beherrschende Macht bleiben. Er will seinen Geist für die große Erfahrung öffnen und es überfällt ihn dabei die Angst vor dem Wahnsinn. Er wird sich seiner Kleinheit bewusst und sein Selbstbewusstsein zerbröselt ihm in der Hand.

Und noch eine vierte Ursache: Er geht wirklich den spirituellen Weg. Er bringt sich ein. Er hört. Er begegnet wirklich Gott. Und dann entdeckt er die Dunkelheit Gottes. Er entdeckt, dass in Gott nicht nur Licht ist, sondern auch ein tiefer Schatten. Und vielleicht wird ihm das Licht Gottes unsichtbar, und nur sein Schatten noch steht vor ihm. Bedrohend. Gefährlich. Mit dem Gesicht des Bösen. Ein Schatten legt sich ihm nicht nur über sein Leben, nicht nur über die Seele, sondern auch über alles, was ihm wichtig ist. Er hat an sich selbst keinen Halt mehr und verliert auch den Halt, den er in Gott gesucht hat. Er versinkt in der tiefen Dunkelheit, die Johannes vom Kreuz die »dunkle Nacht der Seele« nannte. Und wohl ihm, wenn er einen Arzt findet, der ihn nicht psychiatrisch behandeln will. Denn die dunkle Nacht ist keine Krankheit, von der einer geheilt werden müsste, sondern ein Abschnitt seines Weges, der ihn am Ende in die größere Klarheit führen will. Es mag sein, dass dieser Weg viel Ähnlichkeit hat mit dem klinischen Verlauf einer Depression, dass die Dunkelheit immer wieder einsetzt, ohne dass die Ursache sichtbar ist, und dass niemand sagen kann, wie sie beginnt und wann sie sich lichtet.

Wenn dich eine Dunkelheit dieser Art überfällt, dann habe ich kein Rezept. Es gibt keines. Diese Zeit musst du allein durchstehen. Aber sie überfällt keinen Anfänger. Sie überfällt dich, wenn du auf dem inneren Weg schon sehr weit vorangekommen bist, wenn du deine ersten, naiven Vorstellungen von Gott hinter dir hast und anfängst, in die Wahrheit zu sehen. Du kannst dich also mit dem, was dir begegnet, selbständig auseinander setzen und kannst sagen: Diese Dunkelheit verschlingt mich nicht. Ich widerstehe ihr. Ich überwinde sie. Und der Gott, dem ich vertraue, der lichte Gott meines Glaubens, wird mir dabei helfen. Ich kann dir nur wünschen, dass du einen Menschen findest, der dich begleitet, auch wenn du selbst nicht weiter weißt und dein Begleiter das Wesen deiner Dunkelheit nicht versteht.

Was dich weiterbringen kann, ist, das Nichts, das kahle Nichts Gottes zu sehen und ihm nicht auszuweichen. Was dich weiterbringt, ist das Standhalten vor dem Nichts und vor dem Entsetzen, das das Nichts auslöst. Es kann dir dann geschehen – und viele berichten davon –, dass im abgründigen Dunkel der Abgrund Gottes erkennbar wird und du plötzlich einen Weg erkennst zu dem Gott, der dein ganzes Leben mit allen seinen Dunkelheiten einfasst. Aber das deute ich hier nur an. Man kann da nur zu einem einzelnen Betroffenen reden und hat kein Rezept für alle.

Luther sagt einmal: »Ein schwermütiger Kopf ist ein gefundenes Fressen für den Teufel« und schreibt an einen Organisten, der in der Depression versank, so:

»Lieber Matthias, folgt nicht Euren eigenen Gedanken, sondern hört, was Euch andere Leute sagen. Denn Gott hat geboten, ein Mensch solle den anderen trösten, und der Betrübte soll solchem Trost folgen wie seiner eigenen Stimme. Darum, wenn Ihr traurig seid und die Dunkelheit will überhand nehmen, so sprecht: ›Auf! Ich muss unserem Herrn Jesus Christus auf der Orgel ein Lied schlagen!‹ Greift frisch in die Tasten und singt dazu, bis die Gedanken vergehen. Wenn der Teufel wiederkommt und Euch eine Sorge oder traurige Gedanken eingibt, so wehret Euch frisch und sprecht: ›Aus, Teufel! Ich muss jetzt meinem Herrn Christus singen und spielen!‹ So müsst Ihr lernen, ihm zu widerstehen und ihm nicht gestatten, dass er Euch Gedanken mache.«

38

Liebe und sei verlässlich

Was du liebst, wen du liebst, wie du liebst, das steht in einem engen und lebendigen Zusammenhang mit deinem ganzen inneren Weg. Wie du deine Kräfte, auch deine vitalen, sammelst, was du mit ihnen tust, wie du sie lebendig machst, wie du sie disziplinierst, bedeutet viel. Was du dir auch an Verzicht zumutest, kann von entscheidendem Einfluss auf dein spirituelles Wachstum sein. Was du an Wahrheit erkennst und wie viel, das hängt zusammen mit deiner eigenen Wahrheit. Was sich für dich als verlässlich erweisen kann im religiösen Sinn, das hängt mit deiner eigenen Verlässlichkeit zusammen. Wieweit du in dir selbst zu einer stimmigen Einheit gelangst, hängt auch mit deiner eigenen Bereitschaft und Fähigkeit zusammen, mit einem anderen

Menschen eins zu sein. Ob du sorgfältig mit einem anderen Menschen umzugehen fähig bist, ob er unter deinen Händen gedeihen kann, daran hängt es auch, ob dein eigener innerer Mensch unter deinen spirituellen Bemühungen gedeihen wird.

Dabei muss dir von Anfang an deutlich sein, dass du eine gelingende Liebesbeziehung nicht »machen« kannst. Sie hat von Anfang bis Ende den Charakter des Gnadenhaften, von dem wir schon gesprochen haben. Du kannst nicht machen, dass du dem anderen Menschen begegnest, der mit dir eins sein kann. Du hast es nicht in der Hand, ob du die Zeiten des Friedens, die du in deinen späteren Jahren erreichen willst, erlebst. Du hast es keinen Tag in der Hand, ob nicht etwas geschieht, das eure Lebensfreude oder euer Vertrauen bedroht oder zerstört und euer Leben mühevoll macht oder euch gegen euren Willen trennt. Wer von einer dauerhaften Liebesbeziehung spricht, spricht von Anfang bis Ende von einem freien Geschenk der Gnade Gottes.

Und dazu kommt für dich, wenn du deinen eigenen inneren Weg bedenkst, dass es für deine Geborgenheit in der Liebe Gottes auf dieser Erde kein stärkeres Gleichnis gibt und keinen stärkeren Ausdruck als verlässliche Liebe. Das Erleben von Liebe in allen ihren Dimensionen und auf allen Ebenen, vor allem auch das einer gemeinsamen Leiblichkeit ist immer schon ein Bild gewesen für unsere Gemeinschaft mit Gott, die wir suchen und so schwer erreichen und die nur gelingt, wo die Liebe Gottes als eine Liebe, die nicht wir aufbringen, sondern die uns entgegenkommt, sie schafft.

Die Liebe hat viele Namen. Sie kann Anmut heißen oder Trost, Geduld oder Hoffnung, Freundlichkeit oder Mitleiden. Sie gibt Geborgenheit oder weckt Begeisterung; sie ist ein leises Wort oder eine zarte Berührung. Sie zeigt dem anderen, wie viel er wert ist. Sie schützt ihn, denn diesen Schutz braucht auch ein starker und unabhängiger Mensch. Sie hilft ihm, nicht stehen zu bleiben, und sie weitet seine oder ihre Enge und Angst in eine Freiheit, die Gewissheit gibt.

Sie macht glücklich, und wenn geschieht, was der Sinn des Glücks ist, dann geht von ihm danach viel auch auf andere über, die es vermissen, denn die Bestimmung des Glücks liegt in seiner heilenden Kraft.

Die Liebe ist die befreiende Kraft, wenn das Herz wund ist oder das Gewissen belastet. Sie beginnt neu, sie verzeiht und nimmt Verzeihung an und findet aufs Neue ins Vertrauen. Sie gibt dem anderen Freiheit und empfängt ihn wieder. Sie bleibt stehen und wartet und ist da, wenn er kommt. Sie ist die Kunst, dem anderen Freiheit zu geben, ohne ihn zu verlassen.

Und wenn der eine von beiden müde wird? Dann darf er sagen: »Ich kann nicht mehr« – und der Geduld des anderen vertrauen. Beide dürfen müde werden, wenn der Weg lang wird. Beide dürfen auch einmal den Mut verlieren und dabei wissen, dass sie noch immer geliebt sind. Wenn der eine stehen bleibt, weil ihm die Last der Zeit zu schwer wird, dann wird auch der andere stehen bleiben und ihn schützen und wird bis zum Ende an seiner, an ihrer Seite sein. Und er wird sich nicht nach der so genannten Freiheit sehnen, die darin besteht, den anderen sich selbst zu überlassen und für sich einen anderen Weg zu suchen. Und vielleicht haben sie sich nach einer langen gemeinsamen Zeit wirklich gewandelt, aus ihrem natürlichen, selbst behauptenden Wesen in die schöne und reife Gestalt liebender Menschen.

VIII

Die Einung wollen

39

Eine dich mit dem Willen Gottes

Wenn du von »Gott« redest und wirklich Gott meinst, dann fabulierst du nicht von irgendeinem blassen Gedanken, von irgendeiner Idee, die am Himmel hängt wie ein ferner Stern. Du sprichst von einer großen Kraft, die Welten schafft und verwandelt, sie in die Unendlichkeit hinaustreibt, bis sie irgendein fernes Ziel erreichen. Du sprichst von der Kraft einer dynamischen Bewegung. Du meinst eine grenzenlose Phantasie, aus der die Gestalten des Lebens und des Geistes hervorgehen. Du redest vom ungeheuren Strom eines gewaltigen Willens, der vorwärts drängt in eine völlig offene Zukunft. Und dieser Wille, das weißt du, ist es auch, der dich prägt, der dich durch dein Leben treibt, der dich fordert und der will, dass du dich ihm einfügst mit der Freiheit deines kleinen Willens.

Und so sprach man in der spirituellen Tradition oft von einer sogenannten »conformitas voluntatis«. Von der Gleichgestaltung unseres Willens mit dem Willen Gottes. Von der Einfügung unseres Willens in den seinen. Und man machte die Erfahrung, dass auf diese Weise unser Wille nicht sich selbst verliert, sondern sich gewinnt. Dass er nicht schwächer wird, sondern stärker. Dass er sich sozusagen »auflädt« mit der Kraft des großen Willens Gottes. Dass er sich nicht mehr verbrauchen muss im Widerstand gegen das Gesetz des Universums und das Gesetz des eigenen menschlichen Schicksals, auch nicht gegen das eigene Fehlverhalten, sondern mitströmt im großen Strom und beitragen kann, was er mit seiner kleinen Kraft vermag. Eingleichung in den Willen Gottes beginnt nahe bei dir selbst. Du kannst den Menschen bejahen, der du selbst bist. Wenn es Gott ist, der dich geschaffen hat, der deine ganze Ahnengalerie gewollt und geprägt hat, dann drückt sich in dir sein Wille aus. Dann empfängst du dich aus seiner Hand mit allen deinen Kräften und mit allen deinen Schwächen. Du kannst nicht anders sein wollen, als er dich gewollt hat. Du siehst aus, wie du aussiehst. So hat er dich gestaltet. Eine andere Gestalt hast du nicht, und es nützt nichts, sie verändern zu wollen. Er hat dich in dein dir bestimmtes Leben gestellt, und ein anderes hast du nicht. Es nützt nichts, sich ein anderes Schicksal zu erträumen. Er hat dich mit bestimmten Begabungen ausgestattet; andere hat er dir vorenthalten. Wirke also mit deinen Gaben und klage ihn nicht an derer wegen, die du nicht hast. Du kannst es natürlich tun; aber es bringt dir nichts. Er hat dir Grenzen und Schwächen mitgegeben; also freunde dich mit deinen Grenzen und Schwächen an. Er hat dir deine Zeit gegeben und deine Zeitgenossen; also träume dich nicht zurück oder voraus in bessere Zeiten. Es gibt sie nicht. Oder besser: Er ist es, der sie nicht gibt.

40

Lass dich führen

Eins zu werden mit dem Willen Gottes erscheint in einer zweiten Gestalt. Es kristallisiert sich auch in der Bereitschaft, nicht zu tun, sondern gerade geschehen zu lassen, was geschehen soll. Es sieht so aus, dass du deinen Willen ruhen lässt und dem Willen Gottes Raum gibst, dass du deine kleine, vordergründige Freiheit abgibst um der Freiheit willen, die im Geschehen liegt.

Du kannst dein Leben nicht planen, nicht machen und nicht vorauswissen. Aber wenn du deine Pläne ruhen lässt, staunst du über den Plan, nach dem dein Leben verläuft. Über die Windungen in deinem Schicksal und über seine Gradlinigkeit. Du erkennst, dass es so, wie es kam, kommen musste. Du scheiterst an deinen Plänen und erkennst am Ende, dass es so gut ist, wie es kam. Du wirst sehen, dass du an

Schmerz und Leid nicht vorbeikommst, aber dass ein Weg durch alles hindurchführt. Vertraue also auch, wo du nicht verstehst. Ziele einzig darauf, dass die Weisheit, die im Willen Gottes ist, sich an dir erfüllt.

Eine dich mit deinem Geschick. Denn was dir zustößt, hat eine oft deutlich sichtbare Entsprechung in dir selbst. Was außen gelingen soll, muss innen beginnen. Was in dir selbst ist, zieht Ereignisse, die von außen kommen, an. Und nichts gedeiht zwischen den Menschen um dich her, das nicht in dir selbst, in deiner eigenen Seele, angefangen hat zu gedeihen.

Der Mensch und sein Schicksal sind eine Einheit, gleichsam ein zusammenhängendes Schwingungsfeld, vom Willen und Plan Gottes bewegt. Kräfte, die »zufällig« aufeinander treffen, treffen einander darum nicht zufällig. Sie sind von vornherein Bewegungen in einem Schwingungsmuster, in dem nur geschieht, was in ihm geschehen kann und soll.

»Erkenne dich selbst«, sagt der Apoll von Delphi. Er sagt damit dem Besucher des Heiligtums, der Auskunft sucht über sein Schicksal: »Wenn dir dein Schicksal entgegenkommt, wenn dich die Herausforderung trifft, dann prüfe dich selbst. Du wirst die tiefe Übereinstimmung erkennen, die dich mit deinem Schicksal verbindet. Die Zukunft, die auf dich zukommt, kommt auf dich und nicht auf einen anderen zu. Sie meint dich. Also verbinde dich mit ihr. Du lebst nur, indem du dich mit allem verbindest, das dir begegnet, auch mit dir selbst, der dir aus allem entgegenkommt.«

Was du also in der Welt siehst, bist du selbst. Deine eigene Seele ist ein Irrgarten, dunkel und dicht in sich verwurzelt und verwachsen. Wenn du in dich selbst hineingehen willst, dann bitte Gott, er möge dich führen. Du weißt natürlich nicht, wohin du am Ende gerätst, in der Welt, in deinem Leben, in deiner Seele. Aber du wirst dein Ziel, deine Vollendung, dein Glück am gewissesten finden, wenn du willst, wie er will. So bleibst du an seiner Hand, und sei es mitten in der Hölle; du bleibst mitten in der Hölle von seinem Erbarmen behütet. Geh den Weg, der dir gewiesen ist. Du gehst unter einem weiten Himmel. Vor dir ist das Licht. Und eines Tages wird alle Dunkelheit hinter dir sein. Gott sagt dir: »Zieh in Freude aus. Ich will dich in Frieden leiten. In der Freiheit meiner Kinder kommst du ans Ziel. In meinem Licht wirst du vollendet werden. Es ist ein Weg da. Geh ihn.«

Eine dritte Gestalt dieser Einübung in den Willen Gottes ist der bejahende, der klärende, der dankbare Rückblick. Am Ende eines Tages kannst du ihn versuchen, am Ende einer Woche, am Vorabend deines Geburtstages oder am Abend des alten Jahrs. Was war? Was war nicht? Was war statt dessen? Was ist gelungen? Was war falsch? Was töricht? Worin ist mein Einvernehmen mit dem Willen Gottes enger geworden? Wo hat es gefehlt? Hat es vielleicht immer gefehlt?

Du kannst hundert Fragen an dich selbst richten. Sie haben aber nur Sinn, wenn die Antwort wahr ist. Denn sobald du dich selbst ins Auge fasst, wuchern die Selbsttäuschungen. Mogeleien schleichen sich ein. Wohltätiges Vergessen. Oder es wuchert die Bewunderung der eigenen Leistungen. Wenn du alten Menschen zuhörst, wie sie von den Leistungen ihres Lebens reden und davon, sie hätten nie jemand ein Unrecht getan, dann prüfe deine eigene Ehrlichkeit. Und geh auf den Wegen der Ehrlichkeit der Einigung deines Willens mit Gott allmählich entgegen.

41

Eine dich mit deinem Schicksal

Eins zu werden mit dem Willen Gottes hat noch eine vierte Gestalt: die der Annahme eines Schicksals. Was damit gemeint ist, sagt Johannes Crasset:

»Ich opfere dir auf, o Gott, meinen Geist. Ich opfere dir auf mein Herz mit all seinen Befürchtungen und Wünschen ohne jeglichen Vorbehalt. Ich opfere dir auf meine Seele mit all ihren Fähigkeiten. Ich opfere dir auf meinen Leib, meine Gesundheit, meine Kräfte, mein Leben; verfüge darüber nach deinem Wohlgefallen. Mein Herz ist bereit, Glück zu empfangen oder in Unglück gestürzt zu werden; es ist bereit, alles zu tun, alles zu dulden; es ist bereit zu leben, bereit zu sterben; es ist bereit zu allem, was du in Zeit und Ewigkeit darüber verhängen magst.«

Das sagt ein Heiliger. Wenn er das durchhält, ist er es wirklich. Du kannst versuchen, Ähnliches für dich selbst nachzusprechen. Wenn du es einen Tag lang durchhältst, dann bist du schon fast ein Heiliger. Nur sind Heilige dieser Art von Gott in den Plänen mit seinen Menschen nicht vorgesehen. Er will vielmehr, dass wir dieses Opfer unseres Willens von Stunde zu Stunde neu durchbuchstabieren.

Man spricht das so hin, wenn man das Vaterunser mitbetet: »Dein Wille geschehe«, und denkt sich vielleicht nicht viel dabei. Aber in diesem Willen hat ja alles Raum, auch Krankheit, Elend, Schmerz und qualvolles Sterben. Aus diesem Willen kommt ja auch das ganze, ungeheure Elend seiner Geschöpfe, alles Fressen und Gefressenwerden, alle Gewalttat, die aus ihrer Angst kommt, und alle Angst, die sie in ihrem bedrohten Dasein erleiden. Und mit diesem Willen willst du dich verbinden.

Ich muss gestehen, dass ich bei keinem Wort aus dem Vaterunser so ins Stocken gerate wie bei diesem. Ich soll mich also dankbar freuen, wenn sein Wille, meiner Bitte entsprechend, geschieht, auch dann, wenn er mich zerbricht. Wenn er nicht nur allgemein irgendwo geschieht, sondern auch gegen mich. Das ist eine Zumutung, mit der ich noch viel zu tun haben werde. Und ich vermute, du auch.

Versuche also, zu diesem Willen Ja zu sagen und deinen ganzen, zitternden Willen in ihn einzubringen, so dass er zu deinem Willen wird. Billiger als so kannst du es nicht haben. Die Kluft zwischen diesem großen Willen und deinem eigenen Lebenswillen ist zu tief. Wenn ich weiß, dass Gott mich führt, weiß ich noch lange nicht meinen Weg. Wenn ich weiß dass Gott mir mein Geschick bestimmt, habe ich noch lange nicht die Kraft, es anzunehmen. Wenn ich weiß, dass er mich hält und trägt, kann ich noch lange in meinen dunklen Gedanken versinken. Wenn ich weiß, dass sein Wille und der meine eins sind, bin ich noch lange nicht von meiner Angst frei. Wenn ich weiß, dass sein Zeitplan anders ist als der meine, habe ich noch lange die Geduld nicht, mit der er plant. Und dabei ist mir all dies längst nicht so klar, dass ich ernsthaft sagen könnte: Ich weiß es. Ich glaube es. Nein, so fest gilt das nicht. Ich möchte es glauben. Nein, nicht immer. Manchmal möchte ich es glauben. Aber manchmal wird mir überraschend klar, dass es wirklich so ist. Und das sind die Stunden der Gnade.

42

Sei ein Begleiter

Wenn du einmal angefangen hast mit der schwierigen Arbeit dessen, was ich die Einung nenne, dann wird dir rasch klar sein, dass das nicht sozusagen im Himmel geschieht, sondern dass es sich auf dieser Erde fortsetzt.

Wir sind noch immer auf dem Weg nach Santiago. Über die Pässe der Pyrenäen oder durch die trockenen und heißen Berge Nordspaniens. Auf einer der Straßen in dem großen Wegenetz. Wenn du dich umschaust, siehst du viele, die in die gleiche Richtung gehen wie du. Querab auf einem anderen Weg einige, andere voraus, andere hinter dir; und du siehst sie in großer Ferne bis zum Horizont. Die einen gehen allein, andere zu zweit, wieder andere in Gruppen, wie sie eben auf ihrem Weg zueinander gefunden haben. Einige raschen Schrittes, andere betrachtend, nachdenklich, dritte mühsam. Aber alle sind sie unterwegs, jene Pilger auf dem langen Jakobusweg. Manche streiten über den richtigen Weg oder die nächste Abzweigung, wieder andere haben aufgegeben und kommen dir müde und resigniert entgegen.

Denke ja nicht, du seiest, wenn du mit einer Kirche deinen Weg suchst und in Begleitung von so vielen Menschen, in Gemeinschaft von lauter braven, frommen Pilgern. Im zwölften Jahrhundert jedenfalls wärest du es nicht gewesen. Denn der Jakobusweg war oft auch Strafvollzug. In Holland beispielsweise war es Sitte, dass Mörder oder andere Gewaltverbrecher von weltlichen Gerichten dazu verurteilt wurden, als Sühneleistung nach Santiago zu pilgern. Am Ziel mussten sie sich bestätigen lassen, dass sie da gewesen waren. Die Erschwernisse, die man ihnen auferlegte, bestanden darin, dass sie mit bloßen Füßen oder mit ausgebreiteten Armen gehen, eiserne Ringe oder Ketten tragen oder immer wieder bestimmte Strecken auf den Knien zurücklegen mussten. Es war eine eigene und, wie ich meine, in vielen Fällen auch sinnvolle Form der Resozialisierung. Aber es waren nicht nur die Schwerverbrecher, die mit den Pilgern zusammen unterwegs waren, auch Leute, die auf nächtlicher Straße gelärmt oder öffentlich gestritten hatten, wurden dazu verurteilt, bestimmte Stücke des Jakobuswegs zu gehen. Nimm also an, es könnte unter deinen Mitwandernden, die sich so fromm geben, jede Art Menschen geben und Menschen mit jeder Art Vergangenheit. Und dann geh mit ihnen. Sie brauchen einen Begleiter.

So wandern sie also. Wenn es nun Abend wird nach einem anstrengenden Tag, schauen sie aus nach einem Wirtshaus am Weg und einer Unterkunft. Und wenn sie durch die Tür eines solchen Gasthauses treten, dann finden sie Tisch und Bank, finden Brot und Wein. Am nächsten Morgen erheben sie sich von ihren Lagern und nehmen ihren Weg wieder unter die Füße. Was sich da fast ein wenig romantisch anhört, ist es in Wirklichkeit überhaupt nicht. Und was du da beobachtest, ist nicht mehr und nicht weniger als die »Kirche«.

Es ist nicht schwer, an manchen ihrer Lebensäußerungen das Enge, das Müde, das Festgelegte zu bemerken. Aber das pflegt unter Wandernden so zu sein, wenn der Tag lang war und der Weg steinig. Du kannst es auch als störend empfinden, wenn sich da allzu viele mit dem Blick nach der Seite beschäftigen und mit der Frage, ob der oder jener auch auf die richtige Straße abzweige. Die Weggemeinschaft der Kirche ist im Lauf der Jahre immer wieder hart kritisiert worden, teils wegen ihrer Ängstlichkeit, teils wegen ihrer Langsamkeit, teils wegen der Rechthaberei vieler, die den richtigen Weg besonders genau wussten. Aber es ist doch gut, dass es die Kirche gibt, und ich wüsste nicht, wer mich auf meinem Weg verlässlicher begleiten und wer mir über meinen Weg genauere Auskunft geben könnte. Die Kirche ist gewiss der langweiligste Verein der Welt; aber es gibt wohl kaum einen lebendigeren. Es geht so menschlich in ihr zu, im engen und fragwürdigen Sinn; aber ich wüsste niemand, der mir mehr sagen könnte von der Freundlichkeit Gottes. Lassen wir die Kirche also leben mit allen ihren Fehlern. Sie ist gewiss ein unheiliger Betrieb; aber einen heiligeren könnte ich nicht nennen. In ihr wird schrecklich viel vorgeschrieben; aber andererseits weiß ich keine Gemeinschaft, in der die Menschen besser nach ihrer Freiheit leben könnten. Sie hat zwar viel zu viele Regeln und Richtlinien; aber die sind im Grunde alle vorläufig, ersetzbar und von minderem Gewicht. Wichtig ist allein, dass da viele auf ihrem Weg sind zu einem Ziel und dass sie sich dabei begleitet und geführt wissen. Geh also deinen Weg nicht allein.

Du kannst es auch gar nicht. Es mag sein, dass du über weite Strecken deines Lebens die Kräfte hast, allein zu gehen. Wenn aber für Christen der Kreuzweg, dessen Stationen wir gesehen haben, das Bild ist, nach dem ganze Strecken ihres Lebens geformt und geprägt sein können, – den Kreuzweg kannst du auf keinen Fall allein gehen. Wenn du an den Punkt kommst, an dem deine Freunde dich verlassen und du nur noch rufen kannst: Dieses Leiden nicht! Bitte nicht! Oder wenn du gar am Ende schreist: Mein Gott, warum hast du mich verlassen? Dann bist du entweder wirklich der Verzweiflung ausgeliefert, oder aber du weißt um Menschen, die dich nicht verlassen haben. Letztlich ist die Kirche nichts anderes als eine durch die Jahrhunderte hin währende Wanderung von Menschen, die ihr Leid vor allem darum tragen können, weil es neben ihnen Menschen gibt, die mittragen und die das Modell und Muster ihres Weges in dem Christus sehen, der auf der Straße an den Ort des Todes sein Kreuz trug.

Das Evangelium spricht von der Kirche als von dem »wandernden Gottesvolk«. Es spricht nicht von einer Institution, nicht von einer Behörde. Nicht von einer sesshaften politischen Macht. Sondern von einer Wandergruppe, von uns, den Wandernden. Und da können wir irgendwann einmal bemerken, dass wir unseren eigenen Weg nicht gegangen wären und nicht hätten finden können ohne die vielen, die vor uns unterwegs waren. Uns fällt auf, dass wir spät in diese Kirche hineinkamen, dass sie älter ist als wir und dass alles, was wir von Gott und von Jesus wissen, ohne sie niemals bis zu uns gedrungen wäre.

Ich stelle mir jedenfalls die Wanderer auf dem Jakobusweg vor, wie sie an den Abenden nach einem Wirtshaus Ausschau halten und wie sie, wenn sie eins gefunden haben, müde, verschwitzt und verdreckt durch die Tür kommen. Sie brauchen ein Essen. Sie brauchen einen Schlafplatz. Ich sagte schon: Nach meiner Auffassung erfüllt die Kirche viel von ihrer Bestimmung, wenn sie sich zu einem solchen Wirtshaus eignet. Sie muss ein Raum sein, in dem die Menschen zur Ruhe kommen, in dem ihnen eine Mahlzeit geboten wird. Mut für den nächsten Tag. Heilung für verletzte Füße. Zuwendung. Wegweisung für den nächsten Morgen. Begleitung auch. Ich finde es außerordentlich welt- und lebensfremd, Kirchen über die ganze Woche geschlossen zu halten.

Wenn ich in Damaskus in die große Omajadenmoschee komme, treffe ich dort keine Bankreihen an, sondern Teppiche. Rote Teppiche über den gesamten Fußboden, über ungefähr siebzig Meter Breite und hundertfünfzig Meter Länge. Am einen oder anderen Pfeiler lehnen Schulkinder und machen ihre Aufgaben. Zwischen niedrigen Brüstungen sitzen alte Männer im Kreis und reden. Einer kniet irgendwo einsam, betend. Da und dort sitzen Marktfrauen auf dem Fußboden und ruhen von den langen Stunden im betriebsamen Bazar. Kleine Kinder spielen. Einige schlafen. Zwei Männer verhandeln. Vielleicht will der eine dem anderen etwas verkaufen. Alles ist sehr leise. Der riesige Raum schluckt jeden Ton. Alles atmet Frieden, Stille, Ruhe. Man misst die Zeit kaum. Es ist eine Atmosphäre von Gastlichkeit, wie ich sie in unseren christlichen Kirchen, auch in unseren großen Kathedralen, noch nirgends gefunden habe. Wie ungezählte andere Moscheen des Nahen Ostens spielt dieser Raum in einer betriebsamen Stadt die Rolle eines großen Wohnzimmers. Wann wird unseren Kirchen etwas von dieser Gastlichkeit eignen? Was empfangen denn die Millionen Touristen, die allsommerlich unsere alten Dome besichtigen? Kommen sie zur Ruhe? Können sie begreifen, dass hier jemand auf sie wartet? Gehen sie mit mehr Frieden wieder auf die Straße hinaus?

Dabei hat der christliche Glaube ein Zeichen der Gastlichkeit von unschätzbarem Wert. Er feiert das Essen von Brot und Wein. Das zentrale Sakrament ist ein Essen. Und dieses Essen erzählt nicht nur von einer Liebestat Gottes. Es erzählt nicht nur von einem abendlichen Essen, bei dem Jesus Christus Gastgeber war und bei dem er gesagt hat, wir sollten das zu seinem Gedächtnis fernerhin so halten. Es erzählt nicht nur von jenen fröhlichen Gastmählern in Galiläa, zu denen Menschen aller Sorten und aller moralischen Qualitätsstufen zugelassen, ja eingeladen waren, und die vorausgedeutet haben auf das Festmahl, das Gott mit uns feiern werde am Ende der Tage. Es erzählt von einer Wandlung. Die katholische Kirche spricht davon, Brot wandle sich in den Leib Christi, der Wein in sein Blut. Das magst du deuten, wie du kannst und willst. Aber die andere Wandlung, von der dieses Mahl spricht, ist die, die an dir selbst geschieht, an deinem Herzen, an deiner Seele, an deinem Geist.

Als ein abgehetzter Mensch kommst du an den Tisch, und als ein Kind Gottes verlässt du ihn. Als ein beladener kommst du, als ein versöhnter, entlasteter verlässt du ihn. Als ein heimatloser Mensch kommst du und findest ein Recht und eine Hoffnung auf Heimat. Und schau auf die anderen: Ein Einzelner kommt, ein Bruder, eine Schwester der anderen geht. Ein Verlassener kommt, ein Begleiteter geht. Ein Leidender kommt, ein Getrösteter geht wieder hinaus auf die Straße. Wie immer man diese Wandlung beschreiben will, sie ist der Sinn des heiligen Mahls. Wohl einer Kirche oder Gemeinde oder einer Gemeinschaft von Christen sonst, die wissen, dass sie Gastgeber an einem Tisch sind, an dem es um das Heil und den Frieden von Menschen geht, und die wissen, dass an diesem Tisch eine Wandlung mit ihnen und mit ihren Gästen geschehen soll.

Und wo ein Tisch ist, hat dieses Volk sein Haus, ob es eine Höhle ist, eine Hütte, ein Schloss, eine Fabrik, eine Kathedrale. Es hat den Schutz und die Festigkeit eines Hauses um sich. Und wenn dieses Mahl wie in Krieg und Gefangenschaft im Schlamm unter freiem Himmel und nicht mit Wein, sondern mit Wasser gefeiert wird, hat es doch das Haus um sich, in das der »verlorene Sohn« am Ende heimkehrte, das Haus, das Gott selbst ist.

Ich träume jedenfalls von einer Kirche, die keine Türen hat und schon gar keine Schlösser an ihren Türen. In die wir hineingehen können oder hinaus, in voller Freiheit, weil das Innen und das Außen eins sind.

Ich träume von einer Kirche, deren Wände sich auflösen und sich verlieren, so, dass das Licht von allen Seiten eindringt; von einer Kirche, die sich selbst und ihre Grenzen und Wände nicht wichtig findet, die ihr Dach und ihre Wände und Pfeiler dem Glanz des Himmels zum Opfer bringt.

Ich träume von einer Kirche, die durchscheinend wie Glas ist. Oder noch mehr: von einer Kirche, die so offen und so frei ist wie die Welt selbst. Denn die Kirche ist doch wohl nicht eine Institution innerhalb der Welt. Sie ist vielmehr die Welt selbst, soweit in ihr das Wort von Christus ergeht.

Was wir heute in unserer Kirche und weit über sie hinaus brauchen, das ist die Heiligung der Phantasie, die Öffnung des menschlichen Verstandes nach oben, die Öffnung des Verstandes gegenüber all den schaffenden und gestaltenden Kräften, die wir in unserer Seele haben verkümmern lassen. Wie sollen wir noch Hoffnung für diese Welt bewahren können, wenn es das nicht geben soll: eine inspirierte Phantasie, eine von Gott selbst geweckte Vorstellungskraft, einen von Gott selbst dem aufmerksamen Menschen gezeigten Weg?

Zwanzig Jahre lang habe ich mit den Kindern einer Jugendfarm gelebt. Dort kam eines Tages ein Kind gelaufen, achtjährig: »Jetzt baue ich mir hier eine Hütte. Und drüben im Garten stecke ich einen Apfelkern in mein Beet. Dann kann ich mir immer einen Apfel holen, wenn ich arbeite.«

Das Kind hat, ohne es zu ahnen, ein unüberbietbares Gleichnis geschaffen. Es wollte bauen. Es wollte arbeiten. Und damit es die Kräfte für seine Arbeit erneuern konnte, wenn es müde wurde, steckte es einen Kern in die Erde. Es bezog seine Kraft aus einer Hoffnung, die es in die Erde steckte. Es bezog seine Energie von einem Baum, den es noch nicht sah, von einer Frucht, die in einer fernen Zukunft einmal reifen würde. Es begab sich an seine Arbeit, nahm Latten, Schwarten und Pflöcke und baute sein Haus.

43

Eine dich mit allem Lebendigen

Nun ist nichts so charakteristisch für uns moderne Menschen wie dies, dass wir uns eigentlich immer im Gegenüber zu etwas empfinden. Im Gegenüber zu Menschen, im Gegenüber zu Problemen, zu den Dingen, zur ganzen Welt der Schöpfung. Wir kommen aus diesem Gegenüber nie heraus.

Immer ist uns etwas gegenüber, das wir bearbeiten müssen, verändern, verbessern, beurteilen, einordnen. Wenn sich an uns etwas wandeln muss, dann ist es dieses distanzierte und distanzierende Bewusstsein.

Denn in Wahrheit bist du nicht nur du selbst, sondern du bist auch, was du siehst. Du bist, was dir begegnet. In jedem Ton und jedem Klang findest du dein eigenes Ohr. Was du bewunderst, bist du. Was du bekämpfst, was du verachtest, was du zerstörst, bist alles du selbst. Was sich in dir begibt, begibt sich in allen Dingen mit, die um dich herumstehen. Was sich in dir ändert, das ändert sich in dem ganzen Netz, in das du eingeflochten bist. »Tat twam asi«, sagt man im Osten, »das bist du«, wenn man von den Dingen und Wesen spricht, die uns umgeben. Man mag dabei ahnen, wie wenig unser eigener Glaube an die Schöpfung, an ihren großen Zusammenhang und an unseren Ort in ihr, bisher begriffen hat.

Umgang mit der Erde, das ist Spurensuche im Geheimnisbereich des Lebendigen. Denn alles hat Leben, auch der Stein, auch der Sand. Alles ist Klang, ist schwingende Energie. »Eins zu sein mit allem, was lebt« – dieser heimliche Wunsch aus der Seele Friedrich Hölderlins hat mich getroffen, als ich achtzehn war, und er verlässt mich bis zum heutigen Tag nicht.

Denn alles ist eins. Wohin immer ich mich wende, ich finde Entsprechungen zwischen mir und den Dingen, Entsprechungen zwischen den Gesetzen, die in mir gelten und in ihnen. Ein erstaunliches Zusammenspiel von Proportionen, Wachstumsvorgängen, Vorgängen der Auflösung und Neugestaltung. Was im Himmel gilt, gilt auf der Erde. Was für den Geist gilt, gilt für die Seele und den Leib. Was sich dem Herzen nahe legt, gilt für die Gemeinschaft der Menschen. Was für die Lebenden gilt, gilt für die Toten. Verändert natürlich, so jeweils, wie es der anderen Dimension angemessen ist.

Für das Alte Testament ist die Weisheit Gottes die Kraft, aus deren spielender Phantasie das Leben und die Welt hervorgingen. Wenn ich also in dieser Welt lebe, so ist mir für eine Weile das Zusammenspiel mit der Weisheit Gottes gewährt, ein Atmen mit Gott. Denn die Weisheit Gottes sucht auf dieser Erde eine Wohnung, und wo ein Mensch diese Wohnung sein will, da wird die Erde wohnlich.

Unter den Pueblo-Indianern nehmen manche im Frühjahr die Absätze von ihren Schuhen und oft auch die Eisen von den Hufen ihrer Pferde. Sie sehen, dass die Mutter Erde im Frühling schwanger ist und behandeln sie so behutsam, wie man eine schwangere Frau behandelt. Das erzählte einmal ein Indianer einem weißen Besucher seines Dorfs mit dem Hinweis, so schützten sie die Fruchtbarkeit der Erde. Der Weiße fragte: »Glauben Sie wirklich, dass das Land weniger Frucht bringt, wenn ich meine Stiefel anbehalte?« Der Indianer erwiderte: »Ob dann mehr oder weniger wächst, weiß ich nicht. Aber es zeigt sich, was für ein Mensch Sie sind.«

44

Lass dich von allem anrühren

Dein Atem lebt nach einem strengen und einfachen Gesetz. Dem Einatmen folgt das Ausatmen. Dem Ausatmen folgt ein Augenblick des Ruhens. Dem Ruhen folgt das Einatmen. Wer nicht mehr einatmen will oder nicht mehr ausatmen, wird an seiner Weigerung sterben.

Du kannst an deiner Seele nicht gesund bleiben, wenn du nur nach innen denkst. Es wird etwas in ihr ins Stocken geraten, am Ende ins Leblose. Wenn der innere Mensch in dir einmal die Augen aufgeschlagen hat, werden auch deine äußeren Augen mehr wahrnehmen. Wenn du lange genug deiner eigenen Seele zugesehen hast, ihrem Wachstum, ihren Wandlungen, dann ist es nicht nur gut, sondern lebensnotwendig, dass du offener in die Welt hinaussiehst und dich um sie tiefer annimmst. Du wirst mehr Kraft haben zu klären, zu ordnen, zu heilen, zu trösten, zu lieben. Das aber ist der Sinn aller Wendung nach innen, dass du als selbständiger und freier Mensch dich nach außen wendest, um dich deiner Welt anzunehmen.

Suche also alle die Richtungen auf, in denen du mit deiner Welt verbunden und verwachsen bist. Nimm eine Zeitung zur Hand und lies ihre Nachrichten und ihre Anzeigen und denke den Kämpfen nach, die da stattfinden, dem Unrecht, den Schicksalen, dem Tun und Treiben der kleinen Welt in deiner Nähe und der großen bis ans Ende der Erde. Denke in allen Einzelheiten mit, wie Menschen sich Gedanken machen, wie sie sich ängsten, wie sie ihre Tricks verkaufen, wie sie reden, wie sie verschweigen, wie sie schreien. Beteilige dich in jeder Form, die möglich ist, an allem, was des sorgsamen Achtgebens durch einen aufmerksamen Menschen bedürftig ist. Du wirst dein Arbeitsfeld finden, wo es um Gerechtigkeit geht, um Verantwortung, um Frieden, um Schutz des Gefährdeten, um die Sorge für die kommende Generation oder auch nur für einen einzelnen Nichtsesshaften, einen einzelnen Asylanten, einen einzelnen Rentner oder einen Jugendlichen.

Kann man ein solches Denken und Tun »nach außen« ein Gebet nennen? O ja. Man kann das tun im Sinne etwa des »politischen Nachtgebets«, wie es Ende der sechziger Jahre von Dorothee Sölle ins Dasein und in seine Wirkung gerufen wurde. Ob man es ein Gebet nennen kann, hängt davon ab, wem ich dabei begegne. Denkst du den sozialen Notständen entlang und tust du es konkret genug, nämlich so, dass dir dabei immer bestimmte Menschen vor Augen stehen, und wendest du dich ihnen praktisch und hilfreich genug zu, so wird dir nicht verborgen bleiben, dass Jesus gesagt hat, in jedem leidenden Menschen sei er selbst anzutreffen. Das heißt, du wirst mit Jesus zu tun bekommen als der Chiffre für den in jedem Menschen und jeder Situation gegenwärtigen Gott. Du hast also in jeder Art von sozialer, politischer oder auch pädagogischer Arbeit stets und ständig mit dem Gott zu tun, der dir dort begegnet. Es wird dein Glaube sein, nicht nur dein moralisches Gewissen, der dich in alles einbindet. Du wirst Lösungen suchen, Antworten geben, Ziele ins Auge fassen und dich Angriffen jeder Art aussetzen bis hin zu Aktionen, bei denen du dich an der Grenze des bürgerlich oder rechtlich Erlaubten bewegst oder auch über ihre Grenze hinaus. Denn niemals ist ein unter Menschen geltendes Recht die Grenze für den Glauben. Und wenn du dir im Namen des Rechts eine Strafe einhandelst, dann nimm sie im Frieden und mit deiner Zustimmung an. Du wirst beten ohne die Worte und die Gesten des Gebets. Dein Handeln wird ein Gebet sein.

45

Eine dich mit dem, was dir feindlich ist

Und noch ein Letztes. Eine letzte Aufgabe, die eine Einung bedeutet. »Liebe deinen Feind«, sagt Jesus. Liebe den, der dich angreift. Der dich bedroht. Der dich auszulöschen sucht. Und Jesus sagt: »Geh mit deinem Gegner wohlmeinend um, solange du mit ihm auf dem Weg bist. Es gibt einen Zeitpunkt, an dem alles zu spät ist.« Sieh den Menschen in ihm und liebe dich frei aus deiner Angst und Abwehr. Du erreichst sein Herz nie anders als durch Güte. Und nur, wenn du sein Herz erreichst, kann es sich ändern. Wolle keinen Sieg, keine Überlegenheit, keinen Gewinn. Die Reife eines Menschen, sein spiritueller Rang beweist sich unter anderem damit, dass er bereit ist, auf Siege zu verzichten.

Liebe also deinen »Feind«. Denn niemand versteht einen anderen Menschen, wenn er ihm nicht ein wenig Liebe entgegenbringt. Wenn du ihn hasst, darfst du sicher sein, dass du ihn nicht verstehst. Es lohnt sich also, einem Feind so viel freundliche Aufmerksamkeit zu schenken, dass eine Chance bleibt, ihn zu verstehen. Wie willst du dich vor ihm sichern, wenn du ihn nicht verstehst?

Wenn du deinen Feind liebst, schält sich für dich aus ihm der wirkliche Mensch heraus. Der ist vielleicht in der Tat gefährlich. Aber du kannst ihn nun sehen, wie er wirklich ist. Vielleicht wird sogar ein Gespräch möglich. Vielleicht stellt sich heraus, dass, was er denkt, so ganz und gar verkehrt und böse gar nicht ist. Du kannst trennen zwischen dem, was er an Richtigem denkt, und den Gewalttaten, die er begeht. Du kannst ihn, den Menschen, also aus deinem Feind herauslieben, ihm helfen, der zu sein, der er ist, und das zu tun, was er wirklich an Richtigem oder gar Gutem will. Vielleicht baut er sogar auf diesem Weg seine Gefährlichkeit ab.

Natürlich wird das Leben dabei nicht einfacher. Wenn an die Stelle der harten Schwarzweißzeichnung die Zwischentöne treten, wenn in das Schwarz differenzierte Lichter hereinspielen, und in das Weiß die Schatten fallen, dann wird das Leben schwerer. Es geht dann nicht mehr nach Ideologien und nicht mehr nach Schlagworten. Aber vielleicht zeigt sich ein Weg zum Frieden.

Denn es gibt keine Möglichkeit, mit fremden Staaten und fremden Menschen die eine Welt im Frieden zu bewohnen, außer der, fremde Menschen oder Völker aus der Maske des Feindes herauszulieben. Liebe zum Feind ist Erlösung des anderen Menschen aus der Rolle des Feindes. Sie ist die überwindende Antwort des Wehrlosen auf die gepanzerte Gewalt.

Strebe also keinen Sieg an. Jeder Sieg ist im Grunde eine Niederlage. Und jede Niederlage kann sich zum Segen auswirken. Jesus selbst konnte seine Liebe am Ende nur noch so zeigen, dass er sich als Feind der Wahrheit hinrichten ließ. Wirklich fähig, Frieden herbeizulieben, ist am Ende der, der seinen eigenen Tod nicht fürchtet. Rettend kann heute, da der so genannte Realist das Ende der Erde und der Menschengeschichte in so gefährliche Nähe gebracht hat, am ehesten der wirken, der zur Güte darum fähig ist, weil er über das Ziel und Ende seines Lebens hinausschaut. Die Angst hat die Macht über seine Seele dadurch verloren, dass er sich zum Instrument des Gottesreiches unter den Menschen gebrauchen lässt.

46

Das Gemeinsame ist das Glück

Alle diese Wege der Einung sind im Grunde Wege zum Glück. Glück kannst du beschreiben als Leichtigkeit, Weite, Freude, Liebe, Erfüllung. Mancher sagt, das Glück sei allein zu erreichen durch die Liebe. Glücklich sei, wer geliebt ist. Das ist sicher nicht falsch, aber es ist nur ein Teil der Wahrheit. Wenn du geliebt sein willst, musst du ein Liebender sein, und du musst wissen, wie sich überall im Leben ein Gesetz der Spiegelungen wiederholt: Du kannst nicht das Glück suchen und dabei das Glück des anderen verletzen. Die Liebe wird dir immer nur so viel an Leben und Glück geben, als du liebst. Lieben aber setzt deine Wandlungsfähigkeit voraus. Und Wandlungsfähigkeit wiederum gedeiht, wo der Boden, auf dem du stehst, verlässlich ist.

Glück gelingt dir, wo du für etwas lebst, das dir wichtiger ist als du selbst. Liebe findet Raum, wo dir ein anderer wichtiger ist als du selbst. Du musst also eine innere Wandlung durchgemacht haben, von einem um sein eigenes Leben besorgten zu einem hingebenden Menschen. Du gehst damit ein Wagnis ein. Aber es ist das aussichtsreichste unter allen Wagnissen, die du in deinem Leben eingehen kannst. Und eines der unumgänglichsten, wenn du Erfüllung finden willst. Was dir wichtiger ist als du selbst, das kann auch etwas anderes sein als ein Mensch. Eine Aufgabe, ein großes Ziel. Gelingen, Erfüllung, Freundschaft, Nähe und Liebe aber sind die schönsten, riskantesten, schwierigsten und zartesten Geschenke, die das Leben für dich hat; und wieder ist die Frage die, ob du ein solches Geschenk, wenn es dich denn gefunden hat, mit der Hingabe deines ganzen Menschen zu beantworten vermagst.

Es ist gewagt und anfechtbar, aber ich will es trotzdem sagen: Die Voraussetzung für den Frieden ist der glückliche Mensch, dessen Glück sich ausbreitet. Bevor Jesus von Gewaltlosigkeit, von Vergebung und Feindesliebe spricht, spricht er von den Glücklichen. Glücklich sind, so beginnt die Bergpredigt, die Armen, die Geduldigen, die Freundlichen, die Friedensstifter, die Gerechtigkeit Suchenden, die Leidenden. Glücklich? Sie sind glücklich offenbar deshalb, weil ihnen etwas anderes als sie selbst vor Augen gestellt wird. Etwas anderes als ihre eigene Sicherheit, ihr Besitz, ihr Recht, ihre Zukunft. Glücklich sind sie, weil etwas durch sie hindurchleuchtet, das aus einer anderen Welt kommt.

Das gemeinsame Glück drückt sich aus im Fest. Das Fest ist ja nicht das Außerordentliche, sondern das Eigentliche im Leben. Was suchen denn die Menschen in einem Fest? Zunächst suchen sie zwischen täglichem Streit ein wenig Frieden, nach aussichtslosem Bemühen Ruhe. Aber vor allem nach erloschenen Träumen, dem Scheitern ihrer Hoffnungen, der Enttäuschung ihrer Liebe, dem Ende ihrer Chancen suchen sie – was suchen sie denn? Man könnte sagen: Sie suchen ein wenig Glanz. Ein wenig Licht. Ein wenig Trost oder Freude. Ein wenig von dem Glanz, wie er bei ihren Großen, den Heiligen oder den Weisen aufschien. Und sie wünschen sich, es möge ein wenig vom Glanz eines solchen Fests auf den Alltag fallen, er möge sich in ihren Gesichtern spiegeln, er möge sie wenigstens als Hoffnung weiter begleiten.

Das Fest ist das große Spiel. Und das Spiel ist es, das uns Not tut. Das dramatische. Das kämpferische. Das stille. Das dankbare. Das heilige. Denn im Spiel kann sich etwas ereignen wie eine Aussöhnung mit unserem eigenen Wesen und mit den Menschen, eine Aussöhnung mit dem Entbehren und mit dem Schicksal, mit Gelingen und Scheitern. Wenn es festlich geschieht, kann in ihm die Hoffnung wachsen, es möge etwas wie Sinn und Ordnung, Regel und Gesetz im Leben und in der Welt sein. Und wo sollte man Feste feiern können, wenn nicht unter Christen? Wo sollte man noch zeigen können, auf welche Weise und nach welchen Regeln das Leben gelingen kann? Wo sollte der Glanz des heiligen Gottes noch erlebt werden können, dessen Heiligkeit in der Bibel mit »Herrlichkeit«, mit »Feuer«, mit »Lichtglanz« beschrieben wird? Wo sollte der Glanz der Auferstehung die Angst vor dem Tod überstrahlen, wenn nicht hier? Wo sollte ein Fest als gemeinsames Denken, Spielen, Tanzen, Essen, Trinken, Beisammensein, das Fest als Fülle und Frieden gefeiert werden können, wenn nicht unter Christen?

Was wir für unsere Gottesdienste wieder finden müssen, das sind die Spielführer, die Tanzmeister. Die, die Spiele erfinden, inszenieren und die die anderen in ihre Spiele einbeziehen. Sind der apollinische Geist oder die dionysische Kraft unter uns erloschen? Wo werden bei uns die Kräfte gestärkt, die in uns selbst und die zwischen Himmel und Erde am Werk sind? Wir müssen wieder lernen, was zwischen Gott und uns geschehen ist und geschieht, im Spiel zu feiern, wenn irgendetwas von der christlichen Festüberlieferung in unsrer heutigen Zeit übrig bleiben soll.

Es ist mir unvergesslich: Ich stand auf einem Kirchentag in einer Halle vor etwa fünfzehntausend meist jungen Leuten, um mit ihnen zusammen das heilige Mahl zu feiern. Der Abend begann mit ein wenig Musik. Dann saßen wir zusammen auf dem bloßen Fußboden, nachdenkend, meditierend und hörten Worte über das letzte Mahl Jesu mit seinen Jüngern. Dann wurde gebetet, miteinander und in der Stille, es wurde gesungen und schließlich sprangen sie alle auf, fassten sich an den Händen und tanzten. Ich sehe noch immer das junge Mädchen, das wie traumverloren sich um sich selbst drehte, die Arme über den Kopf erhoben, bis es von einer Gruppe eingefangen und einbezogen wurde, die im Kreis tanzte, kraftvoll und bis zur Ekstase entrückt. Dann trat wieder Stille ein. In Kreisen zu zehn oder zwanzig setzten sie sich auf die Erde, begannen Brot auszugeben und anstelle des Weins Körbe mit Trauben weiterzureichen. Niemand wurde übersehen. Junge Leute gingen von Kreis zu Kreis und schauten, ob alle versorgt waren. Und wieder Stille und festlicher Schluss. Nach fünf Stunden gingen wir hinaus in die Nacht und hatten etwas von dem erfahren, was wir eigentlich mit dem Wort »Fest« meinen.

IX

Inwendigkeit gewinnen

47

Das Reich Gottes ist in dir

Der christliche Glaube kann sich nicht genugtun, wenn er schildern will, was alles »in uns«, in den Menschen, sei und geschehe. Nicht nur irgendwo draußen in der Welt, sondern in uns selbst – ebenso wie überall und in allem.

Johannes schreibt:

> Wenn wir einander lieben,
> so bleibt Gott in uns (1. Johannes 4,12).

Paulus:

> Christus lebt in mir (Galater 2,20).

Jesus sagt:

> Das Reich Gottes ist innen in euch (Lukas 17,21).

Und beim Abschied:

> Der Tröster, der Geist Gottes,
> wird in euch sein (Johannes 14,17).

Schön und gut, sagst du. Aber wo ist das – innen? Ist das in meinem Körper? Oder in meinem Geist? In den Bildern meiner Seele? In meinen Träumen? In meinem Bewusstsein oder meinem Unbewussten? In meinem Gedächtnis? Was heißt überhaupt »innen«? Und wie kommt man dorthin, wo Gott oder Christus oder Geist in uns ist? Wie findet man etwas, das »innen« ist?

Es darf uns nicht wundern, dass an dieser Stelle immer wieder viel Ratlosigkeit herrscht. Wenn das Reich Gott »inwendig«, wie Luther übersetzt, in uns wäre, müsste man dann Jesus nicht als Mystiker ansehen, vielleicht gar als Esoteriker? Dann würde aber der christliche Glaube so schwierig, dass er sich für eine Volksreligion kaum mehr eignete. So hat sich die theologische Auslegung des Evangeliums in den vergangenen Jahren eine erstaunliche Mühe gegeben, dem Wort »innen« eine andere Bedeutung zu geben. Man erklärte, Jesus habe gemeint, das Reich Gottes sei »in unserer Mitte«, also dort, wo wir zusammenkommen. Oder gar, er habe damit sagen wollen, das Reich Gottes komme überraschend, plötzlich, unversehens. Aber wir dürfen solche Künste gerne weglegen. Ob es uns gefällt oder nicht: Jesus spricht von etwas, das »innen« in uns ist. Für ihn hat das »Reich Gottes« viele Aspekte. Für ihn ist das Reich Gottes eine von außen kommende Macht, vor allem eine aus der Zukunft hereinbrechende. Es hat die Bedeutung einer bestimmten Autorität für die Gemeinschaft der Menschen, also einer Norm für unser Verhalten. Es hat die Bedeutung einer Macht, durch die auf der Erde Gerechtigkeit entsteht, Gerechtigkeit vor allem für die Armen und Ausgebeuteten, aber es erscheint zugleich immer auch im einzelnen Menschen. Es ist so universell wie die Welt, wie die Menschengeschichte, wie die sozialen Verhältnisse oder die Seele des einzelnen Menschen, und es ist – nach Jesus – in allen diesen Hinsichten wirklich und machtvoll gegenwärtig. Alles wandelt sich, wo es im Licht des Gottesreiches neu und anders gesehen wird.

»Reich Gottes« meint auf allen diesen Ebenen den Wirkungsbereich Gottes. Wo ein Mensch in ihn einbezogen wird, da anerkennt er die überlegene Autorität und Gegenwart Gottes, da fügt er sich ihr. »Reich Gottes« meint aber auch seine befreiende, helfende, tröstende Nähe und Freundlichkeit. Es erscheint auch im Bild eines Festes, zu dem wir Menschen geladen sind und bei dem Gott selbst uns bewirtet. Zuletzt aber ist das Wort »Reich Gottes« auch einfach ein Wort für Gott selbst, den unmittelbar und persönlich bei seinem Namen zu nennen der Jude sich immer gescheut hat. Statt mit seinem Namen »Jahwe« sprach der Jude Gott mit »Herr« an. Und diesen Gott, der ein Herr ist, meint Jesus mit dem Wort »Herrschaft Gottes« oder »Reich«. Wenn er also sagt: »Das Reich Gottes ist innen in euch«, dann sagt er damit im Grunde:

»Gott selbst ist innen in euch.« Wie er überall ist, so ist er auch in euch.

Valentin Weigel, der evangelische Mystiker des 16. Jahrhunderts, sagt: »So hoch ist der Mensch von seinem Schöpfer begabt, dass er in sich einen Schatz trägt, größer als die Welt, nämlich das Reich Gottes. Das sollst du nicht außerhalb deiner selbst, sondern in dir suchen.« Und Martin Luther meint dasselbe, wenn er sagt: »Du sollst die Seligkeit nicht weit außerhalb deiner selbst suchen. Nein, lieber Mensch, sie ist dir inwendig.«

Es ist im Grunde selbstverständlich, dass Gott in mir ist, in meinem Skelett, in jedem meiner Organe. Keine Zelle meines Körpers würde ihre Arbeit tun können, wenn Gott nicht in ihr wirkte. So ist auch selbstverständlich, dass Gott in meinem Gehirn ist, in meinem Bewusstsein, in meiner Seele, in meinen Gefühlen und Gedanken. Oder liegt das alles außerhalb Gottes? Aber wenn nun also Gott in meinem Unbewussten, in meinen Willensregungen, in den Spielen meiner Phantasie und meiner Träume gegenwärtig ist, wenn er also wirklich hört und sieht, was dort gedacht oder gewünscht oder befürchtet wird, wenn er also wirklich »inwendig« in mir ist, wie kann ich ihn dort finden? Wie kann ich ihm begegnen? Wie kann ich zu ihm reden? Wie kann ich hören, was er mir sagt? Wie kann ich unterscheiden zwischen dem, was ich selbst bin, und dem, was er in mir tut und wirkt?

Du stehst hier vor dem entscheidenden Punkt, an dem jeder ankommt, der sich um den mystischen Innenweg bemüht. Dabei ist das Wort »inwendig« von großer Schönheit und Klarheit. Es kann heißen: Du musst dich nach innen »wenden«, von viel Äußerlichem weg, wenn du irgendetwas wahrnehmen willst, das in deiner Seele geschieht. Es kann auch »in-wändig« meinen und etwa sagen: Schau die Innenwände deiner Seele an. An ihr hängen die Bilder, in denen dir Gott erscheint, die Bilder, in denen du schauen kannst, wer er ist und was er dir zu erkennen gibt.

Du stehst also vor der Tür, die in deine eigene Seele hineinführt, und die Frage ist, ob du sie öffnen kannst und willst und was du, wenn du eintrittst, innen erwarten darfst.

48

Wie kommst du nach innen?

Nun kann ich dir nicht sagen, wie du es anstellen musst, dass du in dich selbst hineinfindest. Ich kann nur sagen, wie ich selbst es gelegentlich versuche. Ich kann keine für jedermann gültige Lehre darüber aufstellen. Ich bin weder Meister Eckhard noch Johannes vom Kreuz noch Teresa von Avila. Ich kann dir nur ein paar Vorschläge machen, die du befolgen oder auch nicht befolgen kannst. Ein paar Übungen, die gelten – freilich nur für mich. Ich habe sie nirgends aufgelesen, sondern bin allmählich dazu gekommen, sie mir selbst zuzumuten. Und ich kann nicht sagen, ob sie sich für dich eignen.

An diesem Punkt werden die Meisterinnen und Meister der spirituellen Tradition in der Regel schweigsam. Das drückt ja auch das Wort »Mystik« aus. Es hat seinen Ursprung in dem Wort myein, verschließen. In der Orphik der Griechen wollte damit gesagt sein, der Mund habe geschlossen zu bleiben, denn es gehe um eine Geheimlehre. Es handle sich also um etwas, das nicht auf der Straße, sondern nur im gemeinsamen Raum dieser Gemeinschaft besprochen werden könne. Danach, in der späteren, auch der christlichen Mystik ist gemeint, es gebe nichts zu sehen, darum müssten die Augen geschlossen bleiben. Es gebe überhaupt nichts mit den Sinnen wahrzunehmen, es gelte also, alle Sinne zu schließen und in die Stille, in die Dunkelheit einzutreten. Weil aber niemand damit gedient ist, wenn wir nicht sagen, was wir erfahren haben, will ich, wenigstens in Andeutungen, davon reden. Und ich will, was ich sage, bewusst schutzlos sagen und mich dabei gegen niemand und gegen keinen Einwand absichern.

Aber das will ich vorausschicken: Es ist möglicherweise für dich gefährlich, solche Versuche zu unternehmen. Es kann sein, dass du dem, was dir begegnet, nicht gewachsen bist. Es kann sein, dass es in dir mehr Dunkelheit schafft, als du aushältst. Wenn du das merkst, dann lass die Finger davon.

Ich will also ein paar Versuche nennen, mit denen ich dann und wann den Weg nach innen antrete. Nie ein für alle Mal. Das gibt es nicht. Ich beginne dabei nicht mit einer Suche nach dem Gott, der in mir ist, sondern mit ein paar sichtbaren Dingen.

Ein erster Versuch: ein Stein

Mein Arbeitszimmer liegt im Untergeschoss des Hauses, in dem ich wohne. Vor dem Fenster zieht sich an der Hauswand entlang ein Graben, der dem Zimmer Licht gibt, gesäumt mit Gartenblumen und auf seinem Grund bedeckt mit Steinen, die meisten faustgroß. Der innere Sims des Fensters ist brusthoch, so dass ich die Arme darauf legen kann, stehen, ruhen und hinausschauen. Ich stehe also vor dem offenen Fenster, nehme einen der runden Steine, die vor mir liegen – die meisten sind aus buntem Sandstein – in die Hand, fühle sein Gewicht, sehe seine Form, seine Farbe. Er ist schwer und schön. Die Oberfläche rau. Nach einer Weile, wenn ich mit ihm vertraut geworden bin, nehme ich ihn näher zu mir und stelle mir vor, er gehe in mich ein, in die Nähe meines Herzens, aber dann sinke er tiefer, bis unter das Zwerchfell, bis etwa unter den Bauchnabel, wo er zur Ruhe kommt und nun liegt. Wenn das geschehen ist, lege ich den wirklichen Stein, den ich in der Hand habe, zu den anderen vor dem Fenster zurück. Wirklich ist jetzt nur noch der, den ich in mir habe, der von draußen kam und nun in mir ist. Und so bleibe ich stehen. Es mag sein, dass sich nichts weiter ereignet. Der Stein liegt in mir und löst sich nach einer kleinen Zeit auf. Es kann aber auch geschehen, dass er sich verändert. In welchem Sinn er das tut, habe ich nicht in der Hand. Es mag so geschehen, dass er dunkler und dunkler wird, schwer und schwerer, bis er als Last, als Gewicht in mir liegt, vielleicht sogar als Gefahr. Dass er sich am Ende auflöst und eine dunkle Leere hinterlässt, eine saugende Leere, ähnlich den schwarzen Löchern im Weltall. Aber diese schwarzen Löcher draußen oder in mir sind keineswegs leer, sondern voll unheimlicher Kräfte. Und so muss ich mich aus meiner Versenkung lösen, will ich nicht in das dunkle Vakuum, das saugende Nichts, gesogen werden, das in mir ist. Es geschieht aber auch, selten – und auch das habe ich nicht in der Hand –, dass er hell und heller wird, bis hin zu einem strahlenden Licht, das mich von innen her ganz ausfüllt, als liege ein wunderbarer Stern in mir.

Dabei empfinde ich, dieses Licht komme nicht eigentlich von dem Stein in mir, obwohl mir natürlich bekannt ist, dass alles, was schwingt, Licht ist und also auch in jedem Stein vor meinem Fenster eine Art von Licht ist. Es sei vielmehr von irgendwoher in mich eingegangen. Und so löst er ein Glücksgefühl aus, etwas wie ein Einverständnis, ein Einvernehmen mit mir selbst, mit diesem Dasein und mit dem Licht, das ich sehe. Nach einer kleinen Weile wird das Licht schwächer, dunkler und verlischt schließlich. Zurück bleibt glückliche Dankbarkeit.

An diesem Versuch ist entscheidend, dass nicht ich allein in mich hineingehe, denn so konkret kann ich mich mir nicht vorstellen. Entscheidend ist, dass etwas anderes in mich eingeht, das dann mit mir selbst identisch wird. Denn das ist der Sinn jeder gegenständlichen Meditation.

Ein zweiter Versuch, der nicht ganz so gefährlich ist: eine Blüte.

Manchmal mache ich auch einen Versuch ähnlicher Art, wenn ich im Garten stehe. Ich sehe einen blühenden Magnolienbusch. Ich gehe so nah zu ihm, dass ich eine seiner großen rosa-weißen Blüten, ohne sie abzubrechen, in beide Hände nehme. Ich betrachte sie eine Weile, bis sie mir vertraut ist und ich sie ganz und in allen Einzelheiten gesehen habe, jedes ihrer Blätter, jedes ihrer Staubgefäße. Dann nehme ich sie in mich hinein. Wieder zunächst in die Nähe meines Herzens, dann tiefer hinab in den Körper. Ich »inkarniere« sie, und sie kommt auf dem Weg dieser Einleiblichung in mich hinein. Wenn sie dort ist, löse ich mich von der wirklichen Blüte draußen, gebe sie frei und betrachte, was in mir selbst geschieht. Da kann es sein, dass überhaupt nichts geschieht. Nach einer Weile schwindet sie, und ich stehe wieder allein im Garten. Es kann aber auch geschehen, dass irgendeine Kälte entsteht, in der sie verdirbt. Oder irgendeine Dürre, in der sie vertrocknet, und mir wird klar: Diese Kälte, diese Dürre kommt aus mir selbst. Irgendetwas, das dem schönen und zarten Geschöpf feindlich ist, kommt aus mir selbst und zerstört es. Irgendetwas, das eine Art von böser Macht ist. Am Ende ist dort, wo die Blüte war, eine dunkle Masse, und ich kann dir sagen: Es gehört zu den schrecklichsten Erfahrungen, die du machen kannst, dass du diese zerstörende Gewalt in dir kennen lernst. Lernst du sie aber nie kennen, so bleibt vieles in dir naiv und unkonkret; so zum Beispiel alle Rede von dem, was die Bibel die Sünde nennt. Du bleibst dir selbst fremd und unbekannt. Es kann aber auch geschehen, dass die Blüte weiterblüht, dass sie sich immer weiter öffnet wie ein Lotus, dass sie leuchtet und du erkennst: Hier bricht etwas in mir auf, etwas Schönes, etwas Reines, Beglückendes.

Noch ein dritter Versuch dieser Art: ein Schmetterling

Ich sitze an einem Wiesenhang. Vor mir ein paar Blumen und zwischen ihnen hin und her taumelnd einige Schmetterlinge. Ich versuche, in Gedanken einen dieser Falter in beide Hände zu nehmen. Ich betrachte ihn, rede vielleicht sogar mit ihm. Ich sage ihm, wie schön er ist und wie erstaunlich die Zartheit und die Kraft seiner Flügel. Dann nehme ich ihn in mich hinein, lasse ihn abwärts flattern, bis er sich in der Mitte des Körpers niedergelassen hat und seine Flügel, wie er es auf einem Grashalm sitzend tut, zusammenlegt. Dann sehe ich ihm zu. Eine ganze Weile. Und wieder kann es geschehen, dass er sich krümmt, dass er noch einige Augenblicke lang versucht, die Flügel zu regen, dass er braun wird, dann schwarz und schließlich stirbt und in irgendeiner Bodenlosigkeit versinkt. Wo er gewesen war, ist wieder die dunkle Leere, nun nicht nur mit dem Gesicht der Finsternis wie bei dem Stein oder des Bösen wie bei der Blüte, sondern des Todes. Es gehört wieder zu den schrecklichen Erfahrungen zu sehen, wie der Tod in mir selbst ist. Wie er nicht von außen auf mich zukommt, sondern aus mir selbst aufsteht und schließlich das Leben, die Lebenskraft, den Lebenswillen, die Lebensfreude in mir aushöhlt und auffrisst. Der Tod bin ich selbst, das kann mir dabei aufgehen. Es kann aber auch geschehen, manchmal, dass der Schmetterling seine Flügel wieder ausbreitet, größer wird, farbiger, lebendiger, stärker. Dass eine Art von Leben in mir aufwacht, eine Art von Kraft, von Gewissheit, von Leichtigkeit auch, die alles ausfüllt, und von reinem Glück.

Es gibt viele Wege dieser Art. Auch weniger dramatische. Wenn ich zum Beispiel in einem Wald oder in einem Gehege ein paar Wildschweinen begegne, die so robust, so hässlich und so gefährlich wirken, nehme ich sie, nachdem ich eine Weile zu ihnen geredet habe, in mich hinein und erlebe, wie schön sie sind, wie lebensvoll, wie klug und wie bedürftig meiner Liebe und Sorgfalt. Sie werden zu liebenswerten Hausgenossen, zu Anteilen meiner selbst. Sie fressen alles Hässliche und Gefährliche in mir auf und schauen mich nach getaner Fütterung freundlich an. Auch das kann ein Weg zum Frieden und zum Einvernehmen mit dir selbst sein, wenn die Stunde günstig ist.

Wenn du aber nun Wege dieser oder einer ähnlichen Art einschlägst, dann erwarte nicht, dass sie Entspannung bringen oder Beruhigung oder auch Glück oder Erfüllung. Erwarte auch nicht, dass du damit schon Gott näher kommst oder auch nur dich selbst vervollkommnest oder verbesserst oder vergeistigst – das alles sind Gesichtspunkte, die mit dem Wesen dieser Erfahrung kaum etwas zu tun haben. Vielmehr begibst du dich in die Gefahr, dass dir etwas sehr Gegensätzliches, Widerstrebendes, dir Widerstehendes dabei widerfährt. Mancher ist dabei schon an sich selbst verzweifelt, am Leben oder an Gott. In dem Buch »Dornen können Rosen tragen« habe ich die »dunkle Nacht der Seele« geschildert, in die dich das alles führen kann. Wenn du willst, versuche es trotzdem. Und wenn der Sog dieser Dunkelheit zu stark wird, dann geh wieder aus dir hinaus.

49

Innen erwartet dich Gott

Du kannst aber auch noch einen Schritt weitergehen auf dem Weg der In-karnation, der Ein-leiblichung. Es ist der Schritt von der »Hereinnahme« zur »Einladung«.

Begegnung mit dem Bild eines Engels

Ich sitze manchmal vor dem Bild irgendeines Engels. Ich sehe zum Beispiel den großartigen Engel, der an der Südwestecke der Kathedrale von Chartres steht und eine Sonnenuhr in der Hand hält. Ich sehe ihn und weiß: Hinter solchen Bildern, auch hinter diesem, ist eine Wirklichkeit, zu der ich keinen Zugang habe. Eine Wirklichkeit andersartiger Wesen, denen ich den Namen Engel gebe und von deren Wirklichkeit in mir höchstens eine Ahnung Raum hat. Nun möchte ich gerne erreichen, dass er in mich eingeht. Ich kann ihn aber nicht in die Hand nehmen wie meinen Stein oder einfangen wie meinen Schmetterling. Ich kann mich ihm nur sehr leise nähern und zu ihm sprechen. Ihm sagen: Komm! Ihn einladen, in mich einzutreten. Und ich muss wissen, dass er es tun kann oder verweigern und dass ich beides akzeptieren muss. Und ich empfinde deutlich – Rilke hat in unüberholbarer Weise von den Engeln gesprochen und von ihnen gesagt: »Ein jeder Engel ist schrecklich« –, dass hier etwas ist, das mir überlegen ist in jeder Hinsicht. An das ich allenfalls rühren kann, aber nie einen Zugriff wagen. Und bitte: Stelle keines von den harmlosen oder kitschigen Engelbildern vor dich, von denen die Kunstgeschichte überquillt, sondern einen ernsthaften Engel, etwa einen aus der Reichenauer Schule der romanischen Buchmalerei. Und es wird dir sofort deutlich, wie groß es wäre, wenn er durch deine Tür käme in den inneren Raum deiner Seele. Und vielleicht lässt er sich erbitten und du gewinnst seine Nähe, vielleicht auch seine Größe, seine Kraft, seine Schönheit, wenigstens für den Augenblick seines Besuchs. Und du erkennst, wenn er wieder gegangen ist, wohin der Pfeil deines Menschseins fliegen soll und kann und wie unendlich weit.

Noch ein Schritt: ein Bild von Christus

Nimm dir ein Christusbild – und bitte, wieder ein ernsthaftes – und bleibe lange in seiner Betrachtung. Für mich sind dabei immer wieder die Christusbilder des Duccio di Buoninsegna, die im Dom von Siena stehen, die stärksten und wirklichsten. Zum Beispiel das Bild, wie der abschiednehmende Christus vor der Gruppe seiner Jünger sitzt und zu ihnen spricht, oder das, auf dem er dem Blinden gegenübersteht und ihm mit unendlich behutsamer Bewegung der Hand die Augen öffnet. Du hörst ihn reden. Die Worte, die du kennst: »Ich habe die Welt überwunden.« Oder: »Bleibt in meiner Liebe.« Du siehst ihn stehen, mit dem goldenen Nimbus ums Haupt, sich beugen zu dem Menschen, der kein Licht hat und sich nach dem Licht ausstreckt und der das Licht empfängt. Du siehst ihn in der halbdunklen Stube mit den Seinen. Du siehst ihn zwischen den Häusern und den Menschen, und du wagst es, ihn einzuladen in das halbdunkle Zimmer deiner eigenen Seele, in dem soviel herumsteht, und versuchst ihm Raum zu schaffen für den Fall, dass er kommen will. Denn auch ihn, und ihn noch viel deutlicher als den Engel, kannst du nicht in die Hand bekommen und in dich hereinnehmen, wenn er nicht kommen will. Aber du weißt – du weißt es aus dem Evangelium –, dass er sich selbst seiner Würde begeben hat und ein Mensch wurde. Und was hat es denn für einen Sinn, dass im Neuen Testament steht, Christus sei in dir, wenn du die Weise, wie du ihn zu dir bitten kannst, nicht kennst? Nicht übst, nicht verstehst? Also vertraue darauf, dass er kommt. Dass er in dich eintritt als der Meister, als der Friedensstifter, als der Liebende, als der Bruder.

Und noch ein letzter Schritt: Gott selbst

Von Gott hast du kein Bild, wie du eins von jenem Engel oder von Jesus Christus hast. Es gibt kein Bild von ihm. Und es führt zu nichts, wenn du dir eins ausdenkst. Du kannst also nichts schauen, das du in dich selbst hineinnehmen könntest. Du kannst ihn nicht einmal einladen, zu dir zu kommen. Er füllt dich ja schon ganz aus. Du kannst ihm nicht die Tür öffnen, weil du längst sein Haus bist. Du kannst also nichts Fernes und Fremdes erwarten, wenn du in dir Gott begegnen willst. Du gehst nur in dich hinein und bist mitten in ihm. Nicht, dass dies nun ein reines Glückserlebnis wäre. Es kann auch das sein. Aber Gott kann auch als eine tiefe Dunkelheit in dir sein. Als eine schwere Last, unter der schon mancher zerbrochen ist. Er kann in dir sein mit dem Gesicht des Todes. Mit dem Gesicht eines abgründig Gefährlichen, ja Bösen. Gott ist nicht harmlos, und einen »lieben Gott« gibt es nur in der Naivität von Kinderbüchern. Gott ist heilig, und diese Heiligkeit macht dich zu nichts. Gott ist nicht nur groß, er ist übermächtig, und du hättest oft gerne, du könnest dich seiner erwehren. Von dem großen islamischen Mystiker Mansur al Halladsch ist der Ruf überliefert: »Leute! Rettet mich vor Gott!« Aber an diesem Punkt wird es endgültig ernst mit dem christlichen Glauben. Alles andere ist Vorspiel oder auch nur Fassade. Wenn Gott in dir ist, dann geht es um Leben und Tod. Und es geht um den frei gewagten Glauben, dass dieser Gott dir nicht feindlich ist, sondern dir freundlich zugewandt, und dass du dich ihm anvertrauen kannst. Und dass dann etwas wie Dankbarkeit in dir erwacht und du zu verstehen beginnst, was es heißt, Gott »zu lieben«. Denn Gott lieben kannst du erst, wenn du ihn erfahren hast, und zwar seine lichte und seine dunkle Seite, und wenn du verstanden hast, dass es Sinn hat, sich ihm und seiner nahen Freundlichkeit anzuvertrauen. Und vielleicht, wie der Stein zu Licht wurde oder die Magnolienblüte aufging oder der Schmetterling zur Lebendigkeit deiner eigenen Seele wurde, wird Gott in dir sozusagen zu der Liebe, mit der du Gott liebst. Wenn dir das einmal oder vielleicht auch zehnmal in deinem Leben widerfahren ist, dann weißt du, dass es das Wichtigste ist, das dir geschehen konnte.

50

Zu Gott reden: das Gebet

Noch einmal setzen wir bei einem Anfang an. Ob du Wege nach innen wie die beschriebenen suchst oder nicht, ob sie dir wichtig sind, ob du sie findest oder nicht: Irgendwo musst du anfangen. Geht es um ein wirkliches Heimkehren zu Gott oder ein wirkliches Einkehren in ihn, so fang beim einfachen Gebet an. Bei dem, was man umschreiben kann mit »Bitte und Fürbitte, Dank und Anbetung«. Sage, was du auf dem Herzen hast, was dich bewegt, was dich beglückt, was du erhoffst oder befürchtest. Und wenn du das alles in konzentrierter Form zur Hand haben willst, dann halte dich an das Gebet, das Jesus uns gegeben hat, das Vaterunser.

Daneben gibt es aber eine ganze Welt von Gebeten, die du lesen und mitsprechen kannst, und unzählige gute Anleitungen, so dass ich mich an dieser Stelle kurz fassen kann. Es gibt so viele schöne und gute Weisen zu beten, wie es Völker, Zeiten und Kulturen oder genauer: wie es Menschen gibt. Seit den frühen Stufen der menschheitlichen Entwicklung rufen Menschen die Geister ihrer Ahnen, ihren Gott oder den einen Gott an. Sie wünschen sich Leben, Gesundheit, Nahrung, Erfolg, Sieg oder was immer und rufen es dem zu, was sie als das Göttliche empfinden, oder als den Urheber und Lenker ihrer Schicksale. Sie sind glücklich und danken. Sie empfinden die Überlegenheit einer göttlichen Macht und finden Formen, diese Macht zu verehren. Sie sorgen sich um die Fruchtbarkeit ihrer Felder und ihrer Herden und bitten um das nachwachsende Leben auch ihrer selbst und ihrer Kinder. Sie empfinden sich ihren Göttern verpflichtet und lösen sich aus dieser Verpflichtung durch Opfer und Kulthandlungen. Sie empfinden sich als schuldig in irgendeinem Sinn und versichern ihren Göttern im Gebet, sie seien unschuldig und verdienten keine Strafe, oder sie bitten um Vergebung. Ihr ganzes Leben breiten sie vor Gott oder ihren Göttern aus und suchen Leben, Gesundheit, Wohlergehen, Rettung oder auch das Verderben ihrer Feinde.

Sie stehen oder knien dabei oder sitzen auf der Erde. Sie werfen sich nieder und berühren mit der Stirn den Fußboden oder sie liegen ausgestreckt mit dem Gesicht zur Erde. Sie verbeugen sich oder neigen das Haupt. Sie umkreisen ein Kultobjekt oder ein Bild eines Gottes oder sie hüpfen während des Gebets. Sie erheben die Hände oder breiten die Arme aus, sie wenden die geöffneten Hände zu Gott hin. Sie erheben einen Arm, während in der anderen Hand eine Opfergabe liegt. Sie eröffnen ihr Gebet damit, dass sie in die Hände klatschen oder sich an die Brust schlagen. Sie falten die Hände oder legen sie aneinander, sie kreuzen sie vor der Brust, sie bringen sie auf den Rücken zum Zeichen, sie fühlten sich gefesselt, sie streicheln das Gottesbild oder küssen es. Sie ziehen die Schuhe aus oder verhüllen den Kopf. Unendlich sind die Zeichen und die Körperhaltungen, und jede will etwas ausdrücken vom Sinn einer Hinwendung zu einem übermächtigen Wesen irgendeiner Art.

Alle diese Weisen des Betens haben sich in irgendeiner Form auch in den Hochreligionen durchgehalten, und viele werden noch heute als sinnvoll, wenn auch nicht mehr als notwendig empfunden. Durchgehalten hat sich bis zum heutigen Tag auch die Grundform des kultischen Gebets, das teils von einem Priester oder Pfarrer, teils von einer Gemeinde oder Versammlung gesprochen wird, das in Gesängen, in festen Gebetsformeln, in Responsorien oder Hymnen ergeht und das bis heute eine wichtige, eine unentbehrliche Form religiöser Äußerung ist.

Ist es heute schwieriger geworden zu beten? Ich meine ja. Es ist schwieriger. Aber diese Tatsache zwingt ja nicht zu der Feststellung: Also hat das Gebet seinen Sinn und seine Wahrheit verloren. Warum sollten wir nicht um etliches mehr Mühe investieren, wenn der Sinn, wenn die Wahrheit unseres Daseins auf dem Spiel steht?

Wenn du der Meinung bist, du müsstest erst richtig an Gott glauben, ehe du anfangen könnest zu beten, dann sage einfach: »Gott, ich nehme an, es gibt dich. Wenn du also da bist, dann höre, was ich dir sage.« Und du hast schon gebetet. Und Gott, wenn es denn überhaupt Sinn hat, ihn zu glauben, hört. Und zwar nicht nur, was du redest, sondern auch, was es in dir denkt. Und zwar, wie ich meine, unabhängig davon, ob du ein Christ bist oder nicht.

Das Herzstück des christlichen Betens ist das Vaterunser. Wenn du nicht weißt, was du beten sollst, dann lass diese Worte an dir vorüberziehen. Auf einer Bank im Park, am Schreibtisch oder an der Nähmaschine. Es kommt Ordnung in deine Gedanken, Klarheit in deine Seele. Frieden. Nimm eine dieser Bitten heraus und betrachte, was alles in ihr liegt.

Du kannst am Ende sagen: »Du bist im Himmel. Ich bin auf der Erde. Du hast mich auf diese Erde gesetzt. Du behütest mich. Du begleitest mich. Zeige mir meine Wege. Ich danke dir, dass du da bist. Amen.« Mehr muss es nicht sein.

Du hast keine Zeit? Das glaube ich nicht. Lass für eine Minute alles liegen. Lass alle Unruhe. Nimm dich einen Augenblick lang nicht so wichtig. Man braucht dich für diese eine Minute wirklich nicht. Man wird dich aber nach dieser Minute entschieden besser gebrauchen können, weil du anders wiederkommst. Vielleicht hast du wirklich nur zwanzig Sekunden. Dann sage still und gesammelt zwei- oder dreimal: »Ja!«

Was geschieht denn, wenn Jesus betet? Jesus weiß um den rätselhaften, unendlich fernen, unendlich nahen Gott und gibt ihm den Namen »Vater«. Er hebt sein Gesicht zum Himmel und schaut nicht irgendetwas Göttliches, sondern ein Du. Er findet nicht irgendeinen Sinn oder irgendeinen Zusammenhang, sondern ein Herz, dem er sich anvertraut. Und er sagt dir nicht: Geh hierhin oder dorthin, dann wirst du Gott finden. Oder: Wenn du diese oder jene Übung fleißig treibst, dann kommst du ihm näher. Sondern, wo immer du gehst und stehst, sage einfach: »Vater!«, und du bist bei ihm. Sprich ihn an. Er hört dich. Er wird seine Antwort auf irgendeine Weise in dein Leben hineinsprechen.

Und wenn du betest, dann nimm alle die mit in dein Gebet hinein, die um dich her sind, auch die, die irgendwo am Ende der Erde wohnen oder am Ende der Straße, in der du wohnst. Du lebst nie allein. Du lebst nie aus dir selbst. Du kannst dich selbst nicht retten, nicht trösten, du kannst nicht dein eigener Liebhaber sein. Das Netz von Menschen und von Beziehungen, in denen dein Leben stattfindet, muss in deinem Gebet stets spürbar sein. Dieses Wegsehen von dir selbst ist nicht nur das Zeichen eines wirklichen Gebets, es ist auch der Ursprungsort jener Sorglosigkeit, die aus dem dankbaren Gebet erwachsen soll.

Das Gebet in diesem Sinn wird immer ein Reden sein. Ein lautloses oder ein ausgesprochenes. Es wird immer in Worten ergehen. Aber das ist auch seine Grenze. Das ist seine Schwierigkeit. Immer muss etwas gesagt werden. Immer müssen Sätze formuliert werden, und vielleicht werden die gesprochenen Gebete auch deshalb oft so leer und formelhaft, weil sie eben in Worten bestehen müssen. Ich habe aber im Lauf meines Lebens mehr und mehr gefunden, dass ich auch vor Gott und in Gott sein kann, ohne zu reden.

Wenn ich glaube, dass Gott mein Wort hört, dann ist mein Wort im Grunde unnötig. Dann hört Gott auch, was ich denke, ohne dass ich es ausspreche. Dann sieht Gott, was in mir ist, und nimmt mich an, wie ich, ohne Wort, vor ihm anwesend bin, mich vor ihm ausbreite, ohne mich oder irgendetwas in mir zu verbergen. Wenn Menschen um mich sind, die von mir Worte des Gebets brauchen, dann bete ich mit Worten; aber mein eigenes Gebet wurde schon in jungen Jahren und dann im Laufe meines Lebens immer leiser, bis es fast nur noch in meiner wortlosen Gegenwart vor Gott besteht, einem wortlosen Hören auf das, was Gott redet, und einem wortlosen Befolgen dessen, was ich von ihm höre.

Gebetet wird auch in fremden Kulturen und fremden Religionen, und es wird für uns eingegrenzte Europäer oft eine sehr entscheidende Bereicherung sein, aus dem Umkreis der Gebete von Menschen ganz anderen Glaubens das eine oder andere herzunehmen, es mitzusprechen und nachzuempfinden. Bei den islamischen Mystikern gibt es wunderbare Gebete; aber auch die Gebete von Afrikanern, die Christen geworden sind, haben eine so andere Anschaulichkeit, Unmittelbarkeit und sprachliche Prägnanz als die gewohnten europäischen, dass immer wieder etwas wie ein Aufatmen durch mich hindurchgeht, wenn ich eines davon nachspreche.

Wollen wir denn annehmen, Gott höre nur das Gebet von Christen? Er hört doch zweifellos, wenn er denn überhaupt hört, auch das Gebet eines Hindu oder die Selbstgespräche eines Buddhisten, der an einen Gott nicht glaubt. Und er hört, unabhängig davon, was ein Mensch sich unter ihm vorstellt. Wenn ein Mensch irgendwo am Ende der Erde zu einem Gott redet, zu einem Regen- oder Fruchtbarkeitsgott, dem er irgendeinen exotischen Namen gibt – was meinst du, wer ihn hört? Gewiss nicht sein Regengott, wohl aber der eine, der wirkliche Gott. Der Schöpfer des Himmels und der Erde, den Jesus den »Vater« nennt. Oder wenn ein Indio den »Großvater« anspricht, so hört Gott. Oder wer sonst? Auch die Fragen und Proteste eines Atheisten und die Verzweiflung eines Nihilisten »hört« Gott.

Was mir in langen Jahren immer lieber und vertrauter geworden ist, ist das Gebet der indianischen Völker Amerikas. Und zwar deshalb, weil hier nicht ein einsamer Mensch einem göttlichen Du gegenübertritt, sondern immer alles, was ist und was lebt, einbegriffen ist in den großen Zusammenhang eines kosmischen Glaubens, wie er den Christen seit langen Jahrhunderten fast völlig fehlt und wie er für die Zukunft, in der es um das Überleben der Biosphäre auf dieser Erde gehen wird, den christlichen Glauben tief durchdringen muss.

Der Indianer Joseph Bruchac sagt einmal:

»Unsere Urgroßeltern sprachen niemals über das Beten, aber jeder Tag ihres Lebens war ein Gebet. Sie wussten, dass alles auf der Welt ein Geschenk des Schöpfers war, auch jeder Schluck Wasser, den sie tranken, und die Luft, die sie atmeten. Diese Geschenke waren von solchem Wert, dass niemand sie zurückerstatten konnte.

Deshalb war jeder Schritt, den sie gingen, wie ein Dankgebet. Wenn sie aßen, lobten sie den Schöpfer damit. Auch wenn die Zeiten hart waren, sagten sie Dank für alles Lebendige rings um sie.

Für sie war alles mit Leben erfüllt, Menschen, Tiere, Bäume, das Gras und sogar die Steine. Allem hatte der Schöpfer das Leben gegeben.

Auch heute bete ich nicht nur mit Worten, sondern mit jedem Atemzug. Wenn mein Herz schlägt, sagt es Dank – wie eine Trommel, die geschlagen wird, um die Schöpfung zu preisen.«

Ein indianisches Morgengebet:

Die Morgenröte kleidet sich
in ihr Lichtgewand.
Sie will Ehre erweisen
dem Schöpfer der Menschen.

Der hohe Himmel
legt die Decke seiner Wolken von sich.
Er beugt sich vor dem Schöpfer der Menschen.

Die Sonne, die Königin unter den Sternen,
breitet ihre Strahlen aus wie goldenes Haar.

Der Wind, der über die Erde geht,
streichelt auf seinem Wege die Wipfel der Bäume,
und wir hören ihn reden in den Zweigen.

In den Bäumen singen die Vögel
und bringen ihr Lied dar dem Herrn der Erde.

Die Blumen breiten ihre Farben aus
und ihren Duft. Es ist herrlich, sie zu sehen.

So rühmt auch mein Herz dich, meinen Vater,
bei jeder Morgenröte aufs neue,
du, mein Schöpfer.

So beten die Indianer Mexikos:

O Herr der Welt,
o Herr der Welt, dir singe ich.
Alles blüht um mich her,
und die Welt ist gesegnet und voll Freude.

Dir singe ich! Wie glänzt jetzt der Tau,
wie jubeln alle die bunten Vögel,
der Gesang der Zwitschernden tönt überall.
Alle singen dir zu Ehren,
dem Erschaffer des Alls, dir, der Gott ist.

Du allein
bist die Quelle des Gesanges,
denn das Lied wurde im Himmel geboren.
Ach, nur im Himmel lässt seine Stimme strahlen
der liebliche Vogel der Götter,
und die heiligen Vögel jubeln im Wechselgesang
zum Preise des, der die Welt geschaffen.

Mein Herz hört die Stimmen,
und ich will alle dunklen Schleier
der Vergangenheit den Winden geben,
damit auch mein Seufzen aufsteigt
in den unendlich leuchtenden Himmel,
hoch hinauf, und mitklingt,
wo die gelben Kolibris singen
zum Preise des Gottes der Himmel.

Ach, ich will nicht weinen auf Erden.
Verfällt nicht das Haus irdischer Träume?
Ach, ich weiß, was immer die Erde trägt,
muss enden, wie hier unser Leben endet.
Lass mich singen zu dir, du Grund des Alls,
im Himmel möge meine Seele dir singen,
dass du sie freundlich ansiehst,
du, durch den wir leben.

Ich bekenne mich gerne dazu, dass ich als Christ, der die so sehr ähnlichen Psalmen des Alten Testaments kennt, diese Gebete liebe. Und nichts schiene mir wichtiger, falls wir überhaupt wieder in den großen, weiten, lichten Raum des

Gebets hineinwachsen wollen, als dass gerade wir Christen aus unseren Begrenzungen und Verengungen herausfinden und aus der Erstarrung unserer Sprache. Ich glaube, dass wir durchaus die Freiheit und Schönheit unseres eigenen Glaubens wieder finden können. Denn wir sollen ja nicht die Frömmigkeit eines fernen und vergangenen Volkes übernehmen, sondern, wenn uns dies gelingt, das Geheimnis unseres eigenen Glaubens neu aufspüren, das Johannes Kepler so in Worte fasst:

»Groß ist unser Herr und groß seine Macht und seiner Weisheit kein Ende. Lobet ihn, Sonne, Mond und Planeten, in welcher Sprache immer euer Loblied dem Schöpfer erklingen mag. Lobet ihn, ihr himmlischen Harmonien, und auch ihr, die Zeugen und Bestätiger seiner enthüllten Wahrheiten! Und du, meine Seele, singe die Ehre des Herrn dein Leben lang! Von ihm und durch ihn und zu ihm sind alle Dinge, die sichtbaren und unsichtbaren. Ihm allein sei Ehre und Ruhm von Ewigkeit zu Ewigkeit! Ich danke dir, Schöpfer und Herr, dass du mir diese Freude an deiner Schöpfung, das Entzücken über die Werke deiner Hände geschenkt hast. Ich habe die Herrlichkeit deiner Werke den Menschen kundgetan, so weit mein endlicher Geist deine Unendlichkeit zu fassen vermochte. Wo ich etwas gesagt habe, was deiner unwürdig ist, oder wo ich der eigenen Ehre nachgetrachtet habe, da vergib mir in Gnaden.«

Solches Gebet, solches Rühmen und Danken nennt die Bibel das »Lob Gottes«. Die Gefahr des Betens mit Worten wird ja immer sein, dass es sich allzu sehr um die Wünsche oder Befürchtungen, um die Mittelpunktstellung des eigenen Menschen dreht. Im Gegensatz dazu sagt die Bibel, alle Dinge »lobten« Gott, auch die Tiere und die Bäume, auch die Sterne und die Erde, das Wasser, das Feuer, der Wind. Sie lebten ihr Leben, wie es Gott gemeint hat, und verwiesen mit der Weisheit, die in ihnen Gestalt gefunden hat, auf den, der ihnen ihre Gestalt und ihr Leben gab, den großen Künstler der Schöpfung. So ist das Gebet zuletzt immer ein Lob Gottes, ein

Hymnus, der im Wort ergeht oder auch im Schweigen. Ein Hymnus, der alles einbegreift, was wir an Gott verstehen und was uns entzogen ist, in der Vermutung, dass alles, was uns an Gott unbegreiflich ist, nicht an Gott liegt, sondern an der Enge und Schmalheit unserer Gedanken über ihn; in der Vermutung, wenn wir die volle Wahrheit schauten, würde es Widersprüche und Dunkelheiten in Gott nicht geben. Der Weg nach innen ist auch der Weg des Glaubens an den einen Gott, der nicht nur überall ist, sondern auch in dir, der nicht nur Licht ist, sondern auch Dunkelheit für die Augen unserer Seele, aber in Wahrheit das reine Licht.

51

In Gott sein: Kontemplation

Das Gebet in Worten wendet sich an das große Gegenüber Gott. Ich, der Mensch, bin hier, ich blicke auf Gott hin, der mir wie eine Person gegenüber ist, und rede zu ihm. Ich horche, ob er mir etwas sagen will, und antworte.

Da aber Gott mir auch gegenwärtig ist wie die Luft, die ich atme, oder wie das Meer, in dem ich schwimme, das mich umgibt und trägt, so verbindet mich mit ihm auch eine ganz andere Form des Betens: die Kontemplation.

Kontemplation ist die vollkommene Ruhe, mit der du in Gott bist. Sie kann damit beginnen, dass du dir, so umfassend du es vermagst, die dichten Zusammenhänge vorstellst, die zwischen Gott und unserer Welt, zwischen Gott und dir selbst, zwischen der Welt und dir bestehen. Dass du mit deinem kleinen Leben dich ganz einfügst in eine Welt der überall vernetzten Zusammenhänge, eine Welt, in der es Grenzen nicht gibt, wie es in einem großen Organismus nichts geben kann, das aus sich selbst lebt. Damit kann Kontemplation beginnen, dass du verstehst und erfährst, wie alles eins ist und nichts aus dem großen Lebenszusammenhang herausfällt. Auch du selbst nicht. Und wie das für Zeit und Ewigkeit gilt.

Ich sage das, weil ich es kenne. Weil ich es immer wieder erfahren habe. Es gibt eine große Selbstverständlichkeit, in der alles klar und alles fraglos ist, ein Ruhen in Gott in großer Gelassenheit. Da muss nichts erklärt und nichts verstanden werden; da ist Frieden. Da ist etwas wie Einvernehmen mit allem, was ist, und mit dem, der in allem ist. Ich möchte nicht von »Erleuchtung« reden, obwohl alles wie in einem großen Licht steht. Ich möchte auch nicht von »Vereinigung mit Gott« sprechen, obwohl nichts mehr zwischen mir und dem unendlich nahen Gott ist. Ich möchte auch nicht vom »Versinken in Gott« reden, obwohl es im Grunde genau dies ist.

Vielleicht beginnst du mit einem Wort, wie es das Evangelium bereithält. Etwa mit dem Wort des Johannes:

Gott ist Liebe,
und wer in der Liebe bleibt,
der bleibt in Gott und Gott in ihm (1. Johannes 4,16).

Oder mit dem Wort, das Jesus bei seinem Abschied sprach:

Wer mich liebt, der wird mein Wort halten.
Mein Vater wird ihn lieben,
und wir werden zu ihm kommen und Wohnung bei ihm nehmen (Johannes 14,23).

Oder mit dem Wort des Paulus:

Wir spiegeln alle mit freiem Gesicht
den Lichtglanz des Herrn.
Mehr und mehr verwandelt er uns in sein Ebenbild,
in die Herrlichkeit, die aus der Klarheit Gottes ist.
2. Korinther 3,18

Und dann überlass dich diesem Wort, indem du es wiederholst, bis es dich einbezogen hat in die Gegenwart Gottes.

»Kontemplation ist ein verborgenes, friedvolles und liebeerfülltes Einströmen Gottes«, sagt Johannes vom Kreuz. In diesem Sinn war schon das, was ich als Kind von Gottes Nähe, von seiner Liebe und von dem großen Licht erfahren habe, die ganze Kontemplation. Das Wort war mir natürlich unbekannt, und es war entbehrlich. Es waren Erfahrungen, die mich für die ganze Zeit meines Lebens bestimmt haben; und da es kaum etwas Persönlicheres und Eigeneres gibt als solche Erfahrung Gottes, so darf ich annehmen, sie könne in dieser oder auch in unzähligen ganz anderen Formen und Weisen gesucht und gefunden werden. Auch in Weisen, die uns Christen, vor allem uns Abendländern, fremd sind.

Leben wir denn allein auf dieser Erde, oder ist Gott nicht auch der Gott anderer Menschen? Dass wir lange Zeit fremde, große Religionen schlicht als heidnisch und also dem christlichen Glauben und der Wahrheit feindlich angesehen haben, war möglicherweise einer der großen Irrtümer der christlichen Geschichte. Der freundliche, respektvolle und in mancher Hinsicht sogar dankbare Blick auf sie könnte uns in unserer eigenen Orientierungslosigkeit vielleicht sogar hilfreich sein, das Unsere wieder zu finden.

So wird für immer mehr Christen das »Sitzen« im Sinne des Zen-Buddhismus zunehmend wichtiger. Ich kenne viele christliche Theologen, die im Zen Gesundung suchen von der Beliebigkeit, der Regellosigkeit und Bewusstseinsferne vieler Formen des heutigen Christentums. Oder die den Weg des Yoga gehen etwa mit seinen acht Stufen der Meditation. Aber diese Wege darzustellen ist hier nicht der Ort. Ich selbst bin sie nie konsequent gegangen.

Viele suchen heute auch im meditativen Tanz einen neuen Zugang zum Geist ihres Glaubens, ähnlich ein wenig den Sufis, den islamischen Mystikern, die in ihren langdauernden und intensiven Drehtänzen in die mystische Erfahrung einzutreten suchen. Oder ähnlich den gottesdienstlichen Tänzen, die seit den Tagen des alttestamentlichen Tempelkults zum jüdisch-christlichen Kulturkreis gehören.

Vielleicht hilft es zur Klarheit, wenn ich kurz erkläre, was mit dem alten Wort Kontemplation eigentlich bezeichnet ist. In diesem Wort liegt das Wort »Tempel«. »Tempel« aber war für die alte Welt nicht zunächst ein Bauwerk, sondern ein bestimmter, ausgemessener Bezirk am Sternhimmel. Dort lasen die Priester ab, was auf der Erde geschehen würde oder sollte. Sie gewannen, indem sie die Sterne, vor allem die Bewegungen der Planeten beobachteten, Einsicht in die höhere Ordnung und fanden das Maß für das angemessene Verhalten des Menschen auf dieser Erde. Für das, was dann auf dieser Erde gelten sollte, grenzten sie einen bestimmten heiligen Bezirk ab, in dem dann, später, die Tempel gebaut wurden.

Dem allem lag die uralte Weisheit zugrunde: »Wie oben – so unten«. Die meinte: Da das Obere und das Untere aufs dichteste ineinander verwoben sind, so kann auf der einen Seite von dem, was auf der Erde vor unseren Augen liegt, auf die obere, die göttliche Welt und ihre Gesetze geschlossen und auf der anderen Seite das Gesetz des Himmels auf der Erde angewendet werden. Es kann zum Maß werden für das, was auf der Erde gut und richtig ist. Auf dem Weg von unten nach oben gewinnen wir Einsicht, auf dem Weg von oben nach unten gewinnt unser Handeln auf der Erde sein Maß. Denn auf allen Ebenen der Wirklichkeit gilt dasselbe Gesetz von Verbindung und Differenzierung. Alles hat überall seine Entsprechung. Die Welt zerfällt nicht in eine gute und eine böse Welt, nicht in eine lichte obere und eine finstere untere; sie ist eins durch alle ihre Schichten hindurch. Kontemplation heißt also: Ich bringe das Bild des Himmels und der Erde zusammen. Ich sehe Gott im Himmel, und ich sehe sein Werk auf dieser Erde; das Werk des Menschen aber muss den Willen Gottes spiegeln, sei es auf einer magischen, einer mythischen, einer rationalen oder einer transrationalen Ebene.

Kontemplation also meint die Zusammenführung von etwas scheinbar Getrenntem, von Himmel und Erde, meint die

Schau der Ganzheit und der Sinnfülle, meint Gott und Mensch in ihrer dichten Verbindung. Die Welt besteht in einem Einvernehmen zwischen Gott und Mensch, Gott und allen Mächten des Schicksals und der Geschichte mit dem Menschen. Und (das liegt dahinter als nicht ausgesprochene Selbstverständlichkeit): Alles ist gut, wie es auch sei. Wenn wir das Ganze schauen könnten, wüssten wir es.

In der Antike, aus der so viel ins Christentum eingeflossen ist, war der Tempel das Haus für ein Bild der Gottheit. Im innersten Raum meist stand es, als Pfahl oder als Stein, als primitive Plastik oder als edelstes Kunstwerk. Dass der Mensch das Recht oder den Auftrag habe, seine Gottheit so abzubilden, zeigte ein Zeichen auf der Schwelle: Dort war oft ein Achsenkreuz eingeritzt oder eingezeichnet, gekerbt oder aufgemalt, so, wie wir es noch heute am Äskulaptempel in Lambaesis in Tunesien sehen. Dieses Kreuz verband die Gottheit mit der Stadt. Es war das Muster für die Anlage des Grundrisses des Gemeinwesens. Die Längsachse hieß der Decumanus, die Querachse hieß der Cardo. Dabei gilt der Cardo, der die Schwelle entlangläuft, als die Weltachse, um die sich alles dreht, auch die Symmetrieachse zwischen göttlicher Gegenwart und realer Gestalt der menschlichen Ansiedlung. Die beiden Achsen bedeuten das Feststehende und das Bewegende. Die Kreuzform verbindet das Obere und das Untere in einer lebendigen Spiegelung. Und es ist sehr begreiflich, dass das lateinische (†) und das griechische (+) Kreuz in der Bildsprache der alten Christenheit nicht das Kreuz abbildete, das auf Golgata stand. Das hatte ja die Form eines »T«. Dass das christliche Grundsymbol zu einem »Kreuz« wurde, hängt vermutlich mit der alten Vorstellung von jenem Kreuz zusammen, das auf der Schwelle der Tempel die göttliche Welt mit der menschlichen zur Einheit verband.

Dieser Grundgedanke der Entsprechung von oben und unten erscheint in gleicher Weise auch in der Bibel. So in der Mosegeschichte. Es wird erzählt, als Mose vierzig Tage auf dem heiligen Berg gewesen sei, habe ihm Gott das Bild eines

Zelttempels gezeigt und ihm gesagt, dies sei das Vorbild, nach dem er im Tal unten ein Zeltheiligtum bauen solle.

Und es ist keinesfalls ein davon zu unterscheidender Vorgang, wenn Mose zugleich auch das Gesetz dort oben empfing, das für das Volk im Tal gelten sollte, die »Zehn Gebote« oder das »Zehnwort«. Die äußere kultische Ordnung und das Gesetz, das für das Handeln der Menschen gelten sollte, gehörten eng zusammen. Wenn aber Paulus sagt: »Der Tempel Gottes ist heilig – der seid ihr!« (1. Korinther 3,16–17), dann sagt er das im Zusammenhang seiner Gedanken vom »Geist Gottes«, der ein absteigender Geist ist, der vom Himmel auf die Erde kommt und dort die Gestalt eines Tempels, nämlich die Gestalt glaubender Menschen annimmt.

Kontemplation hängt also für Christen eng zusammen mit dem Einströmen des Gottesgeistes in den menschlichen Geist. Sie meint den Vorgang, dass der menschliche Geist sich neu ordnet nach der Maßgabe des Gottesgeistes, das menschliche Herz nach dem Herzen Gottes. Und die Übung der Kontemplation besteht in dem Bemühen des Menschen, in sich selbst alles so zu ordnen, wie es ihm von Gott, von oben her gezeigt wurde. Das verbindende Glied aber, sozusagen das Kreuz auf der Schwelle, ist Christus, der von sich selbst sagt, er sei »von oben her«. Sein Reich sei nicht von dieser Welt. Sein Auftrag aber sei der, in dieser Welt für die Wahrheit zu zeugen.

Was also ist Kontemplation? Es ist die Erfahrung des Ganzen der Welt und des Ganzen deines Daseins, die Erfahrung, dass alles in Gott und Gott in allem ist. Es kann dann geschehen, dass von Gott alle Bilder abblättern, die wir uns von ihm machen, alle persönlichen Eigenschaften, die wir ihm zuschreiben. Dann tritt das Kreuz, das Zeichen der Erdhaftigkeit Gottes, vor deine Augen. Christus wird zum Bild Gottes. Er bewahrt dem in Kontemplation Versunkenen das persönliche Wesen Gottes, so dass Gott nie ins Allgemeine verschwimmen kann, sondern gegenwärtig bleibt als der ansprechbare, der hörende und der redende, uns in Liebe zugetane Gott. Bewahre also in dir, was du hörst. Du hörst, was dir gesagt wird, und wiederholst davon das eine oder andere Wort. Und lass dabei alles in dir ruhen. Gehe in die »Kontemplation« ein.

– Nichts kann mir gefährlich werden.
Nichts kann mich fällen.
Ich stehe in Gottes Hand und werde darin stehen bleiben.

– Ich lasse mich fallen.
Es ist Einer, der mich auffängt.

– Es ist Frieden. Es ist alles gut.

– Ich will nichts. Ich plane nichts.
Ich eile nicht. Es gibt keine Zeit.

– Ich bin gegenwärtig in dem gegenwärtigen Gott.
Ich ruhe in der Ruhe Gottes.

– Ich lasse mein Herz ruhen.
Es muss nichts tun. Nichts leisten.
Gott allein wirkt.

– Die Ruhe Gottes macht alles ruhig,
und wer sich für Gottes Ruhe auftut, der ruht.

– Ich bin nicht verlassen.
Wenn die Nacht vorüber ist, wird Tag sein.
Und der Tag wird mich in Licht verwandeln.

– Mit mir kehrt die ganze Welt in Gott heim.
Dahin, wo sie schon immer war.

– Ich höre eine ferne Musik.
Sie sagt, alles sei gut,
weil Gott das Instrument ist und der Spieler.
Gott ist alles in allem. Alles auch in mir.

52

Mit Gott eins werden: Unio mystica

Du näherst dich dem Ziel deiner Reise. Sie hat dich durch vielerlei Landschaften geführt und über lange Tagesstrecken. Aber wann erreichst du dein Ziel? In fünfzig Jahren? Oder auch in zehn – je nachdem, wie alt du bist und wann du alt und weise geworden sein wirst? Das kann deine Meinung eigentlich nicht sein. Das Ziel dieses Weges erreichst du, wann immer Gott es dir zugänglich macht, immer wieder, irgendwann. Es kann heute vor dir stehen, in dieser Stunde.

Dieses Ziel wird von den Mystikern der christlichen Geschichte, wie gesagt, als »unio« beschrieben, als Einssein mit Gott. Freilich mit Unterschieden. Manche sprechen von Versenkung. Dabei empfinden wir heute: Wenn ein Schiff versenkt wird, dann sinkt es für alle Zeit auf den Meeresgrund, ohne die Chance, zurückzukommen. Wir werden eher von einem »Eintauchen« in Gott sprechen. Zudem scheint »unio«, Vereinigung, zu besagen, dass dabei das Besondere, das Profil der Person verloren geht, die sich mit Gott vereinigt. Wie der berühmte Tropfen im Meer, von dem ein sehr freundlicher und fühlsamer alter Herr mir mit einem Strahlen seiner Augen sagte, er freue sich darauf, im Meer Gott unterzugehen und sich aufzulösen. Man sprach darum immer auch wieder korrigierend von einer »communio mystica«, einem Gemeinsamwerden mit Gott. So spricht die Bibel bisweilen davon, die Beziehung zwischen Gott und Mensch spiegle sich im Bild einer Ehe. So nah, so liebevoll, so untrennbar verbinde sich Gott mit den Menschen, wie Frau und Mann in einer guten Ehe. Dabei aber verschmelzen Mann und Frau nie wirklich miteinander. Sie bleiben die Frau und der Mann. So weit also dieses Gleichnis von der Ehe reichen oder gelten kann, so weit möchte ich das Wort »unio« für meine Beziehung zu Gott für möglich und erlaubt halten.

Aber die alte widersprüchliche Formel möchte ich aufnehmen: Dass ich in Gott bin, wie es die Kontemplation erfährt, und dass Gott in mir ist, wie es die alte Vorstellung von der unio mystica meint. Im Grunde liegt da kein Widerspruch. Wenn ich einen Krug ins Wasser tauche, so ist der Krug im Wasser, und das Wasser ist im Krug. Wo also ein Mensch in Gott ist und er in sich Raum hat für Gott, gehen beide Beschreibungen gut zusammen.

Ich suche also nach dem Gott, aus dem ich bin, der mein eigener Wurzelgrund ist, der in mir lebt, in mir schafft. Der in mir seine Gedanken denkt, meine Phantasie weckt, aus dem meine Kraft und mein Mut sind. Ich suche nach dem Gott, der die Mitte von allem ist, auch die Mitte von mir selbst, um den alles kreist, auch ich selbst. Die Kraft sozusagen der Gravitation in mir, die mich zu einem in sich ruhenden Wesen macht.

Je tiefer ich aber in mich einkehre, desto mehr entschwindet mir, was ich bin und war und sein werde. Desto stärker wird der Mittelpunkt in mir: Gott. »Wer sich Gott nähert«, sagt darum Luther, »der entschwindet dorthin, woher er kam. Er kam aus Gott und aus dem eigenen Nichts. So kehrt in Gott zurück, wer ins Nichts, in sich selbst, zurückkehrt.«

Damit aber, das ist entscheidend wichtig, wende ich mich nicht mir selbst zu, sondern dem Anfang der Dinge, auch meinem eigenen Ursprung, vor allem auch dem ganz andersartigen Neuanfang, der in mir geschehen soll und aus dem der neue Mensch hervorgeht. Ich begegne meiner eigenen Zukunft, nicht nur meiner Gegenwart. Und ich muss darauf achten, dass mir nie der Gedanke zwischenein kommt, diese schaffende Kraft sei ich selbst. Es wäre ein alles zerstörender Irrtum. Nein: Es ist Gott. Der Heilige, der Ferne, der unendlich Nahe, der nie mit mir zusammenfließt, auch wenn er »in mir wohnt«. Der Krug wird nie zu Wasser. Er kann mit Wasser gefüllt und von Wasser umgeben sein, er wird nie etwas anderes sein als der Krug.

Heinrich Seuse sagt: »Bis in den tiefsten Grund musst du dich deiner entledigen. Du musst dich immer tiefer in Gott versinken lassen, auch wenn du deines eigenen Grundes nie dabei gewahr wirst.«

Ich soll also nicht etwas können oder etwas tun, sondern einfach da sein. Ich gehe also in mich hinein ohne Angst und begrüße Gott dankbar, der in mir Wohnung nehmen will. Es geht weniger um eine »Erhebung« der Seele, als um ein Einsinken in den in der Seele gegenwärtigen Gott. Tersteegen spricht von einem »sich einwärts neigen in den Grund der Seele zur Gegenwart Gottes«.

Wenn dir das gelingt, kannst du auch ein letztes und letztgültiges Ja sprechen zu dem Menschen, der du bist. Du kannst dich selbst annehmen, du brauchst nicht mehr gegen dich selbst zu streiten. Du musst dich nicht anders haben wollen. Du brauchst dich weder anzuklagen noch zu bestrafen. In dem Augenblick, in dem du erkennst, dass du eine Wohnung Gottes bist, verliert aller Widerstand gegen dich selbst seinen Sinn.

Solche »unio mystica« ist die Erfahrung dieser Bestimmung unseres Lebens schon in diesen unseren Jahren. Wir erfahren sie mit oder ohne Ekstase, vielleicht nur in gelassener Schau, in beglücktem Frieden. Die Dehnung aber, die mit unserer Seele geschieht, wenn sie liebt, nimmt ihre Ausweitung in die Herrlichkeit Gottes hinaus vorweg.

X

Zielbilder wahr- nehmen

53

Wandelbarkeit

Wenn dies alles dein Weg sein könnte, nein, wenn er es wirklich ist, was wird dabei aus dir selbst? Zeigt sich dabei in dir ein Bild, ein noch so vorläufiges, dessen, was dir erreichbar ist?

Ich meine nicht, du sollest den Traum vom vollkommenen Menschen träumen, der du nie sein wirst und der du schon gar nicht dadurch werden kannst, dass du dich mühst, es zu werden. Alle wirklich lohnenden Ziele, meine ich, dürfen wir unserer eigentlichen Zukunft überlassen, und die liegt außerhalb der Reichweite dieses irdischen Lebens. Ich meine vielmehr, du sollest nur das eine erreichen, dass du es zulässt, dass ein anderer dich verändert. Die Bereitschaft, dies zuzulassen, sei das vorläufige Ziel, das du auf dieser Erde anstreben sollest.

Es scheint ein Gesetz zu sein, das der ganzen Schöpfung eingestiftet ist, dass lebendig nur bleibt, was sich wandelt, und vorläufige Ziele nur dadurch erreicht werden, dass Wandlungen geschehen. Es kommt offenbar darauf an, sich dem ungeheuren, dem dynamischen Prozess der Veränderung anzuvertrauen, der dieses ganze Universum beherrscht. Denn das scheint auch ein Grund- und Urgesetz für die Lebendigkeit der Seele von Menschen zu sein. Was also in dir geschehen muss, immer wieder, das ist, dass du irgendeine feste Gestalt aufgibst, irgendein festes Ergebnis deiner Bemühungen loslässt und das Risiko eingehst, das mit aller wirklichen Veränderung verbunden ist.

Ich will dir ein Bild zeigen, an dem du ablesen kannst, was ich meine: das vom Wasser.

»Des Menschen Seele gleicht dem Wasser«, sagt Goethe.
»Vom Himmel kommt es, zum Himmel steigt es
ewig wechselnd.«

Es ist das Element, das täglich und stündlich sich wandelt, Jahrmillionen und Jahrmillionen lang. Versuche, es immer wieder und immer wieder anderswo zu meditieren. Du lässt dich morgens auf dem ruhigen Meer mit dem Boot hinaustreiben und erlebst das Wasser als ein stilles, tragendes Element. Du stehst am Strand, während die Wellen wie urzeitliche Gewalten auf dich zurasen, und erlebst es als Gefahr. Du stehst an einem Fluss und siehst das gleichmäßige Strömen, als stündest du vor einem Symbol der ablaufenden Zeit. Du siehst über ein vom Hochwasser überschwemmtes Land hin, während die Bäume, die Häuser, die Berge sich im Wasser spiegeln, als spiegele sich deine Seele im Wasser. Du siehst die Wirbel, die entstehen, wo ein ruhendes und ein strömendes Wasser zusammenkommen, und weißt: Wirbel entstehen überall, wo Neues entsteht. In einem Wirbel wächst ein Blatt aus einer Knospe ins Freie. Die Innenseite wächst schneller als die Außenseite, so entrollt sich das Blatt und findet seine Gestalt. Über dir ziehen die Wolken, Fetzen des ungeheuren Himmelsozeans, der aus den Meeren verdunstet, in die Höhe gerissen und zu Wolken verdichtet, am Ende wieder herabschneit oder herabregnet. Auf den Wegen der Wärmezirkulation zwischen Pol und Äquator strömen und kreisen die Wassermassen; in Wirbeln konzentrieren sie sich, und aus den Wirbeln regnet das Wasser, damit auf der Erde Wachstum sein kann.

Geh über einen Acker. Er scheint dir trocken. Aber du gehst über eine Welt von Wasser. Jedes Erdkrümelchen, das auch nur eine Handbreit unter der Oberfläche liegt, trägt eine Haut aus Wasser. Die Milliarden kleinster Lebewesen in der Krume bestehen fast nur aus Wasser. Steigst du hinab ins Gestein, in die Schieferschichten, so bist du in einer von Wasser triefenden Unterwelt, an riesigen Seen und Flussläufen. Aus der Tiefe kommen die Brunnen, die quellen, und geben Tag und Nacht ihren Reichtum an Wasser heraus. Du gehst zwischen Bergen. Sie alle haben ihre Gestalt durch das Wasser. Das Wasser schwemmt und sägt, hobelt und schleift. Es netzt sanft als Tau, es prasselt als Hagel, es schlägt als Lawine ins Tal. Es dringt in den Untergrund ein, es poliert Hohlräume aus, es tropft von den Decken und verzaubert die nächtliche Unterwelt zu Palästen von Feen und Trollen; und irgendwann wird die Erde nachstürzen oder nachgleiten.

Du stapfst durch den Schnee, die Zauberwelt der Kristalle, durch Wasser in luftig leichter Gestalt, das zart und behutsam die Wärme der Erde schützt, eine Schlafdecke für Pflanzen und Tiere, in der die Samenkörner, die Fruchtknoten und das kleine Getier der Erde am Leben bleiben, während die Erde unter dem Schnee heimlich die Feuchtigkeit abruft, die sie braucht. Oder: Du entdeckst das Heilende, den Moorsee oder die Schwefelquelle, Wasser in einer Gestalt, die dein Körper, wenn er mit Krankheit zu tun bekommt, hilfreich empfindet. Oder du bist dir im Klaren darüber, dass du selbst deine erste Gestalt im Leib deiner Mutter fandest, während du im Wasser schwimmend lebtest.

Das Wasser sagt dir: Halte die Gestalt, in der du jetzt bist, nicht für so wichtig. Wichtig ist, was du werden kannst. Ich, das Wasser, gehe durch meine hundert Gestalten und verliere mich selbst von Tag zu Tag, damit das Lebendige gesund bleiben und die Tier- und Pflanzenwelt auf der Erde durch die unendliche Fülle und Reihe ihrer Gestalten gehen kann. Ich selbst bin nichts. Alles findet seine Gestalt durch mich. Ich selbst aber habe keine feste Gestalt. Ich habe keine Farbe. Ich empfange meine Farbe von den Bäumen am Ufer oder vom blauen Himmel oder von den Pflanzen in meiner Tiefe.

Denn das ist nun das Große an diesem Wasser-Element: Es ist das Urbild und die Urbedingung für alles Lebendige und hat doch selbst kein Leben. Leben heißt ja: wachsen, sich fortpflanzen, Wärme bilden, sich in Rhythmen bewegen, seine Zeit haben und wieder vergehen. Am Wasser aber ist nichts zu sehen von diesen Merkmalen. Und doch wächst und gedeiht nichts ohne das Wasser. Indem es auf eigenes Leben verzichtet, ist es die Urkraft des Lebens.

Nun erinnere dich, dass von Jesus Christus nicht nur gesagt wird, er habe den Menschen ihre gesunde, heile Gestalt wiedergegeben, er sei ein »Heiler« gewesen, sondern auch, er selbst habe »keine Gestalt noch Schönheit« gehabt. Er hat das grundwichtige Wort gesagt: Wer sein Leben hingebe, werde es finden. Du hast also die Wahl zwischen zwei Möglichkeiten: Du kannst dich an etwas hingeben, das es wert ist, und dich von ihm wandeln lassen. Und du kannst von etwas zerstört und aufgelöst werden, das stärker ist als du und das mehr mit Tod als mit Leben zu tun hat. Das Wasser sagt dir jedenfalls: Wenn dir daran liegt, nicht zu erstarren, sondern deine neue Gestalt zu finden, dann gib dich an etwas hin, das außerhalb deiner selbst ist und in das du dich eingibst.

Die Zone der Lufthülle, in der das Wetter sich abspielt, nennen wir die Troposphäre, das heißt die Zone der Wandlungen. Sie reicht so hoch, wie das Wasser in ihr sichtbare Gestalt annimmt, als Tau oder Wolkenschleier, als Regenfront oder Gewitterturm, bis zu einer Höhe also von zehn bis sechzehn Kilometern. Dein ganzes Leben findet in dieser Sphäre der Wandlungen statt, auch im geistigen und im seelischen Sinn.

Über der Troposhäre liegt die Stratosphäre, die, wie ihr Name sagt, »ruhig Hingebreitete«. Aber das Bild von dem ruhigen, zum Ziel gekommenen Menschen darfst du gerne einem anderen, künftigen Dasein überlassen. Unsere Lebensbedingung ist die Wandlung.

Sie beginnt aber nicht bei irgendwelchen himmelhohen Zielbildern, die du erreichen willst, sondern sehr alltäglich. Du begreifst, dass irgendetwas in dir anders werden müsste. Nach einiger Zeit verstehst du, dass es viel ist. Und am Ende, dass alles an dir einer tiefgreifenden Wandlung bedürftig ist. Was du gleichzeitig bemerkst, das ist, dass nichts sich ändern will und dass du genau der zu bleiben drohst, der du immer gewesen bist. Aber wenn das zuträfe, brauchtest du den langen Weg nach dem Santiago deiner Hoffnungen gar nicht erst unter die Füße zu nehmen.

Beginnen wir also bei den kleinen Veränderungen. Sie sind unschwer zu sehen: Der Verschlossene müsste sich öffnen. Der Unzufriedene müsste von seinen Ansprüchen frei werden, der Verdrießliche Dankbarkeit lernen. Der Distanzierte müsste sich hingeben. Der Vieldeutige, der in vielen Masken lebt, müsste den Mut finden, der zu sein, der er ist. Der für alles Entschuldigungen findet, müsste seine Schuld sehen. Der sich festklammert, müsste loslassen. Der immerfort über die böse Welt klagt, müsste das Erbarmen mit den Menschen lernen. Der Mann mit dem Stehvermögen des Erfolgreichen müsste sich um das Vertrauen der Menschen bemühen; der robuste Durchsetzungstyp nach Gelegenheit suchen, Frieden zu stiften. Der Mensch mit dem großen Können müsste sich in den Liebenden wandeln. Der gewöhnt ist, alles selbst zu tun, müsste lernen, den anderen etwas zuzutrauen. Und so weiter. Die Liste lässt sich ins Unendliche verlängern.

Worin aber kann eine Wandlung bestehen? Ich will es noch einmal einfach sagen: in einem Wachstum von einer kindlichen Stufe deines seelischen Lebens zu einer erwachsenen. Bedingung ist dann, dass du unterscheiden lernst zwischen dem, was klein ist und was groß. Wer sich von dem löst, was klein ist, und sich ausstreckt nach dem, was groß ist, wächst dabei. Und er verändert sich.

Wandlung kann auch in Reifung bestehen. Viel ist in dir als Möglichkeit angelegt. Aber wer musikalisch ist, wird zum Musiker nicht allein durch seine Begabung, sondern auch durch seine Mühe. In fast allen Kammern deiner Seele gibt es Anfangszustände und Zustände der Reife. Und wenn du im Alter einen gewissen Frieden erreicht hast, dann rührt dieser Friede wohl auch daher, dass in dir Kräfte zur Reife gekommen sind und eine Ernte eingebracht werden kann.

Wandlung kann auch darin bestehen, dass du dich mit dir selbst aussöhnen kannst. Dass du also vom Zustand eines inneren Streits und innerer Vorwürfe und Anklagen zu einem Zustand der Ausgeglichenheit kommst. Du wirst einverstanden mit dem Sinn, der deinem Lebensweg eingestiftet ist. Du findest deine eigene Lebensgestalt und erklärst dich mit ihr einverstanden.

Wandlung kann auch im Erwachen einer großen Sehnsucht bestehen. In dem Maß, in dem du nicht dort bleiben willst, wo du jetzt bist, sondern dich von dort wegsehnst, wirst du dich wandeln. Indem du sagst: Ich suche die Wahrheit! Ich will Licht! Ich will Gott!

Wandlung kann auch heißen: Befreiung. In dem Maß, in dem du aus dem Gehäuse deiner Ichbezogenheit ausbrichst in das größere Maß, in dem dir etwas anderes wichtiger wird als du selbst, kann sich etwas in dir wandeln. Johannes sagt, in der Liebe sei keine Furcht. Furcht hast du, solange du dich festhältst. In dem Augenblick, in dem du dich hingibst, bist du frei davon. Du hast mehr Kräfte, als du meinst. Du hast mehr Phantasie, als du für möglich hältst. Mehr Liebe, als du dir zutraust. Du wandelst dich vom Insassen einer Zelle zu einem freien Menschen in einem großen Raum.

Ich weiß nicht, ob es dir aufgefallen ist: Wir haben in all dem immer an dem entlang gedacht, was ich über das Wasser gesagt habe. Und ob dir aufgefallen ist, dass ich dabei im Auge hatte, dass die Kirche ein Sakrament feiert, das mit Wasser zu tun hat. Das Sakrament der Wandlung: die Taufe.

Nun verbindet ein Sakrament immer ein Element, das Brot, den Wein oder das Wasser, mit einem Wort, das dem Element mitgegeben wird, und das Ziel dieser Verbindung ist eine Wandlung. So ist die Taufe ein Symbol für die Wandlung, die zwischen Leben und Tod, Tod und Leben mit dir geschieht. Gehst du im Wasser unter, so stirbst du. Stehst du aus dem Wasser auf, so rettest du dein Leben. Wenn du das begriffen hast, wirst du erkennen, dass dieses Sakrament für jede Wandlung steht, die mit dir geschehen soll.

Alle wirkliche Wandlung, die an dir geschieht, hat einen spirituellen Hintergrund und wird durch Kräfte bewirkt, die du nicht einfach in der Hand hast. Sie geschieht, wie wir zu sagen pflegen, gnadenhaft. Und das hat die Menschheit immer gewusst. Alle Märchen, alle mythischen Dichtungen aller Völker erzählen von Veränderungen in den Seelen der Menschen. Alle Rituale, alle Glaubensbilder, alle Sakramente in allen Religionen tun es. Alle Götterbilder und Gottesvorstellungen, alle Göttergeschichten, alle Urepen der Menschheit signalisieren die Notwendigkeit, dass in den Seelen der Menschen Wandlungen geschehen. Ob das in schamanische Weisheit gekleidet gesagt wird oder in rituelle Opferhandlungen gefasst, immer geht es um eine Heilung oder um eine Zufuhr von Kraft, die eine Wandlung bewirken soll, und zwar durch Mächte, die nicht der Verfügung von Menschen unterliegen, sondern die erbeten und erhofft werden müssen. Alle Religion will eine Wandlung des Menschen und ist auf sie hin angelegt. Der Wunsch, es möchte alles bleiben, wie es war, ist dem Geist jeder Religion entgegengesetzt, und eine Kirche, die ihren Zustand festhalten will, in der alles zu bleiben hat, wie es ist, ist ein Widerspruch in sich selbst.

Es ist für das Wesen der Kirche tief bedeutsam, dass ihr Einstiegssakrament die Taufe ist. Die Taufe zeigt am Element Wasser die Wandlung, die mit uns geschehen soll und die vom Wort, von der Gestalt und vom Weg Jesu Christi bestimmt ist. Die endgültige Wandlung wird die sein, die an uns in unserem Tod und in unserer Auferstehung geschieht. Was aber an uns Zukunft haben soll, muss auf diese Wandlung hin ausgerichtet sein. Der wandelbare Mensch, das ist das erste und wichtigste Zielbild, das dir vor Augen stehen muss – nicht als Forderung an die anderen, sondern als Chance für dich selbst.

Wir könnten sagen: Hier seien wir am Ziel des mystischen Weges. Aber es ist alles im Grunde die erste Hälfte von ihm. Wir haben uns lange mit uns selbst beschäftigt und haben immer wieder empfunden, wir seien im Grunde nicht gar so wichtig und es gelte, uns von innen nach außen zu wenden, dorthin, wo unser Wort, unser Eingreifen, unser tatkräftiges Handeln nötig ist. Der erleuchtete Mensch beleuchtet ja nicht sich selbst. Der veränderte Mensch bleibt mit all dem, was an ihm verändert worden ist, nicht in seinem veränderten Inneren. Wer Liebe erfahren hat, wird leben. Wer von Gott angerührt worden ist, lässt sich nun von allem anrühren, was um ihn her oder irgendwo in der Welt geschieht.

Die großen Mystiker brachten in das Leben ihrer Kirche und ihrer Gesellschaft einen veränderten Willen und eine veränderte Kraft mit. Und auch aus uns, wenn wir denn in unserer heutigen Welt im Großen oder im Kleinen verändernd wirken wollen, müssen veränderte Menschen geworden sein. Die Mystik ist so nie nur Entrückung in eine andere Welt gewesen. Sie war die Quelle unzähliger Reformbewegungen in der Geschichte der Kirche und in der Geschichte der sozialen Verhältnisse. Und viele der großen Mystiker wurden von ihrer Kirche oder ihrem Staat verurteilt nicht wegen der Besonderheit ihres Glaubens, sondern wegen der sozialrevolutionären Kraft, die sie in die Verhältnisse ihrer Zeit einbrachten, ob das Hildegard von Bingen, Mechthild von Magdeburg, Dante Alighieri, Meister Eckhart, Friedrich von Spee, Teresa von Avila oder Johannes vom Kreuz waren.

Die Mystiker, die so lange innere Wege gegangen waren, sagten: Vergiss, was du selbst leidest. Steh denen bei, die einen Beistand brauchen. Tritt der Ungerechtigkeit und denen, die das Unrecht verschulden, entgegen. Ändere die Verhältnisse. Widerstehe der Trägheit derer, die alles so lassen möchten, wie es ist. Du bist niemandem Gehorsam und Ehrerbietung schuldig als Gott allein.

Der christliche Glaube führt auf keine Weise in die Resignation. Er führt nach innen, aber er kommt dort nicht zum Stillstand. Er bricht nach außen durch und wird zu einer gestaltenden Kraft.

54

Lebendige Ganzheit

Das zweite Zielbild, das dir vorgegeben ist, hat mit deinem Bild von Gott zu tun. Es könnte sein, dass dir eine bestimmte Erfahrung vertraut ist, eine Erfahrung, die den Glauben eines Christen immer wieder auf gefährliche Weise bedroht: die des dunklen Gottes. Denn das ist dir und mir deutlich: Wir erfahren Gott immer in Widersprüchen. Du weißt: Gott ist nah. Wir sind in ihm, und er ist in uns. Näher kann uns nichts sein. Du kannst aber auch wissen: Gott ist fern, sternenfern, auch wenn du sagst, er sei dir nahe. Oder: Gott ist die Fülle aller Dinge. Alles, was ich schaue, gehört ihm zu. Alles, was ist, geht aus ihm hervor. Zuletzt aber: Ist er nicht auch das abgründige Nichts? Oder: Er ist der Inbegriff des Lebendigen, und das Universum quillt über von seinen Gedanken. Ist er aber nicht auch so etwas wie die schwarzen Löcher im Weltraum? Nicht nur ein Nichts, sondern schlimmer: eine alles in ihr Nichts hineinsaugende Kraft? Oder: Gott ist Licht. Kein Zweifel, wenn Gott irgendetwas ist, dann ist er Licht. Wenn ich aber in meinen Alltag zurückkehre, wo ist das Licht? Es gibt Insekten, die ihre Eier im Leib anderer Insekten ablegen, und die heranwachsenden Tiere fressen den Gastgeber von innen auf. Auch sie sind Geschöpfe Gottes. Was für eines Gottes? Die Verzweiflung des Hiob über die Finsternis in Gott ist auch durch Jesus Christus nicht überwunden. Auch Jesus erlebte einen Gott, der ihn verließ, als er ihn am nötigsten brauchte. Ist nun der Gott des Lichts derselbe wie der Gott der Finsternis? Und in welchem Sinn gehören beide, die Seite des Lichts und die der Finsternis, zu seiner Ganzheit?

Wenn du so vor dem abgründigen Rätsel »Gott« stehst und nicht weiterweißt, dann wende dich um zu dem Rätsel, das du selbst bist. In deiner Seele sind viele schöne Seiten und Kräfte. Es geht dir um Gerechtigkeit. Es geht dir um Wahrheit, um Liebe, um Freundlichkeit. Du gestaltest etwas Schönes. Du leistest etwas Tüchtiges. Du tust etwas Gutes, du trittst für einen anderen ein. Du kannst eigentlich mit dir zufrieden sein.

Was du selten zu Gesicht bekommst, sind die Drachen, Teufel und Ungeheuer, die sich in dir tummeln. Du kennst das große Bild von der »Versuchung des heiligen Antonius« auf dem Isenheimer Altar des Matthias Grünewald. Vielleicht erscheinen sie dir manchmal im Traum. Antonius, der Einsiedler, sieht sich in seiner Einsamkeit von ihnen umstellt, von diesen merkwürdigen, bedrohlichen, feindseligen Fratzen. Die kamen nicht von außen, sondern von innen. Aus ihm selbst. Es hat sich eingebürgert, den ganzen Komplex dieser fremden, feindseligen Innenwelt in der menschlichen Seele den »Schatten« zu nennen oder den »dunklen Bruder«.

Du wirst lange brauchen, bis du diesen dunklen Bruder oder diese dunkle Schwester wahrnimmst. Solange sie dir unbekannt bleiben, spiegeln sie sich draußen, in der Welt, bei den Menschen, mit denen du lebst. Dort gibt es Lügner und Betrüger, Geldgierige und Egoisten, Gegner und Konkurrenten, die mit unlauteren Mitteln arbeiten, Heuchler und Großtuer; da gibt es Leute, die ihren Irrtümern verpflichtet sind oder ihren falschen Ideologien; da gibt es Tyrannen, da gibt es Feinde, nicht nur deine Feinde, sondern auch die Feinde der Wahrheit und der Gerechtigkeit, die Zerstörer und die Ausbeuter und was dir in der bunten Gesellschaft sonst noch einfallen mag. Und nun stelle dir das noch Schrecklichere vor, dass sie alle miteinander zugleich immer auch die deinem Bewusstsein abgekehrte Seite deiner eigenen Seele sind: Teile deiner selbst, deine Partner und Gegenspieler in dir selbst. Da du das aber nicht siehst, weil es sozusagen hinter deinem Rücken liegt, siehst du nur die Feinde draußen, die Bösen, die Neider, die Gewalttäter. Unendlich viel an Streit, Feindschaft, Hass und Krieg geht auf das Konto dieses »Schattens«, der in uns Menschen ist, den wir nicht sehen und den wir mit jeweils anderen identifizieren. »Moskau ist das Zentrum des

Bösen in der Welt«, sagte ein amerikanischer Präsident. Er glaubte es wirklich. Er glaubte wirklich an das reine Gute, das er mit seinem Volk zu vertreten und für das er zu kämpfen habe. Sein »Weißes Haus« war offenbar für ihn das Zentrum des Reinen und Guten und eine vergrößerte Wiedergabe seiner weißen Weste. Er muss seinem eigenen Schatten, aber auch dem Schatten seines Volks und seiner Kultur und allen daraus erwachsenden Irrtümern auf schreckliche Weise ausgeliefert gewesen sein.

Was kannst du tun? Dreierlei:

Zum ersten: Du kannst versuchen, um die Ecke zu sehen, in den eigenen Hinterhof. Und dann nenne die Bösen, denen du dort begegnest, mit deinem eigenen Namen. Du wirst vermutlich ein völlig neues, nie gesehenes Bild von dir bekommen. Ein weniger edles, weniger heroisches, weniger strahlendes. Aber nimm es an: Das bist du.

Zum zweiten: Tu etwas, was du sonst nie tust. Bejahe etwas, das dir feindselig oder unsympathisch ist. Sage nicht einfach nur: Ich bin ein Sünder. Damit hast du noch keinen deiner schattenhaften Brüder oder Schwestern gesehen oder gar in dich aufgenommen. Ich habe es oft genug gesehen: Wer sagt: Ich bin ein Sünder, der ist in aller Regel davon überzeugt, als Sünder genau richtig zu sein, genau der, der auf die richtige, ehrliche, einzig erlaubte Weise glaubt und der sicher sein darf, dass er damit Gott wohlgefällig ist. Er ist ja auf der Seite der Wahrheit, sehr im Unterschied zu denen, die das nicht sagen. Die christlichen Ritter, die für Gott und die Wahrheit ins Heilige Land aufbrachen, nachdem sie Buße getan hatten für ihre Sünden, handelten dort wie gemeine Massenmörder und Folterknechte. Aber ihr Werk war Gottes Werk. Meinten sie. Und Kierkegaard verspottet das christliche Bürgertum seiner Zeit, das sich auf der Seite des siegreichen Christus sah: »Es ist in der Christenheit ein ewiges Gepredige über das, was nach Christi Tod geschehen sei, wie er gesiegt und wie seine Lehre siegreich die ganze Welt erobert habe. Kurz: man hört lauter Predigten, die passend mit Hurra, statt mit Amen schließen würden.«

Zum dritten: Prüfe dich, wie viel Frieden um dich her ist. Solange du noch von Feinden umstellt bist, solange es noch irgendetwas Gutes gibt, das du gegen eine böse Welt durchzusetzen suchst, so lange hast du noch keinen Frieden mit dir selbst geschlossen. Solange die Welt noch geteilt ist in eine Welt Gottes und eine Welt des Teufels, so lange hast du noch nicht begriffen, was das Evangelium von Jesus Christus dir als deine Rolle und deine Aufgabe zeigt. Solange es dir Mühe macht, andere Menschen von deinen eigenen negativen Urteilen zu befreien, hast du noch nicht um die Ecke gesehen.

In dem Maß aber, in dem du dir über dich selbst klar wirst, wird sich auch dein Bild von Gott ändern. Solange du dich selbst für gut und richtig hältst, wirst du es nicht aushalten, dass du in Gott dunkle Tiefen wahrnimmst. Wenn es dir gegeben wird zu sagen: »Ich bin von Gott geliebt so, wie ich bin«, kannst du anfangen, Gott zu lieben mit deinem ganzen Herzen und wirst erkennen, dass, wie Johannes sagt, Gott Licht ist und in ihm sich keine Finsternis findet (1. Johannes 1,5). Du kannst ermessen, was es heißt, dass du geschaffen seist zu einem Bild Gottes. Zu einem Bild des Gottes, der Licht ist und der dich in Licht wandeln wird.

Gott ist in Wahrheit nicht, wie wir meinen, gespalten in Licht und Finsternis. Er ist der Eine, der Ganze, der Lebendige. Das heißt: Alles hat in ihm Raum. Und »so sollst du«, sagt Jesus, »vollkommen sein, wie dein Vater im Himmel vollkommen – das heißt eins und ganz – ist« (Matthäus 5,48). Das zweite Zielbild, das dir vor Augen stehen kann, ist also der in sich geheilte, ganze Mensch, der seine ersten Anfänge schon in dieser Welt hat.

55

Güte und Achtsamkeit

Ein drittes Zielbild deiner selbst hat mit deinem Glauben an Jesus von Nazaret und deinem Glauben an den Christus in dir zu tun.

Wir haben davon gesprochen, die christliche Meditation habe drei Themen und drei Ziele: Da sei zunächst ein Wort, das uns dahin bringen wolle, selbst ein Wort zu werden. Da sei zum zweiten eine Gestalt, die uns helfen wolle, selbst unsere Gestalt zu gewinnen. Und da sei zum dritten ein Weg, der uns helfen wolle, unseren eigenen Weg zu finden und zu gehen.

Das gemeinsame Ziel ist der Friede. Widerfährt dir die Gnade des Gelingens, so wird dein Nachbar es an dem Frieden erkennen, der von dir ausgeht. Der alte Zacharias sagte:

> Freundlich ist Gott,
> aus der Höhe sendet er ihn, der das Licht ist.
> Er wird aufglänzen für uns
> in der Finsternis und im Schatten des Todes
> und unsere Füße leiten auf den Weg des Friedens.
>
> Lukas 1,79

Das Zielbild des Menschen, der im Wirkungsbereich von Jesus Christus lebt, ist der zum Frieden gekommene Mensch, der gelassene, der sich zu lassen weiß. Gelassenheit ist Frieden mit der Kürze der Zeit. Frieden mit der Kleinheit unseres Lebens. Frieden mit dem geringen Maß an Kraft. Frieden, der mitten in den Rätseln steht und ein Lächeln hat für die eigene Ungeduld.

Die Mystiker der christlichen Geschichte sprechen davon, der Mensch müsse lernen zu lassen. Er müsse lassen können, was er sich vornahm. Er müsse alle Hantierungen, alle Planung, alles Wollen lassen können. Er müsse vor allem sich selber lassen können. Er müsse sich verlassen können, wie einer sein Haus verlässt. Er müsse lernen, sich einzulassen in die Ruhe Gottes. Und auf diese Weise in die Gelassenheit finden, die aus dem Lassen kommt.

Das Ziel von Heilung und Wandlung ist der vertrauende Mensch. Der in die Waage gelangte. Das heißt keineswegs: der leidenschaftslose, der untätige, der apathische. Aber der im Gleichgewicht lebende. Du weißt dann, dass du das Entscheidende zum Fortgang der Weltgeschichte nicht tun musst. Dass dafür andere Kräfte da sind, in deren Dienst du stehst. Die Kräfte dessen, der diese Welt seit Äonen in Händen hat und sie auch noch in Äonen weiterführen wird, wenn an uns kleine Erdbewohner keine Erinnerung mehr sein wird.

Woran erkennst du einen zum Frieden gekommenen Menschen? Es sind sicher nicht immer dieselben Merkmale. Aber ich denke, an erster Stelle stehen die Güte und die Achtsamkeit. Du erkennst ihn an der freundlichen Wachheit, mit der er dich sieht, mit der er wahrnimmt, was dich beschäftigt, was dich erfüllt, was dich quält, was dir deinen Unfrieden schafft, dein Leid und deine Angst. Denn niemand kann wirklich wahrnehmen und Acht geben, der nicht ein gutes Stück von sich selbst frei geworden ist. Es ist der teilnehmende Mensch, an dem du erkennst, was Freiheit ist. Es ist der Mitleidende, an dem du die Reife eines Menschen siehst. Es ist die Sensibilität für das Unglück und das Menschenleid, an dem du messen kannst, wie groß einer gewachsen ist.

Heil ist nicht, was ein Mensch bekommt, sondern wer er sein wird: der Vollständige, Integrierte, der ins Lot Gebrachte. Der aus seinen Fieberträumen und Fieberängsten Erwachte. Und wie immer du es bezeichnen willst. Und auf alle Fälle der, den Jesus als »selig« bezeichnet, der auf die Dauer Glückliche. Er blickt dankbar zurück und im Frieden nach vorn und geht seinen Weg. Gütig und achtsam. Ist das zu viel gefordert? Nein. Es ist überhaupt nicht gefordert. Es ist erhofft. Es wird erlebt. Es wird empfangen.

56

Empfänglich sein und durchlässig

Ein viertes Zielbild, das dir vor Augen stehen kann, hat mit dem zu tun, was wir den »Heiligen Geist« nennen.

In jener Nacht, als der jüdische Gelehrte Nikodemus zu ihm kam, sagte Jesus ihm das berühmte Wort: »Wenn du nicht geboren wirst aus dem Wasser und dem Geist, kannst du nicht ins Reich Gottes kommen«(vgl. Johannes 3,5). Vom Wasser haben wir geredet. Aber vom Geist?

Vom Geist sprechen wir in den Bildern der Elemente. Der Geist ist wie das Wasser, das uns das Leben gibt. Wie die Luft, die strömende, wehende, fauchende, stürmende, die wir atmen. Wie Feuer, das brennt und wärmt und begeistert. Wie Erde, aus der alles, was fruchtbar ist, hervorwächst. Der Geist ist die irdische, die nahe, die spürbare Gegenwart Gottes. Aus ihr also sollen wir geboren werden, das heißt neu entstehen. Und so redet Jesus seine Jünger an: »Wisst ihr nicht, welches Geistes Kinder ihr seid« (Lukas 9,51 ff.)? Wisst ihr nicht, dass euch das Leben anvertraut ist?

Weißt du nicht, welches Geistes Kind du bist? frage ich dich. Und ich frage das in einer Zeit, in der die Seelen merkwürdig gelähmt sind. Verstört durch zu viel Information, zu viel Macht, zu viel Geld, zu viel Beliebigkeit. Ich frage: Weißt du nicht, dass die Seele der Welt der Geist Gottes ist? Dass die Seele deiner Seele der Geist Gottes ist? Weißt du nicht, dass du ein Kind der neuen Schöpfung bist? Und weißt du nicht, dass dein Leben eingefasst ist zwischen einem schaffenden Wort des Geistes Gottes am Beginn und einem schaffenden und wandelnden Wort desselben Geistes am Ende? Dass dieses Ursprungsbild, das der Geist Gottes in dich hineingelegt hat, das Bild deiner Herkunft aus dem Geist, zugleich das Zielbild deines Weges und deines Lebens ist?

Der Geist ist sozusagen – lass dir das Bild gefallen – der Atem Gottes, der dich streift, der in dich eingeht, wenn du selbst atmest. Und wenn du ihn eingeatmet hast, atmest du aus, nicht den Geist Gottes, sondern deine Selbstbehauptung, deine bloße, fragwürdige Menschlichkeit. Indem du aus- und einatmest, wandelst du dich aus einem bloßen Menschen in ein Kind des Geistes, ein Kind Gottes. Es macht dich wichtiger als du bist, denn du bist allein wichtig durch das, was durch dich hindurchgeht.

Was will denn nun der Geist Gottes aus dir machen? Er will einen Menschen, der fähig und bereit ist, etwas zu empfangen, das nicht er selbst ist. Er will also deine Empfänglichkeit. Er will, dass du ihn einatmest. Und er will, dass er durch dich hindurchgehen kann. Denn du bist kein Wesen, das auf irgendeine Weise isoliert wäre. Du bist ein Teil dieser Erde. Und was der Geist in dich eingibt, das soll allem, das ist, zugute kommen. Er will also deine Durchlässigkeit.

Nicht, dass du viel bewirkst, macht dich aus. Sondern dass du viel empfängst und in dich aufnimmst. Nicht, dass du viel erreichst. Sondern dass du viel weitergibst von dem, was du empfangen hast. Ich könnte auch sagen: Wovon du lebst, das ist Inspiration. Inspiration heißt so viel wie Einatmen. Und das andere, was dein Leben ausmacht, das ist, dass du ein Stellvertreter des Geistes auf dieser Erde bist, einer, der Leben gibt. Einer, von dem Geist ausgeht. Einer, der nach Leib, Seele und Geist ein Tempel des Geistes Gottes ist.

Das alles freilich ist nie eine Beschreibung deines Ist-Zustandes. Es ist die Hoffnung, die in dich gelegt ist, Hoffnung für dich und Hoffnung für alles, was um dich her lebt. Du bist ein Wesen im Übergang. Und es ist wichtig, dass du eine Ahnung davon bekommst, wohin der Pfeil deines Lebens fliegen wird. Du hast die Sehne verlassen und bist im freien Flug. Du bist mitten in der Wandlung. Verliere dein Ziel nie aus den Augen.

XI

Mit dem Abschied Frieden schließen

57

Einverstanden sein mit dem Abnehmen

Durch dein Leben zieht sich eine gegenläufige Entwicklung. Die Wandlungen, von denen wir gesprochen haben, sind das eine. Ein Abnehmen und Beenden ist das andere.

Es ist eine Binsenweisheit: Deine Kräfte haben Grenzen. Deine Gesundheit hat sie. Deine Lebenszeit. Deine seelische Tragfähigkeit auch. Du alterst. Das ist keine Sache, die du als unwichtig ansehen kannst, ehe du die Sechzig erreicht hast. Nein: Dass du alterst, beginnt mit deiner Geburt. Nie mehr wirst du so mühelos lernen wie als Kind. Ein Leichtathlet wird mit dreißig feststellen, dass die Zwanzigjährigen schneller sind. Und ein Fünfzigjähriger wird vielleicht sehen, dass es Fünfunddreißigjährige gibt, die ihm in seinem Fach oder Beruf überlegen sind. Das Altern begleitet uns durch unser ganzes Leben, und es kommt darauf an, sich mit diesem merkwürdigen Grundgesetz des Schwächerwerdens und des Abnehmens einverstanden zu erklären.

Ein anderes Grundgesetz hängt mit diesem ersten zusammen: die Tatsache, die besagt, du werdest irgendwann, vielleicht bald, vielleicht später, auf dieser Erde nicht mehr anzutreffen sein. Der Tod ist gegenwärtig, solange wir leben, und er begegnet in jeder Altersstufe. Es ist nicht viel damit geleistet, wenn du ihn verdrängst. Beide, das Altern und das Sterben, sind elementare Aufgaben für deinen inneren Weg, und das in jeder Altersstufe. Mit beiden wirst du Frieden schließen müssen. Du lebst auf Abruf. Lebe also so, dass du zustimmen kannst, wenn deine Kräfte abnehmen und wenn du den Abruf hörst.

Was ich dazu beitragen kann, sind ein paar einfache Ratschläge. Zunächst: Ich habe am Anfang dieses Buchs das eine oder andere zum Umgang mit der Zeit gesagt. Nimm es noch einmal vor. Es gilt für diese Aufgabe beim Einverständnis mit dem Abnehmen und Sterben besonders deutlich. Und du kannst dir dazu noch die eine oder andere eigene Einsicht notieren.

Ein Zweites: Es kommt auf das Gewichten an. Was ist wichtig? Was ist es nicht? Es werden zum Beispiel Tage für dich kommen, an denen es wichtiger ist, geduldig zu sein als tüchtig. An denen es nützlicher ist, Schmerzen ertragen zu können als erfolgreich zu wirken. An denen es nötiger ist, sich fügen zu können als zu befehlen; sinnvoller, Einsamkeit bestehen zu können als mitzureden. Du wirst auf anderen Gebieten geübt sein müssen als auf denen, die dir gewohnt sind. Versuche also zu allem, was du in deinen jungen und tüchtigen Jahren tust, immer auch die andere, die scheinbar unnötige Seite einzuüben. Das, was du scheinbar noch nicht brauchst: Bescheidung. Verzichten. Dich zurücknehmen. Den Blick von dem wegzuwenden, was der gegenwärtige Augenblick anbietet, und hinüberzuschauen in die Zeit nach alledem. Das muss kein Zeichen von Resignation sein. Es ist vernünftig. Es ist realistisch.

Ein Drittes: Du bist gewöhnt, was dein Leben betrifft, selbst zu entscheiden und selbst zu handeln. Mach dir klar, dass genau dies einer der Irrtümer unserer Zeit ist. Niemand entscheidet selbst. Niemand handelt allein. Was wir entscheiden, ist uns von allen Seiten vorgezeichnet. Was wir sind, sind wir durch unzählige fremde Bedingungen und durch unzählige andere Menschen. Was wir tun, können wir tun, weil die anderen mit uns auf dieser Erde handeln, leiden oder wirken. Dies zu sehen, ist nötig. Du weißt nicht, wie lange es dauern wird, bis du um jedes Glas Wasser bitten musst und bis du dankbar bist, wenn eine fremde Hand dich wäscht. Mach dir täglich deine Abhängigkeit von allem, was dich umgibt, von Dingen und Menschen, klar. Und übe die Dankbarkeit dafür ein, dass sie alle dir dein Leben und Entscheiden ermöglichen.

Ein Viertes: Lass den anderen ihren Lebensraum. Deine Kinder werden eines Tages erwachsene Menschen sein. Gewöhne dir ab, ihnen Vorschriften zu machen, sie führen zu wollen, sie deine Sorgen, die du dir um sie machst, spüren zu lassen. Sie brauchen deine Führung nicht; sie brauchen einen freundschaftlich zugewandten Partner. Und die anderen? Sie sind nicht deine Konkurrenten, die du ausschalten musst, sie sind nicht Feinde, die du bekämpfen musst. Du hast sie nicht, um sie auszubeuten. Lerne das Gönnen. Dem einen sein Geld, dem zweiten seinen Erfolg, dem dritten seine Gesundheit, dem vierten sein jugendliches Selbstbewusstsein. Und lerne das alles loszulassen, ehe du merkst, dass du ohnedies nichts festhalten kannst.

Ein Fünftes: Davon war schon die Rede. Ich nenne es noch einmal. Übe dich darin, in deiner Liebe verlässlich zu sein. Denn das wird am Ende noch die letzte Quelle des Glücks sein: ein Mensch, der dir verlässlich bleibt und dem du zuverlässig liebend zugewandt bist. Liebe also, und scheue dich nicht, zärtlich zu sein und nah. Auch ein alter Mensch, auch ein kranker, auch ein behinderter, auch ein leidender braucht die Nähe eines Menschen und eine spürbare Hand und braucht sich dessen nicht zu schämen.

Ein Sechstes: Du kannst allmählich dahin kommen, dass du freundlich und gelassen deine Ansprüche an dein eigenes Können abbaust. Neulich traf ich eine alte Dame, die mit einem weisen und nachsichtigen Lächeln feststellte: »Es macht nichts, dass ich mir nichts mehr merken kann. Dafür vergesse ich um so mehr.« Eine andere alte Dame meinte: »Jetzt weiß ich, wozu man pensioniert wird, damit man Zeit hat, seine Brille zu suchen.« Solche Weisheit und Gelassenheit findet man nicht plötzlich, wenn man alt ist. Sie wollen ein Leben lang gesucht und eingeübt sein.

Ein Siebtes: Das gilt auch und vor allem Gott gegenüber. Eines Tages werden deine Gedanken damit beschäftigt sein nachzufragen, was denn gewesen sei. Du wirst dich fragen: Wie eigentlich bin ich mit diesem vergangenen Leben zurechtgekommen? Kann ich mit dem, was war, bestehen? Du kannst dann vor der Tatsache stehen, die du eigentlich immer gewusst hast: dass du trotz aller Bemühung, dich zu ändern der bleibst oder die, die du immer gewesen bist. Du hast es vielleicht immer gewusst, aber es war dir nicht so wichtig: dass Gott mit dir einverstanden ist, weil er dich liebt, und nicht, weil du so liebenswert bist. Wenn dir das immer deutlicher wird, dann kannst du deine Leistungen, deine Opfer, deine Qualitäten stehen, fallen oder liegen lassen, und deine späteren Jahre werden erfüllt sein können und sinnvoll und müssen nicht ohne Glück und Fröhlichkeit verlaufen. Aber du musst dich in diese Gedanken eingeübt haben in den Jahren, in denen sie dir unwichtig erschienen sind.

Und so, mit diesen sieben Versuchen, geschieht vielleicht doch etwas, das dich unmerklich ändert. Wenn du es feststellst, wird dein erstes Gefühl das einer großen Dankbarkeit sein. Du wirst merken, dass dazu nicht nur die Hilfe von Menschen nötig war, sondern auch die Hilfe von allerlei unbekannten Mächten und vor allem die Hilfe Gottes selbst.

58

Weisheit finden

Aber ich wünsche dir noch mehr, nämlich ein wenig von dem, was man Altersweisheit nennt. So, wie ich sie verstehe, ist sie nicht die Weisheit alter Menschen, sondern die Weisheit, die je unserem Alter entspricht. Die Weisheit eines Kindes ist eine andere als die eines Erwachsenen, und die Weisheit eines Jugendlichen eine andere als die eines Alten. Jedes Alter hat seine Weisheit. Denn Weisheit ist ja nicht einfach nur die lange Erfahrung, die bewährte Routine oder das angesammelte Wissen, sondern ein weites und nachdenkliches Herz. Sie ist ein Wissen darüber, was jetzt eben richtig ist. Und manchmal ahnen junge Menschen genauer, wie sie wählen und was sie tun sollen, und sie leben konsequenter danach.

Weisheit ist nach der Bibel die Kraft, Gedanken und Tatsachen nüchtern zusammenzusehen, das praktische Wissen um die Wege zum Leben und zum Glück. Sie meint, man lerne sie nicht durch Weltläufigkeit, sondern durch die Bereitschaft, schmale und schwierige Wege zu gehen; und sie sagt klar, dass immer am ertragreichsten die Wege seien, die durch Leid führen; und wer Weisheit gefunden habe, sei bereit, sich unter viel Last zu beugen.

Wenn Gott dir diese Art Weisheit gibt, dann kannst du etwa so sagen: Was immer mir widerfährt oder widerfahren kann, es läuft eine Linie durch meine Jahre. Von einer wissenden Macht gezogen. Von Gott. Nichts geschieht einfach so. Es geschieht alles auf mich zu. Was um mich her geschieht, spricht zu mir und meint mich. Was ich erfahre, will an mir etwas ändern.

Was ich Zufall nenne, fällt mir zu. Es ist mir zugedacht. Von wem sollte es mir zufallen, wenn nicht von Gott? Was mir Gutes einfällt, ist ein Gedanke, der irgendwoher einfällt und mich meint. Von wem sollte es einfallen, wenn nicht von Gott?

Alles, was geschieht, geschieht auf mich zu. Alle Wahrheit, die ich verstehe, hat ihren Ursprung in Gott. Alle Liebe, die ich gebe oder empfange, ist der Hauch einer Erfahrung Gottes. Alle Lebenskraft, die mich erfüllt, ist ein Teil der Kraft Gottes, die das Universum erfüllt.

Alles, was mir schwer aufliegt, was ich also tragen soll, hat mir einer auferlegt. Ich öffne mich also dem, was kommt. Ich öffne mich dem, der zu mir kommt und aus dem alles ist, was mein Leben und mein Schicksal ausmacht.

- Lass also deinen Willen. Du kannst ohnedies nicht verantworten, was du tust und was durch dich geschieht. Lass dich führen.
- Lass einmal deine Pläne. Dein Leben findet seinen Sinn nicht mit dem, was du von deinen Plänen erreichst. Vertraue dich dem verborgenen Plan an, den Gott mit dir hat. Er kennt dich.

- Lass auch einmal deine Sorgen um andere Menschen. Du besserst wenig mit deinen Sorgen. Tu, was nötig ist. Aber vertraue der Sorge, die in Gottes Willen am Werk ist.
- Lass deine Angst vor der Übermacht anderer Menschen. Jesus Christus war wehrlos zwischen den Mächtigen. Die Mächtigen sind untergegangen. Er lebt. Und du wirst mit ihm leben.
- Lass deine Angst vor deinem eigenen Versagen. Du brauchst weder ein vollkommener noch ein wichtiger noch ein allseits geachteter Mensch zu sein. Wichtiger ist, dass du weißt: Ein gesegneter Mensch wirst du sein nach seinem Willen.
- Lass alle ungelösten Fragen. Lass alle Mühe, die du mit dir selbst hast, dann und wann ganz und gar stehen oder liegen. Lass alle verkrampften Erwartungen an dich oder an die Menschen. Du wirst auf deine Fragen in dieser Welt keine Antwort finden außer dem Vertrauen, dass es einen Augenblick geben wird, in dem dir die Wahrheit aufgeht.
- Renne nicht gegen verschlossene Türen. Bleib stehen mit Gelassenheit und Geduld. Eines Tages werden sie sich öffnen und du wirst Gott begegnen.
- Lass dich selbst. Du lebst in der Hand Gottes. Und das gilt.

59

Das Lebewohl einüben

Ich sagte, das zweite Grundgesetz für dein Leben, auch für deine jungen Jahre, sei dies, dass du eines Tages auf dieser Erde nicht mehr anzutreffen sein wirst. Ich habe schon davon gesprochen, als vom Leidens- und Todesweg des Jesus von Nazaret die Rede war. Nun kann ich das Angefangene abschließen.

Am Ende wird der Tod sich als das wichtigste Ereignis deines Lebens herausstellen und dein ganzes Leben als eine Einstimmung und Einübung auf diesen entscheidenden Tag. Am Ende stehst du entweder vor dem Ende aller Hoffnungen oder mitten in einem lebendigen Vorgang zwischen dieser und der größeren Welt. Manche Mönche haben die Sitte, einander täglich und bei jeder Begegnung zuzusprechen: Memento mori! Bedenke, dass du sterben musst! Das ist kein Masochismus, sondern eine sehr weise Sitte. Du würdest bemerken, wie sich alles dabei ändert, auch der Sinn der kleinsten Hantierung. Es wird leichter.

Ich hatte den absurden Vorzug, in meinen jungen Jahren zu lernen, was Sterben ist. In einem blutigen Krieg. Ich wünsche dir diese Erfahrung nicht; aber es macht mir zu schaffen, wenn ich feststelle, was Jüngeren heute fehlt, die eine solche Erfahrung nicht gemacht haben. Wir hatten an dem besonderen Ort, an den uns der Krieg stellte, damals eine Lebenserwartung von vier, höchstens acht Wochen. Wir waren alle Weggehende, meine Kameraden und ich. Und das, dieses Weggehen, hat mich ein Leben lang wie etwas ganz Selbstverständliches begleitet.

Wenn du diesen Gedanken ernsthaft in dich einlässt, wirst du bemerken, dass sich etwas in dir wehrt: das, was »Ich« zu dir sagt. Dieses ängstliche, verzweifelte, selbstsüchtige, aggressive Gemisch aus physischen und psychischen Abläufen, das beharren möchte, das bleiben möchte, wie es ist, und das dabei immerfort gegen das, was wirklich ist, im Kampf liegt. Aber übe deinem eigenen Beharrungswunsch gegenüber eben das ein: Deine Wanderung wird vor einer Art Abgrund enden. Über den Abgrund wird eine Brücke führen, eine Brücke über eine Schlucht oder über einen Strom. Ich stehe in Gedanken oft auf ihr und schaue hinunter in das Wunder einer wegfließenden Zeit, eines wegfließenden Lebens, das davonschwimmt wie der abgerissene Ast eines Baums. Und dann richte ich mich auf und sehe hinüber ans andere Ufer. Einige Freunde stehen schon drüben und warten, bis ich komme.

Von einem Mönch wird erzählt, er habe sich im Bergwald verirrt und den Weg verloren, der zu seinem Kloster führte. Das Kloster lag an einem Fluss. So gab ihm ein Einsiedler, den er traf, den Rat: Folge dem Lauf des Wassers! Dem Lauf eines kleinen Rinnsals im Wald folgend fand er sein Ziel.

Meine Frau und ich gehen immer wieder gerne über Friedhöfe. Auch in irgendeiner fremden Stadt. Und wir lieben besonders die alten, in denen das Gras über die Gräber wächst und die Namen anfangen, unleserlich zu werden. Da ist alles versammelt, was erlitten worden ist. Alles, was Menschen füreinander aufgebracht haben an Hingabe und Geduld. Auch alles, was die erfahren haben, die ihren Weg allein gehen mussten. Da gilt kein Rang mehr und kein Titel, und alles, was an Lobreden ertönt war, ist merkwürdig wesenlos. Da war Liebe in einem Leben, oder es war vertan. Da hat man geliebt, oder es ist alles sinnlos gewesen. Wer dem Sinn seines Lebens auf die Spur kommen will, wandere über Friedhöfe.

Und noch eine Übung. Ich weiß nicht, ob du gerne in den Bergen wanderst. Dort stehen auf den Almen oft kleine Feldscheunen. Manche sind leer, je nach Jahreszeit, oder man sieht ihnen an, dass schon lange Jahre kein Heu mehr eingebracht worden ist. Wie ausgeräumt stehen sie da. Aber ich finde es schön, vor einer Scheune zu sitzen, die leersteht nach vielen Jahren der Fülle und der Leere und der immer neuen Ernte. Sie hat ihre Würde nicht verloren. Im Gegenteil: Sie ist schön. Sie darf ruhen. Sie darf stehen bleiben. Ins Tal sehen. Bis die Stunde kommt, in der sie zusammenbricht oder ein Sturm sie stürzt.

Was bringst du denn ein, wenn du an dein Ziel kommst? Deine Arbeit hat ihren Lohn gebracht, den sie auf dieser Erde bringen konnte. Aber ich rede nicht von Lohn, sondern von Ernte. Ernte wird nicht gemacht. Sie wächst, sie gedeiht. Sie reift, sie wird eingebracht. Deine Ernte wird sein, was aus dir selbst geworden ist in der langen Zeit. Nur dich selbst wirst du am Ende einbringen – und das, was dir aus Gott zugewachsen ist: der veränderte Mensch.

Denke also dem nach, wie du es erreichen kannst, nichts mehr zu wollen und dabei alles Notwendige zu tun. Wie du die Zeit findest für das, was dein Leben übergreift und überdauert. Und wie du sein willst, wenn du weggehst.

Und wenn du fragst, was denn im Tod aus dir werde – ich kann nur sagen, was ich glaube. Es wird viel von dir abfallen. Und es wird dir viel neu zuwachsen. Aber du wirst wieder ein Wesen sein, das fähig ist zur Erfahrung, zum Leiden, zum Lieben und Glücklich-Sein. Ein Wesen, das einen neuen Auftrag hat im großen Zusammenhang des Gottesreichs. Du wirst zu Hause sein in einer anderen Welt. Du wirst in neuen Zusammenhängen leben, auch in neuen Gemeinschaften. Wie das aussieht, kann ich nicht wissen. Aber für mich ist der Tod eine Tür in einer dünnen Wand, und auf der anderen Seite der Tür wird mir das Licht eines neuen Daseins entgegenkommen.

Paulus redet in seinem Kapitel über die Auferstehung (1. Korinther 15) davon, wir würden unsere alten Kleider ablegen und ein neues Kleid empfangen, einen neuen, andersartigen Körper von großer Schönheit. In Santiago de Compostela führt um das Dach der Kathedrale ein Umgang, und dort, wo er um den Chor führt, steht das sogenannte »Lumpenkreuz« und ein steinernes Becken, in dem die Lumpen, die abgetragenen, zerrissenen und schmutzigen Kleider der armen Pilger verbrannt wurden. Die Stadt Santiago kleidete sie neu ein, und zwar geschenkweise. Ob sie dabei an das Gleichnis des Paulus dachten? Ich weiß es nicht.

Ich könnte es auch anders sagen: Ich werde hören, wie mein Leben in einem fernen und feinen Ton und in der Stille ausklingt, in jener Stille, aus der sich die reine Musik jener größeren Welt, der ewigen Wirklichkeit, erhebt.

Und wenn du nach dem Sinn fragst, den unser seltsames Leben haben mag: Ich kenne ihn nicht. Vielleicht werde ich ihn einmal wissen. Aber ich denke, du und ich, wir werden ihm an nächsten kommen, wenn wir lieben und wenn wir uns und unsere Suche nach Erklärungen nicht gar so wichtig nehmen.

XII
Ankommen

60

Die Feier des Ganzen

Wir gehen auf das Ziel unseres Weges zu. Wir haben auf vielerlei Weise gesucht, Zusammenhänge zu finden, wo uns Widersprüche und Polaritäten begegneten. Unser Ziel war das »Ganze«, wie man überhaupt den mystischen Weg als Suche nach dem Ganzen verstehen kann.

Es ist die Suche nach dem Ganzen der Welt, nicht nur nach dem, was vor unserer Haustür oder vor der Tür unseres menschlichen Wahrnehmens und Verstehens liegt. Nach dem Ganzen, das sehr weit über das wahrnehmbare Universum hinausliegt und in dem wir sowohl eine große Schönheit als auch eine tiefe Dunkelheit vermuten. Nach der größeren Welt, die so weit reicht wie Gott selbst.

Der mystische Weg ist die Suche nach dem Ganzen der Menschen. Nach dem Zusammenhang und Sinn ihrer Schicksale. Nicht nur nach dem Ganzen von Körper, Seele und Geist. Auch das natürlich. Aber wir Menschen haben unseren Ursprung ja anderswo als hier, und wir verstehen uns selbst, wenn wir diese unsere Herkunft nicht mitbedenken, auf keine Weise. Und wir haben unser Ziel anderswo als hier. Unser Leben gewinnt seinen Sinn erst dann, wenn Herkunft und Ziel ins Spiel kommen, wenn da also etwas ist von jener goldenen Schnur, von der wir uns führen lassen.

Ich will es klar sagen: Ich habe mich auf den Wegen eines langen Lebens satt gegessen an allem Teilweisen, an allem, was sich in Gegensätze und Widersprüche auseinander spreizt. An allem, das sagt: Nicht so, sondern so. Ich suche nur noch das Eine und das Ganze. Und es scheint mir gleichviel, ob man dabei von der unendlichen Leere oder der unendlichen Fülle reden will. Denn die unendliche Fülle verstehen wir auf keine Weise, und sie wird uns immer als Leere erscheinen. Ich suche nicht mehr nach dem gespaltenen Gott, der uns Menschen in dieser Welt allein zugänglich ist, sondern nach dem ganzen, dem unendlichen, dem fernen und nahen, dem lichten und dunklen, der alles in Einem ist. Ich suche nicht mehr dieses zerrissene Dasein, das fragwürdige, mühsame, das in Tod und Leben geteilte, sondern das ganze, das geheilte, das heilende.

Ich suche in mir selbst nicht mehr den gespaltenen, den in Widersprüche zerrissenen, sondern den geheilten Menschen. Nicht den, der den Anblick immer nur von Ausschnitten seiner selbst aushält. Ich möchte, wie Rilke sagt, »das Erlöstsein antreten«.

61

Finis terrae

Nach langen Monaten des Wanderns, der Mühen und Entbehrungen gelangten die Pilger, deren Reise wir nachgespielt haben, an ihr Ziel: nach Santiago de Compostela, an die berühmte Kathedrale des heiligen Jakobus. Sie waren jener goldenen Schnur, von der William Blake sagt, sie führe uns ans Tor der heiligen Stadt, gefolgt. In Vezelay, in Toulouse oder irgendwo in Deutschland oder Italien hatten sie ihr Ende zu fassen bekommen, sie waren ihr gefolgt und schauten nun das Bild ihrer Hoffnung: die Türme von Santiago.

Kurz vor ihrem Ziel erreichten sie den Monte del Gozo, den Berg der Freude. Nachdem sie sich vorher in einem Bach die Füße gewaschen hatten, stiegen sie auf einen Berg und erblickten von oben die Silhouette der Stadt. Wer als erster oben war und die Türme der Kathedrale als erster sah, wurde zum Pilgerkönig ernannt. Und was sie auf dem langen Weg täglich einander zugerufen hatten, »ultreia!« (was das Wort bedeutet, konnte mir niemand erklären; es muss etwas geheißen haben wie »Weiter! Weiter«), das riefen sie einander dort oben zum letzten Mal zu.

Sie strömten durch den Portico de la gloria in die Kirche. Sie legten die Finger in die Vertiefungen der Jakobussäule, umarmten innen die Statue des Apostels und waren glücklich. Sie ließen sich neu einkleiden mit dem charakteristischen Mantel und Hut derer, die den Jakobusweg bewältigt hatten. Und wenn sie wieder ins Freie traten, auf die Plaza del Obradoiro, und nach Westen schauten, dann blickten sie in die Richtung zum Meer hin. Dort lag des Kap »Finisterre«, dessen Name bedeutet: »Ende der Erde«. Und wenn sie an die Küste kamen nach einem weiteren Tagesmarsch, ans Ende aller Wege, dann suchten sie dort am Ufer eine Muschel, die so genannte Jakobusmuschel, eine große Flachmuschel, und hefteten sie an ihren Mantel oder an ihren Hut zum Zeichen, dass sie dort gewesen waren, wo alle Wege endeten: im Heiligtum am Ende der begehbaren Erde.

Die Muschel aber war ihnen das Symbol für eine monatelange Mühe, durch die in ihnen etwas gewachsen war wie eine Perle, die Perle, von der das Evangelium spricht und mit der Jesus das Reich Gottes meint, das in den Menschen entstehen solle.

Von dort gab es kein Weitergehen, sondern nur wieder die Rückkehr nach Santiago und die lange Rückreise in die Welt, aus der sie gekommen waren. Das Ziel ihrer Reise war kein Ort, an dem sie bleiben konnten. Weder an der Kathedrale noch am Strand des Meeres konnten sie sich eine Hütte bauen, um darin zu wohnen. So war das Ziel eigentlich gar nicht das Ziel der Reise, es war auch wieder nur eine Station auf ihrem Weg, und der Rückweg war so lang wie der, den sie gekommen waren.

In Santiago also ändert sich das Bild. Nach Westen waren sie gewandert, auf das Meer zu, in dem die Sonne abends versinkt. Nun wandten sie sich um, und ihr Heimweg ging nach Osten, dorthin, wo die Sonne aus den Bergen aufsteigt und wo ihr eigentliches Ziel, die Heimat, lag.

Die Bibel erzählt einmal eine starke Geschichte über einen Aufbruch in der Nacht und einen Weg der Sonne und dem Leben entgegen. Es ist die Geschichte von Simson, dem Berserker, und den Stadttoren. Eines Tages, so erzählt sie, kam Simson nach Gaza. Die Stadt gehörte nicht zu Israel, sondern zum Reich der Philister, der Erzfeinde Israels. Während er dort schlief, taten sich die Leute von Gaza zusammen und beschlossen: »Morgen, wenn es Tag wird, bringen wir ihn um.« Aber Simson blieb nur bis Mitternacht liegen, dann stand er auf, ging zum verschlossenen Stadttor, fasste die beiden Flügel mitsamt den Pfosten und hob sie aus. Dann nahm er sie auf die Schulter und trug sie hinauf auf den Berg, von dem aus man nach Israel hineinsieht, nach Hebron. Und auf der Höhe jenes Berges ging ihm die Sonne auf.

Die Geschichte ist später, auf vielen Bildern des Mittelalters und in vielen Glasfenstern der Dome, als ein Vorspiel der Auferstehung gemalt worden. So, wollte man sagen, hat Jesus den Machtbereich des Todes verlassen, so hat er sein Gefängnis aufgebrochen. So ist er am Ostermorgen der Freiheit und der Sonne entgegengegangen. Und so sollst du Mensch die Tore des Todes geöffnet finden und durch sie hindurchgehen in den neuen Tag.

Wenn ich mich befrage, was für Bilder meinen Glauben geprägt haben, welche Erfahrungen, welche Zeiten oder Orte, dann finde ich mich immer wieder in der Stunde vor Sonnenaufgang. Ich weiß, dass die Sonne kommt und nicht ausbleiben wird. Mein Ziel wird das Licht sein. Der Tag. Ich muss, was das für mich bedeutet, nicht beschreiben können. Der Tag wird mich überwältigen. Alles, das Helle, das Große, das Licht wird da sein.

Manchmal sage ich mir dabei den Vers aus dem 130. Psalm:

> Ich warte darauf, dass du kommst.
> Meine Seele wartet auf dich
> wie ein Wächter auf den Morgen,
> ja sehnlicher, als ein Wächter auf den Morgen wartet.

Oder das schöne Wort:

> Fest steht das prophetische Wort,
> und ihr tut wohl, darauf zu achten.
> Es ist ein Licht, leuchtend an einem dunklen Ort,
> bis der Tag anbricht
> und der Morgenstern aufgeht in euren Herzen.
>
> 2. Petrusbrief 1,19

Ein sehr zarter alter Herr, ein Arzt, siebenundachtzigjährig, sagte mir vor einigen Tagen mit einem strahlenden Lächeln: »Ich freue mich auf das große Licht.« Er wollte nicht genauer sagen, was er meinte. Nur vom »großen Licht« wollte er sprechen, auf das er mit allen Sinnen hinlebe. Alle Beschreibungen dessen, was er erwartete, waren für ihn wesenlos geworden. Und es mag durchaus sein, dass auch ich in einigen Jahren, wenn ich sie erlebe, von all dem, das in diesem Buch gesagt ist, nicht mehr reden will oder kann, sondern nur noch von dem großen Licht. Ich hoffe, das werde mir dann – wie vielleicht auch dir – genug sein.

Quellennachweis

S. 16 Dom Helder Camara, © Pendo Verlag AG, Zürich 1981

S. 71 Nelly Sachs, aus: Fahrt ins Staublose. Die Gedichte der Nelly Sachs. © Suhrkamp Verlag Frankfurt am Main 1988, S. 18

S. 89 Norman H. Russel, aus: Rudolf Kaiser, Indianischer Sonnengesang. Herder/Spektrum Bd. 4143. Verlag Herder, Freiburg 4. Auflage 1997

S. 198 Joseph Bruchac, aus: Zieh einen Kreis aus Gedanken. Verlag Herder, Wien 1990

Die Deutsche Bibliothek – CIP-Einheitsaufnahme

Zink, Jörg:
Die goldene Schnur : Anleitung zu einem inneren Weg /
Jörg Zink. – Stuttgart : Kreuz, 1999
ISBN 3-7831-1746-1

1 2 3 4 5 03 02 01 00 99

Ein Unternehmen der Dornier Medienholding GmbH
Postfach 800669, 70506 Stuttgart, Tel. 0711 – 788030
Umschlaggestaltung: Ulrich Ruf
Umschlagbild: Labyrinth in der Kathedrale in Chartres
Satz: Wilhelm Röck, Weinsberg
Druck und Bindung: Clause & Bosse, Leck
Die Schreibweise entspricht den Regeln der neuen Rechtschreibung
ISBN 3 7831 1746 1